中国农产品地理标志

东北地区篇

农业部农产品质量安全中心 编

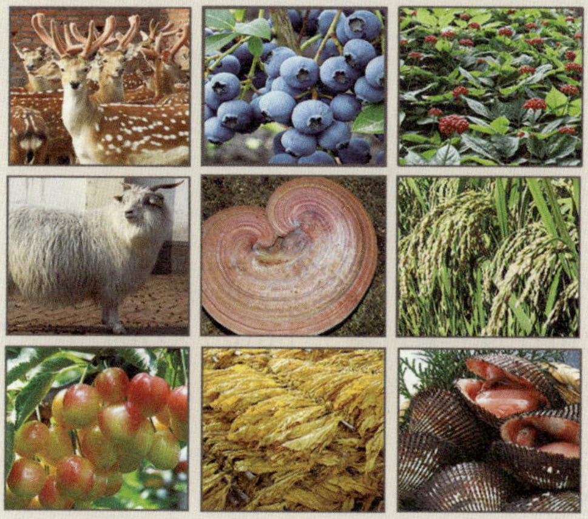

中国农业科学技术出版社

图书在版编目（CIP）数据

中国农产品地理标志．东北地区篇／农业部农产品质量安全中心编．—北京：中国农业科学技术出版社，2017.8
　ISBN 978-7-5116-2801-5

　Ⅰ．①中… Ⅱ．①农… Ⅲ．①农产品—地理—标志—东北地区 Ⅳ．① F762.05

中国版本图书馆 CIP 数据核字（2017）第 253570 号

责任编辑　史咏竹　李　雪
责任校对　李向荣　贾海霞

出 版 者	中国农业科学技术出版社 北京市中关村南大街 12 号　邮编：100081
电　　话	（010）82105169（编辑室）　（010）82109702（发行部） （010）82109709（读者服务部）
传　　真	（010）82109707
网　　址	http://www.castp.cn
发　　行	全国各地新华书店
印 刷 者	北京科信印刷有限公司
开　　本	710 mm×1 000 mm　1/16
印　　张	24.5
字　　数	480 千字
版　　次	2017 年 8 月第 1 版　2017 年 8 月第 1 次印刷
定　　价	120.00 元

版权所有·侵权必究

《中国农产品地理标志·东北地区篇》编委会

主　　任	张华荣				
副 主 任	高　光	李　雪	董洪岩	薛志红	孙志永
成　　员	陈　思	黄玉萍	高　芳	史咏竹	刘权海
	翟国海	周　丽	黄黎光	邹　丽	邱玉林
	王蕴琦				
主　　编	陈　思	高　芳	李　雪		
副 主 编	孙志永	黄玉萍	史咏竹	穆玉红	
参编人员	刘权海	吴秋艳	冯连第	张建勋	张宇光
	周　丽	张志勇	丛　荣	徐丽霞	王晓宇
	王　晨	刘　洋	王小铭	侯柏森	曲云凤
	赵佰利	陈　曦	周东红	孙德生	张雪晗
	冯丽君				

  我国是传统农业大国,自然生态和资源禀赋多样,具有悠久的农耕文明历史和深厚的饮食文化,形成了大量具有地域特色的农产品。农产品地理标志是指标示农产品来源于特定地域,产品品质和相关特征主要取决于自然生态环境和历史人文因素,并以地域名称冠名的特有农产品标志。农产品地理标志具有农业物质和非物质文化遗产属性,也是农业知识产权的重要体现。自 2008 年农业部(中华人民共和国农业部,简称农业部)启动农产品地理标志登记保护工作以来,在各级地方人民政府和农业部门的积极推动下,截至 2017 年 4 月底,全国已登记农产品地理标志 2 117 个,备案特色资源 6 839 个,涉及果品、蔬菜、粮食、茶叶、畜产品、水产品等 20 余个类别。农产品地理标志在发展区域经济、打造特色品牌、增加农民收入等方面的作用日益明显,对于推进农业供给侧结构性改革、脱贫富农、农业"走出去"等具有重要意义。

  随着我国经济发展进入新阶段,居民生活水平和消费层次不断提高,现在人们不仅要求吃得饱、吃得好、吃得安全,更讲究吃特色、吃文化。2017 年中共中央"一号文件"《关于深入推进农业供给侧结构性改革加快培育农业农村发展新动能的若干意见》明确提出要建设一批地理标志农产品和原产地保护基地,推进区域农产品公用品牌建设。农产品地理标志这个重要的区域特色农产品资源和公用品牌，也越来越受到各级地方政府和社会各界的高度重视和广泛关注。

为更好地宣传打造农产品地理标志品牌，提高农产品地理标志知名度和影响力，满足管理者、生产经营者、消费者等各方面需求，农业部农产品质量安全中心联合中国农业科学技术出版社，编纂了《中国农产品地理标志》丛书。本套丛书中文版和英文版各7本，包括东北地区篇、华北地区篇、华东地区篇（上）、华东地区篇（下）、中南地区篇、西南地区篇、西北地区篇，内容涉及31个省、自治区、直辖市，3个计划单列市，以及新疆生产建设兵团，未包含香港特别行政区、澳门特别行政区和台湾省。本套丛书涵盖了2008—2015年获《农产品地理标志登记证书》的1 791个农产品地理标志，详细介绍了每一件农产品地理标志的地域范围、品质特色、人文历史、生产特点，并配以精美图片。编写本套丛书的第一手资料，一方面来自农产品地理标志的申报与登记材料，产品名称及登记证书编号以农业部下发的《农产品地理标志登记证书》为准，另一方面是由各省级农产品地理标志工作机构及登记证书持有人从产地收集，从而确保了本套丛书内容的准确与严谨。本书在编写过程中得到了各省级农产品地理标志工作机构及登记证书持有人的大力支持，在此表示感谢。

农业部农产品质量安全中心

2017年6月

目 录
CONTENTS

辽宁省 / 001
（不含大连市）

彰武黑豆……………………………………………002

黑山锦丰梨…………………………………………004

岫岩滑子蘑…………………………………………006

丹东杜鹃……………………………………………008

小梁山西瓜…………………………………………010

耿庄大蒜……………………………………………012

朝阳大枣……………………………………………014

朝阳小米……………………………………………016

鞍山君子兰…………………………………………018

辽宁绒山羊…………………………………………020

盖州生姜……………………………………………022

抚顺单片黑木耳……………………………………024

盖州西瓜……………………………………………026

目 录 CONTENTS

东港梭子蟹……………………… 028	桓仁京租大米……………………… 076
东港杂色蛤……………………… 030	大伙房水库鲤鱼…………………… 078
东港大黄蚬……………………… 032	大伙房水库鳙鱼…………………… 080
阜新花生………………………… 034	
彰武花生………………………… 036	
宽甸石柱人参…………………… 038	
北镇葡萄………………………… 040	 **大连市 / 083** （计划单列市）
大洼肉鸭………………………… 042	
北票番茄………………………… 044	
北票红干椒……………………… 046	旅顺大樱桃……………………… 084
本溪林下参……………………… 048	大连裙带菜……………………… 086
本溪辽五味……………………… 050	大连虾夷扇贝…………………… 088
凌源百合………………………… 052	大连红鳍东方鲀………………… 090
黑山褐壳鸡蛋…………………… 054	庄河杂色蛤……………………… 092
辽宁辽育白牛…………………… 056	大连紫海胆……………………… 094
台安肉鸭………………………… 058	旅顺鲍鱼………………………… 096
绥中核桃………………………… 060	旅顺赤贝………………………… 098
盖州葡萄………………………… 062	庄河牡蛎………………………… 100
盖州尖把梨……………………… 064	庄河滑子蘑……………………… 102
盖州桃…………………………… 066	瓦房店红富士苹果……………… 104
营口蚕蛹鸡蛋…………………… 068	庄河市山牛蒡…………………… 106
锦州苹果………………………… 070	庄河草莓………………………… 108
化石戈小米……………………… 072	庄河蓝莓………………………… 110
辽阳大果榛子…………………… 074	瓦房店葡萄……………………… 112

目 录 CONTENTS

瓦房店闫店地瓜…………………… 114
旅顺脉红螺………………………… 116
金州毛蚶…………………………… 118
普兰店蚆蛸………………………… 120
旅顺洋梨…………………………… 122
海洋岛海参………………………… 124
普兰店黄蚬………………………… 126
旅顺海虾米………………………… 128
金州海蛎子………………………… 130
瓦房店黄元帅苹果………………… 132
庄河大米…………………………… 134
虎平岛海参………………………… 136

万昌大米…………………………… 152
靖宇林下参………………………… 154
靖宇西洋参………………………… 156
靖宇平贝母………………………… 158
集安蜂蜜…………………………… 160
黄松甸灵芝………………………… 162
舒兰大米…………………………… 164
永吉柞蚕蛹虫草…………………… 166

黑龙江省 / 169

吉林省 / 139

洮南绿豆…………………………… 140
新开河贡米………………………… 142
集安边条参………………………… 144
集安五味子………………………… 146
洮南辣椒…………………………… 148
集安山葡萄………………………… 150

巴彦大豆…………………………… 170
嘉荫木耳…………………………… 172
阿城大米…………………………… 174
巴彦猪肉…………………………… 176
阿城大蒜…………………………… 178
呼兰大葱…………………………… 180
嘉荫大豆…………………………… 182
巴彦玉米…………………………… 184
克山马铃薯………………………… 186
呼兰韭菜…………………………… 188

目 录 CONTENTS

嘉荫水稻 …………………… 190	五大连池鲢鱼 ……………… 238
伊春红松籽 ………………… 192	连环湖鳙鱼 ………………… 240
拜泉芸豆 …………………… 194	红星水库鲢鱼 ……………… 242
富锦大豆 …………………… 196	兰西民猪 …………………… 244
兰岗西瓜 …………………… 198	扎龙鲫鱼 …………………… 246
伊春黑木耳 ………………… 200	阿城粘玉米 ………………… 248
伊春榛蘑 …………………… 202	梧桐河大米 ………………… 250
肇源大米 …………………… 204	尚志红树莓 ………………… 252
延寿大米 …………………… 206	古龙小米 …………………… 254
穆棱晒烟 …………………… 208	尚志黑木耳 ………………… 256
兰西西瓜 …………………… 210	兰西亚麻 …………………… 258
五大连池鲤鱼 ……………… 212	抚远大马哈鱼 ……………… 260
兰西香瓜 …………………… 214	抚远鳇鱼 …………………… 262
方正银鲫 …………………… 216	抚远鲤鱼 …………………… 264
梅里斯油豆角 ……………… 218	抚远鲟鱼 …………………… 266
龙江小米 …………………… 220	一面坡酒花 ………………… 268
新立胡萝卜 ………………… 222	依安芸豆 …………………… 270
阿城大白菜 ………………… 224	亚布力晒烟 ………………… 272
甘南葵花籽 ………………… 226	呼玛黑木耳 ………………… 274
东宁黑木耳 ………………… 228	海林猴头菇 ………………… 276
克山大豆 …………………… 230	桦川大米 …………………… 278
延寿大豆 …………………… 232	长林岛金红苹果 …………… 280
虎林椴树蜜 ………………… 234	桦南白瓜 …………………… 282
兴凯湖大白鱼 ……………… 236	五大连池草鱼 ……………… 284

石人沟鲤鱼	286	双城甜瓜	334
抚远鳌花鱼	288	双城西瓜	336
抚远哲罗鱼	290	勃利梅花鹿	338
海林黑木耳	292	勃利葡萄	340
托古小米	294	东宁苹果梨	342
穆棱大豆	296	林口滑子蘑	344
五大连池鲫鱼	298	杨树小米	346
伊春蓝莓	300	牡丹江油豆角	348
甘南小米	302	穆棱黑木耳	350
呼玛马铃薯	304	穆棱冻蘑	352
阿城香瓜	306	五大连池大米	354
镜泊湖红尾鱼	308	五大连池大豆	356
黑垦二九〇红小豆	310	牡丹江金红苹果	358
兴凯湖大米	312	五大连池面粉	360
兰西玉米	314	佳木斯大米	362
桦南白瓜籽	316	萝北大米	364
勃利蓝靛果	318	延寿粘玉米	366
泰来绿豆	320	五大连池鸭蛋	368
泰来花生	322	双城菇娘	370
双城玉米	324	萝北黑木耳	372
穆棱肉牛	326	长林岛龙垦杏	374
他拉哈大米	328	香磨山鲢鱼	376
东宁大米	330		
宁安虹鳟鱼	332		

辽宁省
（不含大连市）

彰武黑豆

登记证书编号：AGI00004

地域范围

彰武县位于辽宁省西北部，全境无高山，最高点海拔为313.1米。彰武黑豆产于辽宁省彰武县哈尔套镇、满堂红乡、四堡子乡、冯家镇、兴隆堡乡、东六镇、大德乡、前福兴地乡8个乡镇，地理坐标为东经121°53′~122°58′，北纬42°07′~42°51′，总生产面积6 667公顷。

品质特色

彰武黑豆适应性广、抗逆性强，具有耐旱、耐瘠薄、耐盐碱的特点。彰武黑豆呈卵圆形或球形，表皮黑色或深绿色。黑豆营养丰富，中医认为，黑豆味甘、性平、无毒，有解表清热、养血平肝、补肾壮阴、补虚黑发之功效。彰武黑豆富含蛋白质、

脂肪、维生素、微量元素和粗纤维。其中，蛋白质含量达 48% 以上，居豆类之首；脂肪含量 12%，吸收率为 95%，以不饱和脂肪酸为主，主要包括棕榈酸、硬脂酸、花生油酸、油酸、亚油酸、亚麻酸、不饱和脂肪酸；此外，彰武黑豆还含 1.64% 的磷脂。

人文历史

黑豆，又名乌豆，含有丰富的蛋白质、多种矿物质和微量元素。我国种植与食用黑豆的历史悠久，明朝时，李时珍曰："黑豆入肾功多，故能治水、消胀，下气，治风热而活血解毒。"彰武是农业大县，地处辽宁省西北部，与内蒙古自治区接壤，交通便利，土质肥沃。依托完善的旱作农业生产体系，黑豆成为彰武县的名特产品。据记载，1907 年彰武县就有黑豆种植，距今已有 100 多年的生产历史。近年来由于调整种植结构，黑豆生产面积不断扩大，全县种植面积稳定在 10 万亩[①]，其中青仁黑豆 2 万亩，黄仁黑豆 8 万亩，总产量 2 万吨。2009 年黑豆主要生产基地四堡子乡被辽宁省农业委员会等四部门评为"辽宁黑豆特产之乡"。

生产特点

彰武县是大兴安岭—太行山隆起带和松辽沉降带的交接部位，全县地势北高南低，地貌似簸箕形，东西部为丘陵，北部为沙地，中南部为平原，比例为"三丘三沙四平洼"。彰武县土壤肥力状况中等，有机质含量 1.2%~1.3%，土壤 pH 值在 6.8~7.2。彰武县境内主要河流有柳河、绕阳河、养息牧河和秀水河，均属辽河水系，农业灌溉用水充沛。彰武县四季分明，寒冷期长，雨热同季，光照充足，属于北温带半干旱半湿润大陆性季风气候，作物生长季节日照充沛，雨量适中，昼夜温差大，热量条件适宜，可满足彰武黑豆生长。

彰武黑豆的生产要选用生育期适宜、抗逆性强的非转基因高产品种，脂肪含量 20% 以上，或蛋白质含量 40% 以上，并进行单一品种生产。收获时不同品种单独收割、单独运输、单独脱粒、单独贮藏、单独加工、单独包装，防止与普通豆类混杂。产品统一分级过筛，清选后籽粒晾晒数日，使含水量小于 15%。

---

① 1 亩 ≈ 667 平方米，全书同

黑山锦丰梨

登记证书编号：AGI00005

地域范围

黑山县位于辽河平原北部。黑山锦丰梨产于辽宁省黑山县境内，包括英城子乡、新立屯镇、芳山镇、八道壕镇、太和镇、白厂门镇、镇安乡、无梁殿镇、薛屯乡、胡家镇10个乡镇。地理坐标为东经121°48′45″~122°37′30″，北纬41°27′30″~42°07′30″，全县最低点海拔为5.3米，最高山峰海拔为381米，黑山锦丰梨总生产面积6 667公顷。

品质特色

黑山锦丰梨在9月底10月初果实成熟，果实近球形，单果重230~280克，具有香气，果面平滑，蜡质厚有光泽，果点大而明显，皮薄肉厚，采收时果皮绿黄色，贮后金黄色，套袋果实有红晕。黑山锦丰梨果肉白色，果心小，肉质细嫩，松脆多汁，酸甜适口，耐贮藏，贮后风味更佳。黑山锦丰梨可溶性固形物含量15%，可溶性糖13.5%，可溶性酸0.25%。

人文历史

黑山县历史悠久，境内有多处古遗址。20世纪60年代末，中国农业科学院果树研究所以苹果梨为母本，兹梨为父本杂交，选育成锦丰梨。1975年黑山县从兴城果树研究所引进锦丰梨苗木和接穗，苗木定植在芳山镇王大包果树农场，接穗用在芳山镇苗圃和杨屯苗圃进行培育果苗，成苗后定植在全县各个果园。黑山锦丰梨在黑山地区产量品质表现极佳。经多年发展生产面积不断扩大，

该品种成为黑山县农村经济支柱产业之一。

黑山县政府十分重视锦丰梨产业发展，出台了相关扶持政策，加大了品牌建设力度。黑山锦丰梨于1995年被辽宁省认定为地方优良果树品种之一，1996年被辽宁省人民政府优质果评委会评为金奖，2012年黑山锦丰梨通过了绿色食品认证，品牌知名度和产品附加值明显提升。

生产特点

黑山县属华北陆台阴山古陆的一部分，土壤肥力状况中等，土壤pH值6.5~7.5，有机质含量0.8%~1.5%。黑山县境内主要河流有绕阳河、东沙河、羊肠河，还有中小型水库5座。黑山县地下水资源丰富，水质清澈、纯净，是理想的农业生产用水。黑山县四季分明，属于暖温带半湿润大陆性季风气候，在作物生长季节日照充沛、雨量适中、热量条件适宜，可满足锦丰梨生长。

为了保证黑山锦丰梨的品质特色，生产中尤其注重土肥水管理，确保深翻改土、合理施肥、及时浇水。同时，还要合理修剪，确保树体结构丰满，树冠内外透光性强，结果均匀，丰产且质量好。此外，花果管理也很重要，需要人工疏花疏果，疏果后定果实套上特制的纸袋，并在采收前20天扯开纸袋，以利于果实着色。

岫岩滑子蘑

登记证书编号：AGI00006

地域范围

辽宁省岫岩满族自治县（以下简称岫岩县）地处辽东半岛北部腹地，全县总面积4 507平方千米，滑子蘑总生产面积2万公顷。岫岩滑子蘑产于岫岩县境内的24个乡镇，地理坐标为东经122°52′~123°41′，北纬40°00′~40°49′。

品质特色

岫岩滑子蘑菌盖淡黄色，半圆形，直径2~2.5厘米，深褐色或淡黄色，表面光滑，有蛋清状黏液；菌柄粗短，长4~5厘米，直径8~15毫米。岫岩滑子蘑口感独特、味道鲜美、营养丰富，富含蛋白质、游离氨基酸、铁、钙等多种人体必需的营养成分，每100克干滑子蘑中含有粗蛋白35克，高于香菇和平菇。附着在滑子蘑菌伞表面的黏性物质是一种核酸，其中还含有抗癌物质。滑子蘑是一种低热量低脂肪的保健食品，经常食用可增强机体免疫力。依靠优越的生产环境条件，岫岩生产的滑子蘑不仅味道鲜美，脆嫩爽口，风味独特，而且营养丰富，品质良好。

人文历史

岫岩县是我国滑子蘑主要产区之一，人工栽培滑子蘑已30多年。20世纪70年代从日本引进滑子蘑人工栽培技术，经过多

年的研究与发展，岫岩滑子蘑生产规模达到 4 000 万盘（袋），年产量占全国总产量的 55%，出口量占全国的 70%。1998 年，岫岩县被中国食用菌协会授予"中国滑菇第一县"；2005 年，岫岩县被中国食用菌协会评为"全国食用菌优秀基地县"。从 20 世纪 90 年代中期开始，客商们便把岫岩生产的滑子蘑统称为"岫岩滑子蘑"。岫岩滑子蘑菇形正、个头匀、口味佳、品质高，不仅在国内外大中城市畅销，还远销到日本、韩国、俄罗斯及西欧等国家和地区。岫岩县现在是辽宁省"食用菌出口基地县"，2011 年 2 月被辽宁省政府授予全省首批"一县一业"示范县称号，滑子蘑生产已成为岫岩县农民脱贫致富的支柱产业。

生产特点

滑子蘑又称滑菇、珍珠菇，是典型的低温菇类。由于出菇要求温度较低，我国北方较寒冷地区适宜栽培。岫岩县地势北高南低，地貌以低山、丘陵为主，间有小块冲积平原和盆地，构成"八山半水一分田，半分道路和庄园"的格局。当地土壤以棕壤土为主，肥力状况良好，富含有机质。岫岩县四季分明，属北温带湿润地区季风气候，多干旱少涝，大风日多，光照较好，适宜滑子蘑的培育。

岫岩滑子蘑的生产必须是在岫岩县境内进行，菇棚要离水源近而地势高，排水好，空气流通，既能保持一定地面湿度，又极易通风排湿。目前在岫岩表现较好的有 CT1、西羽、C3-1、森 15 等品种，其特点是耐高温，菇体壮，不易开伞，产量高，出菇的适宜温度为 8~20℃。岫岩滑子蘑的加工方法主要有速冻、加工罐头、盐渍 3 种。

丹东杜鹃

登记证书编号：AGI00036

地域范围

丹东地区是辽东山地丘陵的一部分，丹东杜鹃的产地为丹东市现辖行政区域，即东港市、凤城市、宽甸县、振安区、振兴区、元宝区，地理标志保护范围坐标为东经123°22′~125°41′，北纬39°43′~41°09′，地域范围内生产面积350公顷。

品质特色

丹东杜鹃一年四季都生机勃勃，花大色艳，品种繁多，花期长达数月，花朵密密层层，十分茂盛，叶片常年绿嫩，衬托各色花朵，美不胜收。

人文历史

丹东杜鹃栽培历史悠久。20世纪30年代丹东就有盆栽杜鹃，到新中国成立时，已经形成了丹东杜鹃的"老八种"。60年代，通过搜集民间杜鹃优良品种，经过人工授粉培育出了丹东杜鹃的"新八种"和"特八种"，五宝珠、四海波、王冠、粉天惠等品种是我国杜鹃家族中的佼佼者，形成了丹东杜鹃的独特种群。1984年3月，杜鹃正式成为丹东市

市花。近几年，丹东市不仅将丹东杜鹃列为丹东特色产业之一，而且对其发展做了长期规划，通过合理布局生产结构，引进新品种，增加花色品种，推广低矮冠整形、调节花期等技术，使丹东杜鹃花形更加美观，花期延长，并形成规模商品基地。目前，丹东杜鹃已成为具有丹东地区特色的品牌花卉，丹东市也成为全国唯一的杜鹃生产基地市。丹东杜鹃现有6个色系，120多种珍贵品种，多次被全国花卉博览会评为"金奖"。

生产特点

丹东市各地区土壤类型及其组合具有明显差异，以棕壤为最多，土壤有机质含量平均为2.12%，土壤pH值6.0~6.5。丹东地区有丰富的水资源，全市长度在2千米以上的河流共1 361条。丹东市地处中纬度地区，四季分明，属暖温带大陆性季风湿润气候，冬暖夏凉，气候湿润，降水充沛，大气洁净清新，光照有余，温度适宜，十分适合丹东杜鹃的生长发育。

杜鹃栽培在通风透光、有喷灌设施与遮光条件的日光温室，选择疏松、透水、透气性好、pH值4.5~6.5的微酸性基质。杜鹃喜温凉气候，不适宜高温环境，生长适宜温度昼25~28℃，夜10~15℃。杜鹃用水pH值4.5~6.5，空气相对湿度70%~80%，基质相对湿度50%~60%。杜鹃属于长日照植物，光照不足影响杜鹃花的质量，但怕烈日暴晒，夏秋季需遮阴防晒。

小梁山西瓜

登记证书编号：AGI00037

地域范围

新民市位于辽河平原上，地处辽宁省中部。小梁山西瓜的产地主要位于新民市梁山镇、卢屯乡、姚堡乡3个乡镇，总生产面积32 627公顷。地理标志保护范围为东经122°27′~123°20′，北纬41°42′~42°17′，平均海拔31米。

品质特色

新民小梁山西瓜瓜形有地雷形、椭圆形、长圆形，皮草绿色或翠绿色，覆有深绿色条带。西瓜皮薄、肉甜，水分足，瓜肉红色或淡红色，含糖量12%以上。随着商品经济的发展，新民小梁山西瓜的栽培技术不断改革，品种也有很大改良，新品种小梁山西瓜产量高，品质好，甜酥多汁，辽宁人称之为"瓜中之王"。

人文历史

新民市是远近闻名的西瓜之乡，尤其是梁山镇，种植西瓜已有100多年历史，当地人称"小梁山儿"西瓜。远在光绪年间，新民小梁山地区就有西瓜栽培，选沙质土壤零星地块种植，品种是厚皮大籽的老品种，每到瓜熟季节，邻近村屯或过往行人都到瓜窝棚买瓜，解渴消暑，但很少行销外地。据1951年调查，新民地区西瓜种植面积共有516.4公顷，

以后各年都有不同幅度增减，品种由厚皮大籽逐步向薄皮小籽过渡，栽培技术虽无大变化，但商品量逐年增加，且多为当地消费。十一届三中全会以后，随着农村经济体制改革和农业种植结构的调整，新民小梁山西瓜的栽培得到迅速发展，小梁山西瓜已畅销东北三省以及上海、甘肃、河北和广东等地的各大果品市场，现已成为东北地区最大的西瓜生产基地。2012年，中国园艺学会西甜瓜专业委员会授予新民市"中国西瓜第一县"称号。

生产特点

新民市位于辽宁中部的辽河平原，境内有辽河、柳河、绕阳河由北向南流过，梁山镇及其周边地区多为辽河冲积平原而形成的沙质土壤，透水透气性好，年降水量为640毫米，极适宜西瓜种植。

近年来，新民市政府为了变资源优势为经济优势，把发展西瓜生产作为"一县一业"的重点产业加以推进，努力提高科技含量，改变种植模式，增加种植品种，现有蜜童、红玉、嘉年华等百余个优良品种。从裸地种植发展到现在的冷棚、大拱棚、小拱棚、单膜覆盖等多种种植模式，使西瓜上市时间由7月中下旬提前到6月上中旬，6—10月都能吃到当地的新鲜西瓜，满足了消费者的需要。

耿庄大蒜

登记证书编号：AGI00231

地域范围

辽宁省鞍山地区海城市耿庄镇位于辽河平原。耿庄镇大蒜农产品地理标志地域保护范围为辽宁省海城市耿庄镇丁家村、北耿村、薛家村、东耿村、西耿村、张先村等20个村。地理坐标为东经122°37′~122°42′，北纬40°48′~40°59′，海拔平均高度为14.3米。

品质特色

耿庄镇大蒜种植是鞍山地区独有的特色产业，具有深厚的种植基础，享有"贡蒜之乡"之美誉。耿庄大蒜紫皮，皮较厚，质地硬实，耐贮性能强，产量高，一般亩产1 000千克左右。耿庄大蒜的特点是蒜头肥大（重者可达60克），蒜瓣大而均（每头4~5瓣），蒜味辛辣浓烈，蒜汁黏稠，捣碎后长时间不泻汤、不跑味、不变色，

蒜汁滴碗成块。耿庄大蒜中富含人体所需的18种氨基酸，锌、钙、镁等微量元素含量较高，同时具有极强的抗氧化功能。

人文历史

耿庄紫皮大蒜种植可追溯到清代，具有300余年的历史，曾经作为向朝廷进献的贡品。据1987年的海城县志记载："耿庄大蒜，生产历史悠久，主产地耿庄、薛家铺子一带。"民间至今还流传着民谣："道士穿紫袍，头上长绿草，天仙拱一柱，出地变成宝。牛庄的大葱，耿庄的蒜……"

生产特点

耿庄镇位于下辽河断陷过渡带，地势平坦，生态环境良好，土地资源丰富，地力肥沃，土壤类型为草甸土，水资源丰富，灌溉水源为地下水，多采用井灌。当地气候四季转换分明，属北方长日照区，积温完全可以满足当地作物生长要求。

耿庄大蒜首选当地品种，精选具有品种特征，肥大圆整，蒜瓣整齐，无损伤的蒜头，在春分大地解冻时及时翻耕整地，并把充分腐熟的农家肥均匀散布在地表，将选好的种蒜浸种后播种；苗期管理重点是土壤水分，酌情适时灌溉或清沟排渍，幼苗长出2~3片叶时及时中耕；花芽与鳞芽分化期管理重点是清除田间杂草，根据苗情进行肥水管理，预防病虫害；蒜薹伸长期管理重点是促进蒜薹的生长、伸长，酌情、酌量追施抽薹肥；蒜头膨大期管理重点是追施叶面肥，促进后期物质的积累。

朝阳大枣

登记证书编号：AGI00232

地域范围

朝阳大枣产地为辽宁省朝阳市。朝阳市地处京津唐和东北城市群中间。朝阳大枣农产品地理标志地域保护范围为辽宁省朝阳市双塔区的孙家湾、长宝营子、桃花吐，龙城区的大平房、西大营子，朝阳县的杨树湾、波罗赤、东大道、二十家子、根德、羊山，凌源市的乌兰白、四官营子，北票市的上园、三宝营，喀左县的水泉、六官营子，以及建平县南部山区的万寿、富山等部分乡镇。地理坐标为东经118°50′~121°17′，北纬40°25′~42°22′，海拔高度200~700米，生产面积共3.3万公顷。

品质特色

朝阳大枣果形饱满端正、果个均匀、色泽红艳、果肉白绿、肉质肥厚、细嫩多汁、酸甜适口、厚实香脆、唊食无渣、营养丰富等特点,素有"北方玛瑙"之称。

人文历史

朝阳市最早名为柳城,《太平环宇记》有"舜筑柳城"明确记载。大枣在朝阳地区有2 000多年的生产历史。据司马迁《史记·货殖列传》记载:"夫燕亦勃、碣之间一都会也。南通齐、赵,东北边胡。上谷至辽东,地卓远,人民希,数被寇,大兴赵、代俗相类,而民雕捍少虑,有鱼盐枣栗之饶。北邻乌桓、夫余,东绾秽貉、朝鲜、真番之利。"证明朝阳(辽东)地区枣栽培历史,可以追溯到公元前300年左右。据《朝阳市志》记载,朝阳地区大枣资源丰富,主要分布在朝阳县、喀左县、凌源县。朝阳大枣现栽培面积40万亩、8 000万株,占全省栽培面积的60%,年产鲜枣10万吨,年产值4亿元。朝阳大枣已成为朝阳市的一张名片,远销北京、上海、广州等大中城市。

生产特点

朝阳市属于低山丘陵区,气候为北温带大陆性季风气候,尽管东南部受海洋暖湿气影响,但由于北部蒙古高原的干燥冷空气经常侵入,四季分明,境内雨热同期,日照充足,温差较大,降水偏少,气候特点是"十年九旱"。朝阳市昼夜温差大、日照时间长的独特气候,与新疆维吾尔自治区哈密市的农业气象相近,造就了朝阳大枣的优良品质。

朝阳大枣适于在大凌河、小凌河及支流两岸的向阳平地、山地、坡地小气候好的区域栽培。品种以获得国家枣属植物保护新品种金铃园枣及金铃长枣为主要推广品种,同时还有大平顶枣、凌枣2个地方栽培品种。朝阳大枣和种植方式可分为密植园、稀植园,以及间作、套种枣树。

朝阳小米

登记证书编号：AGI00308

地域范围

朝阳市位于辽宁省西部，地处冀蒙辽三省区交界处。历史上，朝阳一直是连接关内和东北地区的咽喉要道，在现代的经济区划中，朝阳是环渤海经济圈内的一个重要成员。朝阳市土地面积约2万平方千米，其中耕地面积近600万亩，谷子的种植面积近100万亩，遍及朝阳市所辖五县二区的全部132个乡镇。地理标志保护范围坐标为东经118°50′~121°20′，北纬40°35′~42°20′。

品质特色

朝阳小米籽粒饱满、米粒均匀、晶莹剔透、色泽光润，呈金黄色或乳白色。用朝阳小米煮粥，粥黏、香气浓重、口感柔软细腻；做饭，具有饭香浓郁、弹性强、

口感好等特点。朝阳小米采用国内一流的先进设备和工艺，经过谷物清理、除杂、去石、耆谷脱壳、抛光、色选等10余道工艺程序精制而成，保留了小米中绝大部分营养，避免了小米中B族维生素以及微量元素（如钙、铁、硒等）的大量流失。

人文历史

朝阳小米，历史悠久，久负盛名，品质优良。《朝阳经济史》记载："据考证，'红山文化'时代的朝阳地区，原始人类正处于高度发展的母系氏族社会，人们已开始建造房屋……当时的农作物主要有粟和黍，标志着朝阳地区的农业生产已达到了一个新的水平。"元朝时期，"大宁路（今朝阳）不仅农桑业发达，物产丰富而且手工业、商业、林牧业等也相当发达。土产有谷、麦、稷、黍、豆、麻等……"据史料记载，公元1783年金秋，乾隆皇帝率员驾临边北营谢州龙山（现朝阳市凤凰山）祭拜龙相，仪式结束后，适逢中午，当地百姓端着热气腾腾的小米饭请乾隆品尝。此时，一股香气扑鼻而来，乾隆帝兴起食之，赞其"口感如肉，香味如茶"，当场下旨该地小米进奉朝廷，从此成为"朝廷贡米"享誉古今。

生产特点

朝阳地处辽西低山丘陵区，土壤类型主要有褐土、棕壤及草甸土等，有机质含量在1%左右。朝阳市属北温带大陆季风气候，由于北部蒙古高原的干燥冷空气经常侵入，四季分明，雨热同季，日照充足，昼夜温差较大，降水偏少，日照充足，完全满足谷子的生长发育要求。由于气候干燥寒冷，昼夜温差大的特点，谷子的病虫害较轻；谷子生产区域绝大部分远离城市和工业区，在生产过程中不用或较少使用化肥和农药。在这种独特的自然条件下生产的小米，其品质有明的优势。

小米耐瘠薄、耐干旱、适应性广，因此，朝阳小米多选择地势平坦、保水保肥、排水良好、肥力中等的地块种植。品种以朝谷14号、朝谷12号、朝谷13号、辽谷10号、齐头白为主。

鞍山君子兰

登记证书编号：AGI00309

地域范围

鞍山市占辽宁省总面积的 8.4%，鞍山君子兰的地理标志保护的区域范围主要具体地域分布在鞍山市高新区魏家屯、立山区陈家台村、鞍山市君子兰花卉中心、千山区二台子村、千山区后峪、千山区中所屯等地，占地 5 800 亩，花窖 3 600 栋，地理坐标为东经 122°10′~123°41′，北纬 40°27′~41°34′。

品质特色

鞍山君子兰株型适中，株体为元宝座，叶片顶端呈圆形，排列对称整齐；花葶挺拔直立，箭秆粗壮，夹箭现象少；花期较长，花朵大，呈金红色。鞍山君子兰耐高温，无休眠期，可在高温条件下生长，且叶片不徒长，株形不变样。鞍山君子兰有鞍山兰、佛光兰、金丝兰、白花、太空兰等八大系列百余个品种。

人文历史

君子兰是一种高雅而名贵的花卉，被视为"花中君子"。君子兰的发现和莳养约有 200 多年的历史。1823 年英国人鲍威尔首先在南非开普敦一带的丛林中发现了这种其貌不俗的花卉，并带回英国。中国栽培君子兰的历史约近百年。1945 年，抗日战争胜利后，作为"伪满""宫廷御花"的君子兰才传到民间。20 世纪 80 年代中期，鞍山君子兰爱好者用日本兰做母本、用鞍山本地的君子兰珍品"圆头短叶和尚"做父本进

行杂交，经多年选育而成功培育出了君子兰优良新品种；90年代中期，鞍山市君子兰花卉中心培育出优良的君子兰品种"鞍山君子兰"，发生了质的飞跃，以其典雅庄重的株型、宽厚的叶片、艳丽的花朵受到中外花卉爱好者的青睐，走向了商品市场。目前，鞍山君子兰产量已占全国君子兰花卉市的50%以上，在第七届中国花卉博览会上，鞍山君子兰获得特别大奖并被冠以"花王"称号。

生产特点

君子兰的生长发育与环境条件有密切的关系，主要有土壤、肥料、温度、湿度、水分、光照六要素，缺一不可。因此，必须对这六要素加强管理和控制，使之能适应君子兰在各个生长发育时期的需要，促其茁壮生长，直到开花结果。

君子兰适应弱酸性土壤，pH值为6~7最佳。种植鞍山君子兰采用长白山的榛叶和阔叶的腐殖土，土壤中含有碳、氢、氧、氮、磷、钾、钙、镁、硫、铁十大元素。君子兰原产于亚热带的南非山林中，那里一年四季温暖如春，在人工莳养时，也要创造一种接近原产地的自然环境，才能使植株更好地生长发育。君子兰生长最好的温度是15~25℃，相对湿度宜控制在60%~80%。君子兰植株内含水量约为90%，植株体内有充足的水分，体内细胞和组织才能正常进行生理活动。君子兰的最佳浇水时间为上午8时至下午5时左右，即一天的气温平均时刻。光是君子兰体内叶绿素进行光合作用的必要条件，一般花窖都采用遮光网，遮光度在50%~70%为宜。

辽宁绒山羊

登记证书编号：AGI00343

地域范围

辽宁绒山羊产于辽宁地区，主产区包括大连市的旅顺口区、金州区、庄河市、瓦房店市、普兰店区、长海县、大连经济开发区；营口市的鲅鱼圈区、老边区、盖州市、大石桥市；鞍山市的岫岩县、海城市、台安县；辽阳市的文圣区、宏伟区、弓长岭区、太子河区、辽阳县、灯塔市；丹东市的振安区、凤城市、宽甸县、东港市；本溪市的平山区、溪湖区、明山区、南芬区、本溪县、桓仁县、本溪开发区；抚顺市的东洲区、望花区、清原县、抚顺县、新宾县、抚顺经济开发区；铁岭市的清河区、铁岭市经济开发区、调兵山市、开原市、铁岭县、西丰县、昌图县，共计8个市的44个县（市、区）407个乡镇。地理坐标为东经118°53′~125°46′，北纬38°43′~43°26′。

品质特色

辽宁绒山羊被毛全白，体质健壮，结构匀称、紧凑，头轻小，额顶有长毛，颌下有髯；公羊角粗大，向后斜上方两侧螺旋式伸展；母羊角向后斜上方两侧捻曲伸出；颈宽厚、与肩部结合良好，背腰平直，四肢粗壮，肢蹄结实，短瘦尾，尾尖上翘。被毛柔软有弹性，绒层厚实，被毛覆盖良好，用两手分开毛丛，可见亮白、密而长

的绒丛。辽宁绒山羊是我国农业领域拥有自主知识产权的特殊品种资源，是广大农牧民脱贫致富的主要品种，一直以其产绒量最高、出绒多、绒细度好和绒纤维长等综合品质优秀而居世界白绒山羊之冠，又因其遗传性能稳定，杂交改良效果非常显著，被誉为"中华国宝"。长期以来，辽宁绒山羊被各大绒山羊产区引入，广泛用于育种和改良，被育种专家誉为"中国绒山羊之父"。在我国《国家级畜禽遗传资源保护名录》中列为首位需要保护的羊类，是我国政府明令禁止出境的极少数畜禽品种之一。

人文历史

辽宁地区农民自古以来就有饲养山羊习俗，具体开始养羊时间已经无从考究。在沈阳新乐遗址，发现辽沈大地在7 000年前就已经有猪、羊饲养。1984年，辽宁省农业厅、辽宁省科学技术委员会受农业部委托，组织专家对辽宁绒山羊进行了鉴定，认定辽宁绒山羊为绒用山羊品种，随后列入《中国畜禽品种志》。此后，经过20多年的系统选育，辽宁绒山羊的质量不断提高，产绒量居世界白绒山羊之冠，已经成为目前在国内外享有盛誉的优良山羊种群。辽宁地区由于独特的气候、土壤、植被、水文、人文等环境优势成为辽宁绒山羊最适宜的生活区。

生产特点

辽宁地区地势大体为北高南低，辽南平原至辽东湾沿岸地势平坦，土壤肥沃，另有大面积沼泽洼地、漫滩和许多牛轭湖。辽宁地区水资源丰富，山山有水，溪水长流，水质清纯，适宜辽宁绒山羊饮用，也适宜各种草木生长。区域内土壤主要为棕壤土，土层较厚，质地比较黏重，表层有机质含量较高。适宜的土壤环境，使草木繁茂、种类繁多，有各种植物161科2 200余种，其中，共有600多种天然草木可供绒山羊采食，禾本科的画眉草、狗尾草，豆科的野苜蓿、落豆秧，菊科的老牛筋，还有多种低矮灌木胡枝子等，都是辽宁绒山羊喜食的草木。

辽宁地区成为保持辽宁绒山羊种质特性最适宜地区。辽宁绒山羊饲养可根据具体的生产条件采取全放牧饲养、半放牧半舍饲饲养和全舍饲的饲养方式，所用饲料主要以粗饲料为主，如野生无毒杂草、中草药植物、农作物秸秆等，同时适当补充饲少量精料，饲料种类应多样化以达到营养平衡。

盖州生姜

登记证书编号：AGI00597

地域范围

盖州生姜保护范围位于盖州市的榜式卜镇、暖泉镇、东城办事处、西城办事处、青石岭镇、太阳升办事处、西海办事处、徐屯镇、团山办事处、沙岗镇、九寨镇、陈屯镇、梁屯镇、万福镇、归州镇，共计15个镇（办事处），地理坐标为东经121°56′44″~122°53′26″，北纬39°55′12″~40°33′55″。

品质特色

盖州生姜在长期的栽培和自然选择下，形成了自己独特的产品特征，生产出来的生姜姜块肥硕，肉质较厚，表皮光滑。由于含有辛辣素、姜油酮等成分，盖州生姜具有较浓的辛香味。盖州生姜富含糖分、蛋白质、脂肪、纤维素、矿物质等，营养成分均高于同类产品。盖州生姜用途很广，是集调味品、食品加工原料和药用为一体的多用途蔬菜，除用作调味佐料外，还可以加工成姜粉、姜干、姜汁、姜片、

姜油等产品。

人文历史

盖州生姜栽培历史悠久，姜农积累了丰富的种植和繁育经验，品种主要以莱芜大姜、莱州大姜为主，目前盖州生姜在当地生产中占有主导地位。由于盖州生姜含水分较低、姜皮较厚，因而耐贮，适宜长距离运输，不仅销往国内大中城市，还出口日本、韩国、美国等国家。盖州生姜生产规模为3万亩，产量12万吨，是辽宁省最大的生姜生产县。

生产特点

盖州独特的地理环境、适宜的气候，形成了盖州生姜独特的品质。盖州市丘陵区，地貌类型有丘陵、平地等，土壤沙质土壤，土层深厚，耕层达50厘米以上，有机质含量高达3%，土质肥沃，微量元素丰富。境内有大清河、碧流河和熊岳河三大河流，有石门水库和玉石水库两座大型水库，以及中小型水库20座，年平均降水量在670~700毫米，水资源充足，能够保证全市农田的灌溉。盖州市四季分明，昼夜温差大，光照时间长，环境条件和气候条件非常适合盖州生姜的生长。

姜生长过程中需肥量大，喜阴湿，怕强光直射，因此，盖州生姜采用特定的生产方式，包括秸秆生物反应堆技术（是一项利用秸秆深埋结合菌种应用的综合技术）、重施底肥、多次施肥、搭遮阳棚等。生姜不耐旱，根系又浅，因而要求土壤湿润，经常浇水。

抚顺单片黑木耳

登记证书编号：AGI00598

地域范围

抚顺单片黑木耳产于抚顺县海浪乡、石文镇、峡河乡、救兵乡、上马乡、后安镇、马圈子乡和汤图满族乡共计8个乡镇95个行政村。地理坐标为东经123°42′58″~124°27′01″，北纬41°26′49″~41°55′46″，地域总面积1 638平方千米，耕地面积37.6万亩。

品质特色

抚顺单片黑木耳肥厚，耳片厚1.7毫米左右，耳轮圆整，耳小，直径一般为45毫米左右，无根；浸泡后外形似"碗"状，背面绒毛短而少，暗灰色；耳面黑褐色，平滑有光感；弹性好，口感润滑，营养丰富，可称为黑木耳产品中的精品。抚顺单片黑木耳每100克含蛋白质13.9克、脂肪0.7克、碳水化合物57.8克、粗纤维3.19%、钙710毫克、铁657毫克，可见，抚顺单片黑木耳营养值远高于普通黑木耳，尤其是含铁量很高，是一种非常好的天然补血食品。抚顺单片黑木耳含有丰富的纤维素和一种特殊的植物胶质，能促进胃肠蠕动，降低食物脂肪，阻止血液中胆固醇沉积，并对冠心病和心脑血管疾病患者颇为有益，被营养学家誉为"素中之荤"和"素中之王"。

人文历史

抚顺县森林密布，野生食用菌种类很多，当地野生黑木耳产品历史上曾是皇家独享食品。现在，人们采撷野生木耳晾干后，成为秋冬季节饮食的佳品。据县志记载，20世纪70年代，抚顺县开启了人工栽培黑木耳的先河，利用森林砍伐的硬杂木段，春季凿孔接菌，经发菌后可出耳3年，农民取得较好的收入。近年来，抚顺县把以黑木耳为主的食用菌产业作为

农业产业发展的"一县一业"主导产业来抓，积极出台支持黑木耳产业发展的优惠政策，与辽宁省农业科学院、沈阳农业大学加强生产技术合作，同时聘请专家进行培训，加强技术创新，以提高抚顺单片黑木耳品质特性为目标，重点加大抚顺单片黑木耳的推广能力，促进抚顺单片黑木耳的栽培规模不断扩大。在生产中，重点创造仿野生单片黑木耳生产环境，创建地区优质单片黑木耳小孔单耳无根的产品品牌，成为辽宁省最大的单片黑木耳生产基地。抚顺单片黑木耳目前已远销北京、上海、广州、杭州等地，产品在辽宁省农村合作经济组织名优产品展销会上被评为"最受欢迎农产品"。

生产特点

抚顺单片黑木耳生长于辽宁抚顺大伙房水库周边。抚顺县属辽宁东部中高海拔地区，昼夜温差大，年降水量800~1 000毫米，森林覆盖率达80%。由于特定的环境气候，空气中负氧离子丰富，耳片呼吸作用强，加上采用山间清泉水进行灌溉，耳片生长缓慢，胶质含量高，生产的单片黑木耳干物质积累多，营养较其他地区黑木耳更丰富。

人工培育抚顺单片黑木耳，品种宜选择适合当地栽培的具有出单耳特性的优良品种菌株，包括丰收2号、黑29、黑88、延2、阜原1号、黑7号等。栽培基质原料选择抚顺地区硬杂木粉碎后的木屑，大片、新鲜、无杂质的纯质麦麸，优质食用菌专用石膏产品，以及豆粉、玉米面粉等。出耳期间温度保持在22~24℃，空气相对湿度保持在80%以上，并增加光照强度和光照时间。当耳片全部展开，长至八分成熟，孢子未弹射时采收。采收的木耳在晾耳棚中自然晾干，晾晒或烘干后的黑木耳含水量小于13%。

盖州西瓜

登记证书编号：AGI00599

地域范围

盖州西瓜产地是辽宁省盖州市，地理标志保护范围位为东经121°56′44″~122°53′26″，北纬39°55′12″~40°33′55″。覆盖市内榜式堡镇、暖泉镇、东城办事处、西城办事处、青石岭镇、太阳升办事处、西海办事处、徐屯镇、团山办事处、沙岗镇、二台农场、小石棚乡、团甸镇、双台镇、九垄地办事处，共计15个乡场镇办事处，生产面积10万亩。

品质特色

盖州西瓜在长期的栽培和自然选择下，形成了自己独特的产品特征，生产出来的西瓜批皮绿瓤红、甜汁四溢。盖州西瓜富含多种维生素、蛋白质，以及铁、钙、钾、磷、镁、锌等矿物质。果汁中谷氨酸、精氨酸、果糖、苹果酸含量极为丰富。

人文历史

目前西瓜已成为盖州市农业发展的主导产业，盖州市的瓜农积累了丰富的种植和繁育经验，盖州西瓜深受市场欢迎，产品销往北京、上海、广东、黑龙江等地。

生产特点

盖州市丘陵区，沙质土壤，土层深厚，耕层达50厘米以上，有机质含量

高达3%，微量元素丰富。境内有大清河、碧流河和熊岳河三大河流，大型水库有石门水库和玉石水库两座，中小型水库20座，年平均降水量在670~700毫米，水资源充足，能够保证全市农田的灌溉。盖州市年日照时数2 600~2 900小时，年有效积温3 500~3 700℃，无霜期180天，适合西瓜的生长。

盖州西瓜品种为京欣系列（京欣1号）、精品园翠等。当地采取秸秆生物反应堆技术，利用秸秆深埋结合菌种应用，提高二氧化碳气肥，从而提高作物品质。西瓜的生长需要中等肥力条件，当地瓜农结合整地，每亩施优质有机肥（以优质腐熟猪厩为例）4 000~5 000千克，或者用农家肥2 000~2 500千克加入精制有机肥20~40千克，保证西瓜生长的营养所需。盖州西瓜采取人工辅助授粉，每天上午9时以前用雄花的花粉涂抹在雌花的柱头上进行人工辅助授粉；无籽西瓜的雌花用有籽西瓜（授粉品种）的花粉进行人工辅助授粉。在幼果拳头大小时将幼果果柄顺直，然后在幼果下面垫上麦秸、稻草，或将幼果下面的土壤拍成斜坡形，把幼果摆在斜坡上。果实停止生长后要进行翻瓜，要在下午进行，顺一个方向翻，每次的翻转角度不超过30°，每个瓜翻2~3次。

东港梭子蟹

登记证书编号：AGI00600

地域范围

东港梭子蟹主要产自黄海北部的鸭绿江口渔场和园山渔场，包括 18 渔区，19 渔区，32 渔区的 2 小区、3 小区、6 小区，以及 33 渔区。北界为陆地沿线，东界和南界为中国与朝鲜海上分界线中国一侧，西界地理坐标为北起东经 123° 30′ 57″、北纬 39° 47′ 04″，向东南至东经 124° 00′ 00″、北纬 39° 00′ 00″。总面积约 3 500 平方千米。

品质特色

东港梭子蟹，为鸭绿江口渔场和圆山渔场捕捞的野生三疣梭子蟹。东港梭子蟹头胸甲呈梭形，稍隆起。表面有 3 个显著的疣状隆起，1 个在胃区，2 个在心区。其体型似椭圆，两端尖尖如织布梭，故有梭子蟹之名。两前侧缘各具 9 个锯齿，第九锯齿特别长大，向左右伸延。额缘具 4 枚小齿，额部两侧有 1 对能转动的带柄复眼。有胸足 5 对，螯足发达，长节呈棱柱形，内缘具钝齿；第四对步足指节扁平宽薄如桨，适于游泳。腹部扁平，雄蟹腹部呈三角形，雌蟹呈圆形。雄蟹背面茶绿色，雌蟹紫色，腹面均为灰白色。

东港梭子蟹体形硕大，体态丰满，体纹明显，色泽鲜艳，无黑斑，脐上部无胃印；螯足与躯体连接紧密，不松弛下垂；鳃丝清晰，白色或微褐色；体态肥满，腹部紧贴中央沟，手指压腹部有坚实感。肉质紧密有弹性，不易剥离，蟹黄凝固不流动，富含蛋

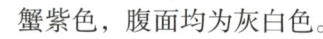

白质、脂肪及多种矿物质，口味佳，可食部分占52%。

人文历史

东港梭子蟹自古就引起了当地人们的高度关注，早期的《东沟县志》（东沟县是东港市的原名）、《东港年鉴》就有关于东港梭子蟹的记载和描述。原东沟县水产局《东沟县水产系统统计资料》中，自

1953年开始，就把东港梭子蟹作为主要的水产捕捞品种加以记载。

东港梭子蟹蟹肉色泽洁白，肉多，肉质细嫩，膏似凝脂，味道鲜美。尤其是螯足之肉，呈丝状而带甜味，蟹黄（性腺）色艳味香，食之别有风味，因而久负盛名，自古就被视为海鲜佳品。清代李渔就有"蟹鲜而肥，甘而腻，白似玉而贵似金，已造色香味三者之极，更无一物可以上之"赞誉。唐代诗人白居易在《奉和汴州令狐相公二十二韵》中写道"陆珍熊掌烂，海味蟹螯成"，将海蟹螯足与熊掌相提并论。

生产特点

东港梭子蟹产区气候条件优越，因常年受季风影响，形成雨热同季，水热共济，光温水资源丰富的气候特点。东港市近海的鸭绿江口渔场和圆山渔场属南温带湿润地区海洋性季风气候区，具有独特性。渔场盐度的平面分布南部的盐度最高，北部的最低由高到低依次为南部高于东部高于西部高于北部。这种特征充分反映了淡水径流的显著影响。

东港梭子蟹除每年6月16日12时至9月1日12时为伏季繁殖保护禁渔期外，其余时间都可以捕捞。按照辽宁省人民政府2008年（修订）颁布的《辽宁省水产资源繁殖保护实施细则》规定，禁止捕捞东港梭子蟹幼蟹，从头胸甲中央刺至甲后缘的垂直距离大于7厘米以上，达到成蟹规格的才可以捕捞。渔船在渔场捕捞作业中，对渔获物中的东港梭子蟹及时进行清选和分装，活蟹进行暂养，死蟹先用海水清洗后，再加入机制人工冰，装舱储藏。

东港杂色蛤

登记证书编号：AGI00601

地域范围

东港杂色蛤主要产自位于东港市境内的潮间带滩涂，面积2.42万公顷。地理坐标为东界自东经124°05′25″，北纬39°49′44.18″，至东经124°06′00″，北纬39°44′26.23″；南界为0米等深线；西界自东经123°30′49.94″，北纬39°47′38.33″，至东经123°30′52.81″，北纬39°45′24.56″；北界为陆地海岸线。

品质特色

东港杂色蛤是一种海产小型双壳贝类，壳坚厚、极膨胀、壳高与壳长比例不一，小目面宽，呈椭圆形或略成梭形，贝壳前缘稍圆，后缘略呈截形，贝壳一般壳长2.5~3.5厘米，表面颜色多变，一般为深褐色或灰黄色，杂有彩色斑纹，生长纹和放射肋均细密。壳内面灰黄色，略带紫色。铰合部细长，每壳有主齿3枚，左壳前2枚与右壳后2枚顶端分叉。外套膜左右两片外套膜除在背部愈合外，还在后端和腹面愈合，并形成出入水管。足部和闭壳肌，足位于身体前腹面，较发达，呈斧刀状，两侧扁平，韧带长且极突出。足内有发达的腺体，足基部有前后缩足肌附于前后闭壳肌的内侧。前闭壳肌呈卵圆形，后闭壳肌呈圆锥形，较发达。

东港杂色蛤肉味鲜美、营养丰富，蛋白质含量高，氨基酸的种类组成及配比合理；脂肪含量低，不饱和脂肪酸较高，易被

人体消化吸收，还有多种维生素和药用成分。东港杂色蛤每百克含蛋白质 8.37 克、钙 324 毫克、铁 75.9 毫克、磷 70 毫克、硒 0.63 毫克、核黄素 0.12 毫克。

人文历史

东港杂色蛤是当地渔业产品的重要组成部分，而且是出口创汇的拳头产品。东港市自 2003 年开始连续几年都举办了"东港市旅游节"，推介和品尝东港杂色蛤是展会的一项重要内容。东港杂色蛤是东港市的一个传统水产养殖品种，最早的《东沟县志》（东港市原名东沟县）、《东港年鉴》都有关于东港杂色蛤的记载和描述。原东沟县水产局《东沟县水产系统统计资料》中，自 1953 年开始，就把东港杂色蛤作为主要的水产养殖品种加以记载。近年来，随着东港杂色蛤出口数量的增加和产品质量的提升，东港杂色蛤被商检部门确定为国家级原产地名特优产品，并公布在《中国质检网》上。

生产特点

东港市近海的鸭绿江口渔场和圆山渔场属南温带湿润地区海洋性季风气候区，气候条件优越。因常年受季风影响，形成雨热同季，水热共济，光温水资源丰富的气候特点。渔场的温度梯度和气压梯度的季节变化明显，季风强烈。

东港杂色蛤大多栖息在潮流畅通，风浪较小，有流水注入的砂泥底质的内湾滩涂的中低潮区，广温、广盐，主要食料为硅藻、重轻藻等，雌雄异体，一年成熟。东港杂色蛤采取工厂化育苗，6—7 月为繁殖季节，将自然成熟的亲贝采捕入池，使其自然排精、产卵、孵化。东港杂色蛤的养殖区设在风浪平静、潮流畅通、滩涂底质平坦、潮间隙干露时间不超过 4 小时、无污染、含沙量为 40%~60% 的中低潮区。除每年 6 月 16 日 12 时至 9 月 1 日 12 时繁殖保护禁渔期和冬季浮冰期外，其余时间都可以捕捞东港杂色蛤，采捕规格为壳长不小于 3 厘米。

东港大黄蚬

登记证书编号：AGI00602

地域范围

东港大黄蚬主要产自东港市境内的0~10米等深线之间的近岸水域，面积7.066万公顷。地理坐标为东界自东经124°07′39.54″，北纬39°36′40″，至东经124°08′27.36″，北纬39°43′31.51″；南界为10米等深线；西界自东经123°30′52.81″，北纬39°45′24.56″，至东经123°31′06.00″，北纬39°38′30″；北界为陆地海岸线。

品质特色

东港大黄蚬体型肥大，体态圆满呈较圆的三角形，浅水区体色黄褐色，深水区呈黑褐色，壳表平滑，具生长纹，越近腹缘越明显，前后缘亦明显，后缘长于前缘。壳顶为紫色，突出背缘，偏向前缘。

东港大黄蚬壳薄肉厚，肉质细嫩，肉体肥大，富含蛋白质、脂肪及多种矿物质，口味极佳。每100克东港大黄蚬含蛋白质11.47克、钙344毫克、铁249毫克、磷41毫克、硒0.52毫克、核黄素0.08毫克。

人文历史

最早的《东沟县志》（东港市原名东沟县）、《东港年鉴》都有关于东港大黄蚬的记载和描述。原东沟县水产局《东沟县水产系统统计资料》中，辽宁省的兴城、大连，以及山东省的青岛等地都有大黄蚬出产，以东港近海分布最广、产量最高、个体最大、品质最好。近年来，随着出口数量的增加和产品质量的提升，东港大黄蚬被商检部门确定为国家级原产地名特优产品。东港大黄蚬在东港市从一项传统的增养殖品种，发展为规模宏大的渔业产业，不仅健全了资源保护制度，建立了科学的增殖、捕捞、

加工和暂养技术，还形成了一套完善合理的营销机制和消费理念。

生产特点

东港大黄蚬是我国仅存的优质中国蛤蜊物种，集中生活在鸭绿江口渔场。鸭绿江口渔场海域所独有的海洋水文、海水化学、海洋生物等海况条件和独特的海域环境，造就了东港大黄蚬特有的品质特色。东港市近海的鸭绿江口渔场和圆山渔场属南温带湿润地区海洋性季风气候区，因常年受季风影响，形成雨热同季，水热共济，光温水资源丰富的气候特点。鸭绿江口和圆山渔场浮游植物平均生物量约比黄海北部其他海域综合平均值高11倍之多，浮游动物平均生物量约比黄海北部其他海域综合平均值高5倍之多。

东港大黄蚬，学名中国蛤蜊，主要分布于日本、朝鲜和我国鸭绿江口附近，以东港近海分布最广、产量最高、个体最大、品质最好。为保证东港大黄蚬特定的品质，底播养殖用苗种可选用本地的海区采苗，人工育苗用亲本必须是本地采捕的东港大黄蚬。养殖选择在黄海北部渔场最北端的鸭绿江口附近10米等深线以内的浅海海域，养殖海域距离陆地5~10千米。养殖浅海要求风平浪静，潮流畅通。因为东港大黄蚬有迁徙性，滩底要求凸凹不平，浅海底泥20厘米以下，沙粒松软，底质无污染，含沙量60%~80%，盐度18‰~33‰，流速0.5~1.2米/秒，水温12~23℃。

阜新花生

登记证书编号：AGI00710

地域范围

阜新花生的保护范围位于辽宁省阜新蒙古族自治县（以下简称阜新县）老河土、富荣镇、大板、国华、十家子、泡子、务欢池、扎兰营子、塔营子、沙拉、大巴、苍土、福兴地、旧庙、哈达户稍、阜新镇、建设、蜘蛛山、七家子、伊吗图、东梁、化石戈、招束沟、紫都台、平安地、八家子、大固本、卧凤沟、佛寺、新民、王府、太平、红帽子、于寺、大五家子，共计35个乡镇。全县花生种植面积达到160万亩，面积位居全省44个县之首，常年产量30万吨。地理坐标为东经121°01′~122°26′，北纬41°44′~42°34′。

品质特色

花生是重要的油料作物，花生仁含油45%~55%，蛋白质27%~30%，碳水化合物6%~23%，纤维素2%，灰分2%~3%，还含有丰富的维生素E和B族维生素。阜新花生在长期的栽培和自然选择下，形成了自己独特的产品特征，生产出来的花生果皮白，皮色正，纹理清，籽粒饱满均匀，果仁色泽纯正，醇香适口；食用花生油淡黄透明，色泽清亮，气味芬芳，浓香扑鼻，滋味可口，营养安全。经测定，阜新花生蛋白质和脂肪含量都较高，蛋白质中含有18种氨基酸，饱和脂肪酸含量低，亚油酸含量高，不含胆固醇。

人文历史

阜新花生栽培历史悠久，早在清朝末期，阜新地区就有零星种植。新中国成立后，生产面积逐步增加，特别是2000年以后，种植面积由过去的30万亩发展到现在的 160 万亩。为打造阜新县花生品牌，促进阜新花生产业的发展，县政府出台了相关扶持政策，促进了花生产业的发展，每年加工花生果 20 万吨，国内主要销往广东、福建、山东、河北、上海、天津等地，出口量达 10 万吨。

生产特点

阜新县四季分明，昼夜温差大，光照充足，土壤条件好，水资源丰富，环境条件和气候条件非常适合阜新花生生长。当地种植品种为阜花 10、阜花 13、白沙 1016 等，选用经审定推广的、生育期适宜、比较早熟、株型紧凑、结荚集中、抗旱性较强、较抗叶斑病的优良品种。

阜新县是内蒙古高原和辽河平原的中间过渡带，地形属低山丘陵区，大部分地势较平坦。当地土壤条件好，类型以褐土、中壤土、风沙土、草甸土为主。全县境内河流有细河、伊玛图河、二道河、务欢池河、八道河等 20 条主要河流，水资源充足。阜新县四季分明，雨热同季，光照充足，年平均日照时数 2 673.7 小时，平均日照百分率 62%，太阳辐射和光照条件是辽宁省最好地区之一，为农作物生长提供了丰富的光热资源，从而使花生蛋白质含量较高。当地空气平均相对湿度 57%，最低湿度 45%，干燥的气候有利于抵制病从害的发生，大大降低了农药的施用量，为阜新花生生产提供了得天独厚的条件。

彰武花生

登记证书编号：AGI00768

地域范围

彰武县地处辽宁省西北部，科尔沁沙地南部。彰武花生原产地保护范围包括彰武县彰武镇、哈尔套镇、章古台镇、五峰镇、冯家镇、后新秋镇、东六镇、阿尔乡镇、苇子沟乡、二道河子乡、西六家子乡、两家子乡、双庙乡、平安乡、满堂红乡、四堡子乡、丰田乡、大德乡、大冷乡、前福兴地乡、兴隆堡乡、兴隆山乡、大四乡、四合城乡24个乡镇。地理坐标为东经121°53′~122°58′，北纬42°07′~42°51′。

品质特色

彰武花生在长期的栽培和自然条件下，形成了自己独特的产品特征。花生外观整齐一致，干净洁白，籽仁有光泽，无裂纹，圆润饱满，种皮粉红色，荚果呈斧头形或蚕茧形，皮薄，2粒荚，籽仁为椭圆形。经测定，彰武花生粗蛋白含量32.6%，比花生蛋白平均值27.45%高出5.15%，使得彰武花生表现出食味鲜香、细腻适口。同时，彰武花生中还含有硫胺素（维生素B_1）、核黄素（维生素B_2）、烟酸（维生素B_3）等多种维生素，矿物质含量也很丰富，特别是含有人体必需的氨基酸，有促进脑细胞发育，增强记忆的功能。

人文历史

彰武县于1905年就已种植花生，至今已有百余年历史。1949—1990年彰武县花生种植面积一直在几万亩徘徊。近年来，彰

武花生种植面积大幅度提高，目前种植面积达 100 万亩，年产量达 22 万吨。花生现已成为彰武县农业发展的主导产业。彰武县农民丰富的花生种植和繁育经验，彰武花生深受市场欢迎，产品销往我国各大城市，并远销欧美及东南亚。

生产特点

彰武县境内主要河流有柳河、绕阳河、养息牧河和秀水河，均属辽河水系，且地下水资源丰富，水质较好，是理想的工农业生产和生活用水。彰武县属于北温带半干旱半湿润大陆性季风气候，四季分明，雨热同季，昼夜温差大，光照充足，雨量适中，热量条件对一茬中晚熟大田作物可基本满足，对早中熟作物一茬有余。

目前，彰武花生主要种植品种为阜花系列花生。各农户使用的农业投入品（包括种子、肥料、农膜等）由县农业部门统一供给，不允许农户购买其他经销商的产品，如发现病情需要防治，也不得私自滥用药品。为了保证土壤肥力，冬前或早春随机耕时每亩施有机肥 3 000 千克，花生专用肥 40 千克，花生播种时随花生播种机每亩跟施花生专用肥 10 千克。彰武花生实行机械播种，起垄、跟施种肥、播种、除草、覆膜一条龙机械作业，采收为人工或机械收获。当花生群体大部分荚果果壳硬化、网纹清晰、果皮外表呈现铁青色时及时收获。花生收获后，农民习惯于把花生存放在屋顶、墙头等高且干燥处。

宽甸石柱人参

登记证书编号：AGI00877

地域范围

宽甸石柱人参产于辽宁省丹东市宽甸满族自治县振江镇石柱子村境内，总生产规模2 000亩，2.2万帘。地理坐标为东经125°21′~125°28′，北纬40°43′~40°50′，海拔350~810米。

品质特色

宽甸石柱人参是石柱人利用野山参种源，经几百年的人工驯化栽培而来，其特点是芦长、体灵、皮老、质实、横纹深而细、须长而清疏、须上有珍珠疙瘩，不论是外部形态还是内在成分都酷似山参，在野山参资源濒临枯竭的今天，完全可以成为野山参的替代品。该参对土壤、气候、水分等自然条件要求极为苛刻，异地栽培则发生劣变，故"非石柱子之土、之气、之水不可得"，一直是人参市场中的宠儿，被誉为"辽宁一绝、国之瑰宝"，特别在韩国人参市场备受青睐。宽甸石柱人参与其他普通参比较，芦细而长，体较短，膀头较圆，纹深而密（主要集中在体的上半部），须细长柔软，与山参无大差别，与普通参差别明显。

人文历史

相传在400多年前的明朝万历年间，石柱地方还是个山高林密、荒无人烟的地方。山东有七翁结伴到辽东鸭绿江畔的深山老林里采参。因为这里参特别多，为了今后采参能找到这个地方，就在石柱村上屯街西的三岔路口，竖起一块两米多高的石柱，在石旁同时栽了一株榆树，他们把人参带走，小参与籽埋在林下栽培，柱参由此诞生。石柱子村也由此得名。后来，采参人越来越多，有些人就在这里安家落户了。清朝同治初年，又从山东来了3个人，被人称为"三人把"，他们冲破禁边封锁，联合建立了参园。石柱村山高土薄，村民栽养柱参以备糊口，实属不易。当时石柱子村共有柱参3 000多帘，年产量200千克，年头最长的达30年，芦长达10厘米，体须可达70厘米。每年都有大量柱参销往营口、沈阳、安东、天津、上海等地。东北最大的人参市场——营口，享有"柱参不到不开行"之说，可见当年柱参在人参中的王者地位。现在石柱子村80%农户养柱参，已达2万多帘，所产柱参除销往我国南方各省市外，还远销韩国、日本、新加坡等国，已成为村致富的支柱产业。

生产特点

石柱子村位于宽甸东部丘陵区，属长白余脉，平均海拔500米。石柱子村东临鸭绿江，水资源极为丰富，石柱子河和滚子沟河于村中心交汇并贯穿全村。石柱参生长地属于温带湿润地区季风气候，其特点是温和湿润，四季分明，受季风影响，夏季高温多雨，冬季寒冷干燥。由于地理纬度和云雾、地形植被等影响散射光丰富经常出现人参地区的"露水阳"天气，这些都是石柱参生长发育所需要的气候条件。

石柱参源于野山参，经世代选育，生产出来的具有野山参基本形体特征和相应价值的一种特殊类型的商品人参。石柱参对于土壤、水分、气候、光照及栽培管理技术等要

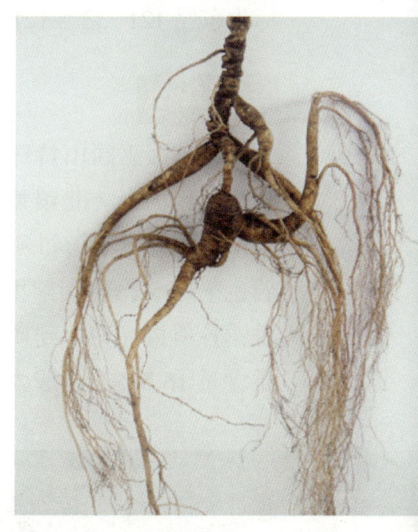

求极严，参场必须选择在石柱子村境内，否则其形体特征和内在成分将发生劣变。栽培石柱参的林地一般以柞、椴为主的阔叶林或混交林为好，间生杏条、榛柴等灌木地或休闲多年的老撂荒地。石柱参宜生长在肥力充足、含沙量25%~30%的腐殖土活黄土，排水好，通透性强，pH值5.5~6.5。宜选背阴的缓坡地，坡度20°~40°。栽培宽甸石柱人参必须选择线芦、圆芦、草芦、竹节芦4个品种。石柱参的栽培方式近于园参又不同于园参，它是按照野山参的生长习性予以培育的，栽培中不施肥，只靠吸收参床中土壤养分缓慢生长。石柱参的栽培形式有三种：一是上搭芦平栽，芦和须弯曲须条长，丁下顺；二是下搭芦平栽，芦直，须直，形美，但丁上扬；三是斜栽，芦直须长但下顺，是采用较广的栽培形式。宽甸石柱人参全生育期不施肥不打药。当柱参的参龄达到13~15年时即可采挖上市。

北镇葡萄

登记证书编号：AGI00878

地域范围

北镇葡萄，产地位于辽宁省锦州北镇市，北镇葡萄保护范围位于北镇市大市、正安、富屯、广宁、鲍家、常兴店、闾阳、沟帮子、廖屯、赵屯10个乡镇。地理坐标为东经121°33′~121°55′，北纬41°22′~42°46′。

品质特色

北镇医巫闾山特殊气候特点和辽西多光少雨季风性气候生态环境，赋予了北镇葡萄独特内涵。北镇葡萄色泽黑紫、果粒均匀、颗粒饱满、适口性强；圆柱形或圆锥形，中等紧密，每穗果粒35~45粒，穗重400~550克，平均粒重10~12克；果实着色率99%，达到紫黑或蓝黑色，果粉中等厚。北镇葡萄富含多种人体所需营养物质，各项指标均达到或超出平均标准，其中，维生素C含量29.8毫克/千克，干物质含量16.5%，总酸含量6.97克/千克，可溶性糖含量14.1%，钙含量64.6毫克/

千克，锌含量 8.7 毫克/千克。

人文历史

北镇葡萄栽培已有 300 多年的历史，清朝时就在北镇建有皇家果园，同治年间，因御用果园生产过剩而废弃，转为农家经营。如今北镇市已经形成纵贯医巫闾山东西 52 千米的葡萄经济带。北镇市政府对葡萄生产高度重视，使葡萄产业得到迅速发展。2012 年，全市鲜食葡萄栽培面积达到 20 万亩。北镇市是辽宁省政府"一县一业"葡萄示范县，建有各种机械恒温冷库 4 000 多座，贮藏保鲜能力 18 万吨以上，葡萄产业已经成为北镇市的优势产业。

生产特点

北镇市位于锦州市东部，医巫闾山东麓，属温带半湿润季风大陆性气候，医巫闾山形成一道天然屏障，特别是夏季，从太平洋刮来的东南风，带来湿暖空气，遇到闾山屏障，升空与冷空气相遇，形成降水，年降水量 600 毫米；北镇全年无霜期 154~164 天，日照时数为 2 871 小时；北镇市四季分明、雨量充沛、土地肥沃，土壤类别为棕色森林土，土层厚度为 15~200 厘米，富含矿物质，葡萄沟经多年增施农肥、秸秆改造后，定植沟内土壤有机质含量高达 3.5%~5.0%，土质肥沃，碱解氮含量达 180 毫克/千克以上，有效磷含量为 20~25 毫克/千克，速效钾含量达 125~140 毫克/千克，pH 值为 6.5~7.1，极有利于葡萄生产。大自然的恩赐成就了北镇水果产业的发达，也成就了北镇葡萄的大众口碑。

北镇葡萄栽培地气候条件十分有利，但为改善葡萄园土壤环境，在定植前要进行局部土壤改良，以优质鸡粪、猪粪为主，充分腐熟，于早春或果实采收后施入地下，确保葡萄生长结果的营养需求。根据北镇日照时数，确定北镇市葡萄产量以每亩 1 500 千克以内为宜，通过疏花穗、疏果穗的方式，去掉过多的花穗，以及坐果较差、大小粒严重的果穗，保证产品质量。

大洼肉鸭

登记证书编号：AGI00879

地域范围

大洼县隶属辽宁省盘锦市，地处渤海湾中部，辽河三角洲腹地，东傍辽河，西临渤海，南与营口隔海相望，北与盘锦市区毗邻。大洼肉鸭产于大洼县境内清水镇、西安镇、平安镇、榆树镇 4 个镇，辐射新兴镇、新立镇、田家镇、新开镇、赵圈河镇、大洼镇、王家镇、田庄台镇、唐家镇、东风镇、荣兴镇 11 个镇，共 15 个镇 163 个行政村，大洼肉鸭保护的规模为 2.2 亿只。地理坐标为东经 121°47′~122°29′，北纬 40°39′~41°09′。

品质特色

大洼肉鸭全身羽毛洁白，体型大，肌肉丰满；头大颈粗，体躯呈长方形，前胸突出，背宽平，胸骨长而直；两翅较小，紧附于体躯两侧；母鸭腹部丰满，腿粗短，蹼宽厚。每 100 克鸭肉中蛋白质 12.8~13.3 克，脂肪 45.8~48.3 克，含铁 14.9~16 毫克，硒 9.3~9.6 毫克。鸭肉中钾含量最高，100 克鸭肉含钾近 105~120 毫克。鸭肉内氨基酸种类齐全，特别是人体所需的 8 种必需氨基酸含量较高。另外，鸭肉是含维生素 E 比较多的肉类，100 克鸭肉含维生素 E 195~210 微克。

人文历史

大洼人历来有养肉鸭食鸭肉的习俗，饲养肉鸭在大洼地区已有近70年的历史。20世纪60年代末，大洼肉鸭在省外贸统一注册为"珍鸟"牌，产品主要销往我国香港，以及马来西亚、菲律宾等地区和国家。从那时起，大洼肉鸭开始了规模化饲养，一路下来，大洼县肉鸭养殖规模不断扩大，鸭肉品质不断提升。大洼肉鸭产业既有产业龙头，又有产业基础；既有整套成熟的生产管理技术，又有名牌拳头产品。本着信息共享、利益共沾的原则，当地鸭业龙头共同于2004年发起成立了大洼县养鸭协会。

生产特点

大洼境内水资源丰富，沟、塘、渠、水库纵横交错，大辽河、辽河构成境内主要水系，由北向南注入渤海。全县境内系沉积性退海平原，无山多水，地势平坦，海岸线长68千米。大洼县属于南温带亚湿润区季风型大陆性气候，光照充足，四季分明，雨量充沛，无霜期长。该地区季节、光照、温度等的变化规律，为肉鸭创造了舒适的生活环境。大洼县东北部、中部为百万亩良田，生产的盘锦大米全国闻名；西南部为沼泽地带，生长芦苇；沿海滩涂逐渐向海内延伸。区域内土壤为含沙砾的碱性土，土层较厚，表层有机质含量较高，适宜的土壤环境，使草木繁茂、种类繁多，主要以芦苇为主。丰富的水生植物，以及鱼、虾资源，为肉鸭提供了充足的饲草饲料。

大洼肉鸭适于在地势高、环境干燥、地面平坦、阳光充足、坐北朝南、水源充足、水质良好、无污染的地方饲养。大洼肉鸭饲养根据具体的生产条件采用地面平养、网上平养。大洼地区独特的自然条件、饲养方式、人文历史等因素的长期作用，培育了大洼肉鸭品种。

北票番茄

登记证书编号：AGI01005

地域范围

北票番茄，产地位于辽宁省朝阳北票市。地域保护范围为北票市西官营镇、大板镇、上园镇、宝国老镇、黑城子镇、五间房镇、台吉镇、长皋乡、小塔子乡、马友营乡、蒙古营乡、泉巨永乡、大三家乡、东官营乡、龙潭乡、哈尔脑乡、南八家乡、章吉营乡、三宝营乡、巴图营乡、台吉营乡、北塔子乡、娄家店乡、北四家乡、凉水乡、三宝乡、常河营乡、下府乡、兴顺德农场等29个乡镇（农场）的260个行政村。地理坐标为东经120°15′~121°18′，北纬41°23′~42°17′。

品质特色

北票市独特的地理环境和气候条件与番茄的原产地北美洲条件相似，利于生产优质番茄。北票番茄具有果个均匀、果实硬度高、果色艳丽（粉红色或大红色）、品质好、商品特性好、货架期长的特点。中果的单果重100~149克；大果的单果重不少于150克。北票番茄的维生素C、钙、硒、铁和番茄红色素含量等内在指标明显高于其他番茄。

人文历史

北票番茄栽培历史悠久，至今已有近百年历史，是中国最早番茄栽培地之一。目前北票番茄栽培面积达38万亩，占当地设施蔬菜面积的70%以上，已成为北票市农业的主导产业之一。2011年，北票市被农业部确定

为国家级农业标准化生产示范县，2013年北票获得了"日光温室越夏番茄全国第一县"称号，2013年被中国果菜专家委员会授予"中国果菜温室番茄生产全国第一县"称号。北票市独特的气候条件和特殊栽培方式，使北票番茄成为闻名全国的"越夏番茄"生产基地，享有"高山番茄看广西，越夏番茄看北票"的美誉。

生产特点

北票地区土地资源丰富，山地、坡地、平地各占1/3，地处棕壤向褐土过渡地带，褐土占全市土壤面积的85%。番茄在北票主要是保护地种植，坡地建温室背风向阳，具有采光好和通风好的优点，有利于生产出优质高产的番茄。北票设施温室都分布在河川纵横的沟沟汊汊的坡地上，远离主要公路，无烟尘污染，形成了北票市"公路沿线不见棚，沟沟汊汊遍地棚"的独特景象。北票地区夏秋季节晴天多，湿度小，光照强。光照是影响设施番茄栽培产品中番茄红素含量的主要因素，光照强度越强，番茄中番茄红素含量也越高。温差亦是影响番茄栽培产品中糖分含量的主要因素，温差大，可以保证白天以较高温度促使番茄植株光合作用高效率进行，合成充足的糖分等有机物质；夜晚以较低温度促使番茄植株呼吸作用以尽可能低的速率进行，减少有机质消耗。因此，北票番茄具有番茄红素含量高、有机质积累多、糖分含量高、色泽艳丽、硬度高的特点。

北票红干椒

登记证书编号：AGI01006

地域范围

北票红干椒，产地位于辽宁省朝阳北票市，保护范围为北票市长皋乡、常河营乡、小塔子乡、马友营乡等29个乡镇252个行政村。地理坐标为东经120°16′~121°20′，北纬41°20′~42°30′。

品质特色

北票红干椒形正，皮厚，光滑，光泽性强，肉质较厚，果直，空腔小，椒尖鹰嘴状，果长12~14厘米，果径2.5~4.0厘米，具有特有的紫红色，辣度一般，辣椒油、辣椒红色素及辣椒素含量高，商品性佳，营养价值高。北票红干椒因为红色素、

辣椒素和二氢辣椒素含量高，多用于提取红色素和辣椒色素，广泛用于医药、饮食保健、化妆品、生物农药等领域。

人文历史

近年来，北票红干椒产业在市政府的大力支持和推动下，生产规模逐年扩大，现年生产面积28.5万亩，产量5.5万吨，位居辽宁省首位。2004年北票市荣获"全国辣椒产业十强县（市）特别奖"。2008年第三届全国辣椒产业大会在北票市隆重召开。2009年北票市被国家确定为国家级辣椒标准化生产示范县（市）。2011年北票市被国家确定为国家级农业标准化生产示范县（市）。北票红干椒知名度在逐年提升，产值达到了6亿元，占全市农业收入的16%，成为了北票市农业主导产业之一。

生产特点

北票市属于典型的辽西低山丘陵地区，地理概貌为"七山二滩一分田"。最高峰平顶山海拔1 074米，最低处大凌河与义县交界处海拔85米，相对高差近千米。土壤pH值7~8，有机质含量在1%左右。北票市属北温带大陆季风气候，由于北部蒙古高原的干燥冷空气经常侵入，形成了半干旱半湿润易旱地区，主要气候特点为四季分明，雨热同季，日照充足，昼夜温差较大，降水偏少。日照充足，非常有利于红干椒的生长发育；由于气候干燥寒冷，昼夜温差大的特点，加上合理的米椒套种方式，红干椒的病虫害特别轻；红干椒生产区域绝大部分远离城市和工业区，许多农产品在生产过程中不用或较少使用化肥和农药，空气、水质、土壤洁净。在这种独特的自然条件下生产的红干椒，其品质明显优于其他地区。

北票红干椒第一次分枝开1朵花，所结辣椒叫门椒，应摘除；第二次分枝开2朵花，所结辣椒叫对椒；第三次分枝开4朵花，所结辣椒叫四面斗椒；第四次分枝开8朵花，所结辣椒叫八面风椒；第五次分枝开16朵花，所结辣椒叫满天星椒。5次共结果31个，去掉一个门椒，还有30个椒。只要能保证这30个椒长大成熟，就能获得丰产。

本溪林下参

登记证书编号：AGI01007

地域范围

本溪满族自治县（以下简称本溪县）位于辽宁省东部山区，属于中温带湿润气候区，特定的地理条件及独特的自然环境使其成为"辽药"的主产区。本溪县林下参产于辽宁省本溪市本溪满族自治县小市镇、碱厂镇、南甸镇、田师付镇、东营坊乡、草河掌镇、农牧场共6个乡镇、1个农牧场的56个行政村。地理坐标为东经123°55′43″~124°45′24″，北纬40°55′40″~41°24′19″。

品质特色

本溪林下参外形俊秀优美，具有自然体态，表皮颜色为黄白色，浆气足，有光泽，外皮紧实，芦碗排列紧密，芦脖细长，多有艼1~2条，主根多为短横体，体长2~5厘米，环纹细而深，须根清疏不乱，细而长，质柔坚而不脆，珍珠疙瘩较多。本溪林下参总皂甙含量为4.5%以上。

人文历史

本溪县是长白山脉山参的主要产地之一，采参历史已有几百年。据《清史稿》记载，明万历七年（1579年），本溪地区已有人进山采药挖参，并进行土法加工。早在20世纪60年代，本溪县便是全国闻名的"药材生产基地县"和"辽宁省药材生产示范县"。本溪县也是最早实行山参人工栽培的县区。林下参产业的经济效益已被各级政府和参农所认可，全县种植林下参30多万亩，年产量1 100多千克，年产值3亿元以上，占有绝对优势地位。林下参所产生的经济份额在中药材总量中的比重逐年增加，已成为本溪县林地经济的重要组成部分。

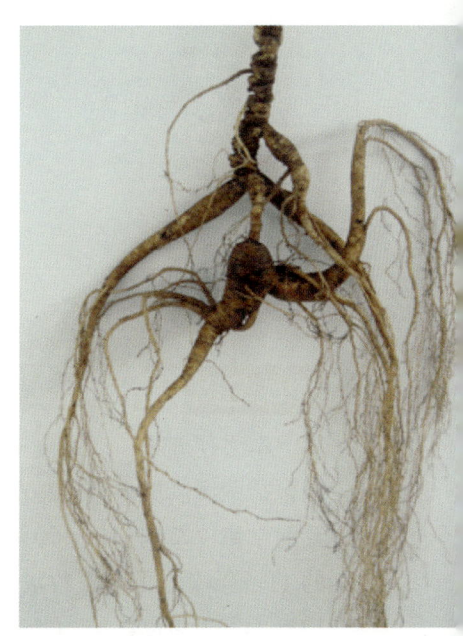

生产特点

本溪县境内山高林茂，河流纵横，气候湿润，雨量充沛，气温日差大，且地处长白植物区系和华北植物区系的交会带，植物种类繁多，原生植物群落为以红松为主的针阔混交林，森林覆盖率为76.8%。本溪县总的地貌特征为"八山一水一分田"，众多山脉连绵起伏，是历史上山参分布较多的山区。本溪县独特的地理位置、气候、土壤、植被等自然生态环境极利于林下参生长发育。本溪林下参产地的土壤属酸性、偏酸性，有机质和矿物质元素含量丰富，多呈团粒结构，土壤中固、液、气三相容积比例适宜，通透性和保水肥性能好，这都对本溪林下参生长发育极为有利。本溪县属北温带大陆性半湿润季风气候，四季分明，春季温和而多风，夏季雨量充沛，秋季凉爽短暂，冬季漫长寒冷，降水集中7—8月，正是林下参根、茎等生长的快速时期。独特的气候条件确保了本溪林下参足够的低温休眠时间和生长期的温湿度条件。

本溪林下参生产地块宜选择坡度为10°~35°的缓坡地，地块为以椴树、柞树为主的阔叶混交林，或以落叶松、红松为主的针叶林及针阔混交林，林间生有胡枝子、榛柴等小灌木为好。土壤选择肥沃、富含有机质的腐殖土，土壤地下水位较低，不内涝，含沙量20%左右，通气透水性好。以长脖芦品种（如竹节芦、线芦和圆膀圆芦）为主栽品种，也有选用二马牙品种。本溪林下参于8月中下旬挖采，采收时参龄在15年以上。

本溪辽五味

登记证书编号：AGI201008

地域范围

本溪辽五味，产地位于辽宁省本溪满族自治县（以下简称本溪县）。地域保护范围包括本溪满族自治县小市镇、碱厂镇、南甸镇、田师付镇、东营坊乡、连山关镇、草河掌镇、草河口镇、草河城镇、清河城镇、高官镇、农牧场、观音阁街道办事处的11个乡镇、1个农牧场、1个街道办事处，涉及99个行政村。地理坐标为东经123°34′53″~124°45′42″，北纬40°48′50″~41°33′50″。

品质特色

本溪辽五味鲜果大而饱满，直径一般在7~11毫米，颜色为鲜红色，果串上果粒结合紧密，呈穗状，植株结果率高，干品呈紫红色或暗紫红色，种皮坚硬而脆，色红、粒大、肉厚，有油性及光泽，双种核比例大，占到80%左右。本溪辽五味是通过纯正辽五味种苗培育而成，因此产品药性应纯度高，真正达到果实甘、酸、辛、苦、咸五味俱全，其中含五味子醇甲不少于0.40%。

人文历史

由于本溪特定的地理条件及独特的自然环境，使其成为"辽药"的主产区，明清时期就有人采中药材出售外埠。20世纪50年代已有移植中药材生产，80年代中期中药材生产具备了一定的规模。北五味子是地道的辽宁乡土药材，素有"辽五味"之称。2006年以来，本溪辽五味彰显出的经济效益已被各级政府所认可，其经济份额在中药材产业中逐年增大，已成为林地经济

的重要组成部分。目前，全县辽五味生产面积已达到3万亩，年产量8 700吨，年产值3 000万元，其中，东营坊乡被省政府命名为辽宁特产"五味子之乡"，本溪"辽五味"对外影响力逐年增大。

生产特点

本溪辽五味具有喜光、耐寒、耐阴、喜湿怕旱、再生性等特性，本溪县的自然生态环境极利于其生长发育。本溪县境内山高林深，河流纵横，气候湿润，雨量充沛，气温日差大。境内山峦重叠，沟壑纵横，山地面积占全县总面积的88.01%，全县地势东南高西北低，地貌呈波浪式分布，土壤为微酸性，主要为暗棕土壤，土层厚度60厘米以上，pH值为5.5~6.5，有机质含量在5.2%左右。本溪县境内河流分为太子河水系和草河水系，其中6千米以上的河流88条，水资源极为丰富，全县山间溪流密布，蕴藏着丰富的水力资源。

本溪辽五味通过多年野生驯化筛选，种子选择抗病能力强、生长旺盛、果粒大、果穗紧密、穗长8厘米以上野生辽五味品种。施用肥料以农家肥等有机肥为主，日常田间管理采取及时打顶、摘蕾、整枝修剪等措施，调控植株生长发育，提高药材产量，保持质量稳定。

凌源百合

登记证书编号：AGI01009

地域范围

凌源百合，主产地位于辽宁省朝阳凌源市，主要分布在凌源市中北部的城关、小城子、万元店、宋杖子、大王杖子、北炉、瓦房店、乌兰白、红山、东城16个乡镇（街道）的147个行政村。地理坐标为东经118°50′26.6″~119°12′20″，北纬40°55′24″~41°25′16″，海拔339~445米。

品质特色

凌源百合，茎秆粗壮挺直，株型匀称挺直，宽厚平展，生长枝在100厘米以上；叶片大小均匀，宽厚平展，叶色浓绿，花苞膨大坚挺，花苞长度长于其他地区产品；花色纯正鲜艳，花香清新浓郁；切花耐储性好，瓶插期长。

人文历史

凌源野生百合资源丰富，历史上很早就有食用、药用和栽培野生百合的习俗。切花百合栽培已有30多年的历史。20世纪80年代初，部分农民把百合种球引进凌源种植，当时获得了很好的经济效益。当地花农在生产实践中不断总结经验，引进先进技术，使凌源百合生产技术水平、产品质量、经济效益不断提高，特别是近10年来日光温室的兴起与快速发展，使凌源鲜切花生产面积迅速扩大。凌源市建设了花卉专业批发市场，已成为北方最大的鲜切花交易市场，目前百合切花已成为凌源市农村经济增长的支柱产业。凌源市花卉生产总面积6.5万亩，其中设施花卉生产面积3.5万亩，裸地切花和种球繁育面积3万亩，年产鲜切花4亿枝，2012年被中国园艺学会球根分会评为"中国百合第一县（市）"。凌源百合切花在北京市场占有率达到70%，百合种球供应全国1/3市场，在国内花卉界享有"南有云南，北有凌源"和"北方花都"之誉。

生产特点

凌源属大陆性季风气候，冬春风力较大，春季干旱少雨，夏季雨量集中，冬季干旱少雪，季节温差明显。由于凌源干旱少雨，所以气候较干燥，日照充足，平均全年日照时数达2 844小时。另外，凌源地处辽西山区，空气和水质优良，十分有利于凌源百合种植生产。

凌源百合全部采用日光温室生产，并在全市推广凌源百合标准化生产技术。为克服连作障碍技术，百合的种球与土壤均需要消毒。种植百合应选择肥沃、土层深厚、结构疏松、富含有机质、排水良好的壤土或沙壤土种。百合忌碱性和含氯、含氟的肥料，使用不当易引起叶烧病。未腐熟的农家肥通常含有过高的盐分和致病微生物，鸡、猪粪养分过于充足，施用后可能使EC值大幅上升灼伤百合根部，不宜使用。为保证百合适宜的温度需求，冬季注意加温保温，夏季则通过通风、喷雾、遮阴或地面盖草等方式降温，并按其不同生长阶段管理光照。东方百合标准切花的高度应到达110厘米，通过遮阴等措施，可以达到理想高度。

黑山褐壳鸡蛋

登记证书编号：AGI01010

地域范围

黑山县隶属于辽宁省锦州市，地处辽宁西部。黑山褐壳鸡蛋产于黑山县境内，黑山县褐壳鸡蛋主产区为八道壕镇、太和镇、胡家镇、镇安乡、常兴镇、无梁殿镇、四家子镇、励家镇、段家乡、新立屯镇10个乡镇，辐射薛屯乡、芳山镇、大虎山镇、绕阳河镇、姜屯镇、白厂门镇、黑山镇、半拉门镇、英城子乡、大兴乡、新兴乡、小东镇等12个乡镇，共22个乡镇，302个行政村。地理坐标为东经121°49′~122°36′，北纬41°28′~42°08′。

品质特色

黑山褐壳鸡蛋蛋形椭圆形，蛋形指数在1.30~1.35。蛋壳色泽呈红褐色；气室小，深度在5毫米以内；蛋黄位居蛋的中心，呈金黄色；浓蛋白约占全蛋的

50%～60%，无色透明；味道具有产品固有的气味，无异味，极适用于腌制咸鸡蛋和深加工。

人文历史

据黑山县志记载，黑山县自1922年开始养鸡，当年饲养量19.89万只；1974年年末存栏鸡27万多只，后逐渐增加，1985年上升到195万只，创历史新高。进入20世纪90年代后，黑山蛋鸡饲养业发展迅速，蛋鸡饲养量一

直居辽宁省之首，特别是2005年禽流感过后，黑山蛋鸡饲养业走上了规范化、规模化的轨道，向规范化饲养区（场）方向发展，饲养量成倍增加，至2011年年末，蛋鸡饲养量达3 500余万只，黑山褐壳鸡蛋闻名全国，产品远销我国香港、澳门、广东、上海、北京等地。

生产特点

黑山县土质肥沃，耕地平整，农作物主要以玉米为主，粮食产量一直稳定在50万吨以上，为蛋鸡饲养业提供了充足、优质的饲料资源。黑山县属温带大陆性气候，四季分明，光照充足、雨量充沛、水源丰富，为蛋鸡生产提供了良好的生活生产环境。

黑山褐壳鸡蛋生产用鸡种选用现代杂交商品蛋鸡，主要是经多年环境驯化海兰褐蛋鸡，非常适应黑山地区饲养。生产黑山褐壳鸡蛋的蛋鸡实行工厂化饲养，现代化管理，标准化率达95%以上。黑山褐壳鸡蛋的蛋鸡饲养场所用饲料全部为黑山县境内生产的绿色、无污染、营养丰富的玉米。黑山地区光照时间长、无霜期长、玉米生长期长、加之土地肥沃，所以所产玉米营养价值丰富，粗蛋白含量在11%以上。此外，蛋鸡实行健康养殖方式，全程饲喂微生物制剂——益生素，抑制有害菌的生长，提高机体免疫力，防止有毒物质积累，祛除臭味，净化养殖环境，提高饲料转化率，降低养殖成本。

辽宁辽育白牛

登记证书编号：AGI01011

地域范围

辽宁辽育白牛产于辽宁地区，主产区包括铁岭市的开原市、调兵山市、昌图县、西丰县、铁岭县；沈阳市的辽中县、新民市、法库县、康平县；阜新市的彰武县、阜新蒙古族自治县；锦州市的凌海市、义县、黑山县、北镇满族自治县；盘锦市的盘山县；丹东市的凤城满族自治县、宽甸满族自治县；鞍山市的海城市、台安县、岫岩满族自治县；抚顺市的抚顺县、新宾满族自治县、清原满族自治县；本溪市的本溪满族自治县、桓仁满族自治县，计9个市26个县（市、区）469个乡（镇、街道）。地理坐标为东经118°53′~125°46′，北纬38°43′~43°26′。

品质特色

辽宁辽育白牛全身被毛呈白色或草白色，毛色一致，体型大，体质结实，肌肉丰满，体躯呈长方形；头宽且稍短，额阔唇宽，耳中等偏大，大多有角，少数无角；公牛头方正，额宽平直，头顶部有长毛，角呈锥状，向外侧延伸；母牛头清秀，角细圆，向两侧并向前伸展；颈粗短，母牛平直，公牛颈部隆起，无肩峰；母牛颈部和胸部多有垂皮，公牛垂皮发达；胸深宽，肋圆，背腰宽厚、平直，尻部宽长，臀端宽齐，后腿部肌肉丰满；四肢粗壮，长短适中，蹄质结实；尾中等长度；母牛乳房发育良好。辽宁辽育白牛体质健壮，性情温顺；耐粗饲，

抗逆性强，适应性广，易饲养，增重快，宜肥育；早熟性和繁殖力良好；群体遗传稳定，耐寒性强，能够适应广大北方地区温带大陆性季风气候。

人文历史

辽宁饲养牛的具体时间已无从考证。契丹辽国建立后，建立国有牧场，设官统一经营管理；到辽代中后期，契丹辽国"群牧滋繁，数至百万有余"（《辽史·食货志》），除了官营牧场外，契丹上至亲王，下至平民，都有不同数量的牲畜私产。元明清至新中国成立前后，牛已成为辽宁农业生产的主要动力工具，饲养方式也由散养变成散养与圈养相结合，家庭拥有牛等牲畜数量的多少，成为农户财富多少的重要象征。20世纪70年代，随着我国农业机械化程度和人民生活水平的提高，人们对牛的役用价值需求呈下降趋势，对牛的肉用需求迅速增长。在此背景下，辽宁畜牧人通过引进法国大型肉用牛品种夏洛莱，与本地黄牛进行级进杂交，历经40年，育成辽宁第一个、全国第三个专门化肉用牛品种——辽育白牛，成为辽宁广大农牧民脱贫致富的主要畜牧饲养品种。目前，辽育白牛开发已纳入《辽宁省现代畜牧业推进计划》《辽宁省畜牧业发展十三五规划》和"辽宁省畜牧兽医局重点工作"，全产业链开发格局基本形成，辽育白牛的知名度不断提高，产业拉动作用持续增强。

生产特点

辽宁地区水资源丰富，溪水长流，水质清纯，适宜辽宁辽育白牛饮用，也适宜各种草木生长。辽宁地区属于温带大陆性季风气候区。主要气候特点为雨热同季，日照丰富，积温较高，冬长夏暖，春秋季短，四季分明，适合辽育白牛生长；本地区季节、光照、温度、降水量的变化规律，适合本地天然草木的生长。区域内土壤主要为棕壤土，土层较厚，质地比较黏重，表层有机质含量较高。适宜的土壤环境，使草木繁茂、种类繁多，其中，有600多种天然草木可供辽宁辽育白牛采食。

辽宁辽育白牛饲养可根据实际情况采取全放牧、半放牧半舍饲和全舍饲3种方式，所用饲料主要以利用粗饲料为主，如苜蓿、青黄贮、中草药植物、农作物秸秆等，同时适当补饲少量精料，饲料种类力求多样化，以达到营养平衡。

台安肉鸭

登记证书编号：AGI01069

地域范围

台安肉鸭产地位于辽宁省台安县台安镇（台东区、台南区、台西区、台北区）、西佛镇、新开镇、黄沙镇、高力房镇、韭菜台镇、达牛镇、桑林镇、富家镇、新台镇、桓洞镇、洪家农牧场、新华农场、西平林场等17个乡镇（场、区），共15个社区204个行政村。地理坐标为东经122°11′00″~122°40′40″，北纬41°01′00″~41°34′00″。

品质特色

台安肉用型鸭品种的初生雏鸭全身为金黄色绒毛；成年肉鸭全身羽毛洁白，颈腿粗，蹼大而厚，尾稍上翘，喙、胫和脚蹼为橙黄色或橘红色，背直而宽，胸宽深，

肌肉丰满体，躯丰满呈长方形。其生产性能以产肉为主，早期生长特别迅速，一般成年鸭体重在3.2~4千克，配套系商品肉鸭6周龄体重达3.2千克。

人文历史

鸭养殖是台安县的传统产业，有着60年的发展历史，经过数代的选育，终于培育出了具有台安地区特质的肉鸭品种——台安肉鸭。台安县自2009年提出打造"全国鸭第一县"的目标以来，以鸭养殖为主的设施养殖业发展很快，到2010年年底，全县肉鸭养殖小区总量达750个，肉鸭综合生产能力达8 000万只，初步形成了从种雏繁育、规模养殖、技术服务到精深加工"四位一体"完整的产业链条。台安肉鸭产品销往广东、上海、深圳、哈尔滨、西安、四川等国内40多个大中城市，并出口到韩国、日本等国家。

生产特点

台安肉鸭鸭场建立在阳光充足、水质良好、无污染、无噪音，靠近河流、水塘、鱼塘的沙壤土坡地。根据肉鸭的生活习性，鸭场设置陆上和水上运动场。鸭舍具备清洗、消毒、排水、通风、换气设备及防鼠、防鸟设施，其温度、湿度环境要适应肉鸭不同日龄的需求。饲养方式可分群采用地面平养、水上围养、网上平养、生物发酵床饲养。饲料是由台安县定点饲料厂生产，其中的能量饲料是产于台安县境内的优质玉米。

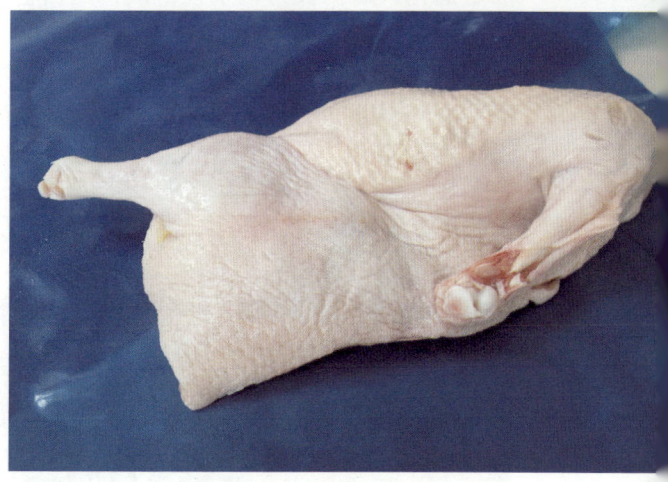

绥中核桃

登记证书编号：AGI01070

地域范围

绥中核桃，产地位于辽宁省葫芦岛市绥中县，绥中县地处辽宁省西南端，南临渤海湾，西与山海关毗连，被称为"关外第一县"。绥中核桃地域保护范围为绥中县所辖的高台镇、沙河镇、前卫镇、王凤台镇、高甸子镇、范家乡、秋子沟乡、叶家镇、西平乡、明水乡、葛家乡、永安乡、大王庙乡、西甸子乡、城效乡15个乡镇，涉及80个村。地理坐标为东经119°34′~120°31′，北纬39°59′~40°37′。

品质特色

绥中核桃果实较大，平均单果重10~15克，三径平均3.74厘米，圆形，缝合线紧、平、窄，壳厚0.7~1.1毫米，壳皮光滑美观。皮薄，指捏即开，可取整仁，内隔壁退化，取仁极易，果仁饱满，黄白色，出仁率高。薄皮核桃出仁率达65%以

上，核仁出油率达50%。核桃果仁中含有丰富的营养成分，其脂肪含量为60%~75%，而脂肪中含有大量的脂肪酸（油酸、亚油酸、亚麻酸）和不饱和脂肪酸，其中最具医疗和保健作用的亚油酸占65%以上。

人文历史

绥中县的核桃栽培历史悠久。清光绪三十四年（1908年），《绥中乡土志·特产篇》中就有绥中核桃栽培的记载。绥中核桃栽培虽然历史悠久，但是一直发展缓慢，主要局限于农家的房前屋后种植，且数量很少。新中国成立后，特别是改革开放以后，伴随着苹果、梨等果业的发展，核桃栽培规模也迅速扩大，目前，绥中县高台等15个乡镇共栽种核桃100余万株，面积达2.5万亩，产量2 000吨。为了引导绥中核桃向产业化方向发展，绥中县于2005年专门成立了"绥中县核桃协会"，又开展了核桃产品的深加工产品——核桃油生产，随着核桃产业逐年扩大，已经形成了规模化、产业化生产，精制包装的绥中核桃与核桃油除在辽宁省内销售外，还销往广东、上海、江苏、北京、河北等各地。

生产特点

绥中是辽宁重要的农产区，核桃为绥中特产。绥中县地貌构成是"六山一水三分田"，西北多山，土质疏松，排水通气良好，气温雨量适宜，是核桃生长的优越客观条件。绥中县土壤主要是棕壤土和草甸土，土壤有机质含量非常适合核桃等各种果树的栽培，而且是造就独特品质的基本条件。

绥中核桃适于土层深厚、土质肥沃疏松、土壤有机质含量高、坡度平缓、背风向阳、能排能灌的地块。年平均气温为8~16℃，年平均降水量500~800毫米，无霜期180天以上，年日照不少于2 000小时，地下水位最高时在2.0米以下，最适合核桃生长。绥中核桃生产基地及周边地区为传统果业区及林区，生态环境良好。绥中核桃均栽培本地区经国家和省级鉴定推广的优良品种，如辽宁1号、辽宁4号、辽宁5号、辽宁6号、辽宁7号、辽宁8号、辽宁10号、礼品核桃、寒丰等。

盖州葡萄

登记证书编号：AGI01278

地域范围

盖州葡萄保护范围位于辽宁省盖州市二台农场、归州镇、九寨镇、陈屯镇、九垄地办事处、沙岗镇、榜式堡镇、高屯镇、暖泉镇、团甸镇、徐屯镇、东城办事处、太阳升办事处、西海办事处、团山办事处、杨运镇、卧龙泉镇、什字街镇、万福镇、梁屯镇、小石棚乡、青石岭镇、果园乡、西城办事处、双台镇、矿洞沟镇，共计26个乡场镇（办事处）220个村，地理坐标为东经121°56′44″~122°53′26″，北纬39°55′12″~40°33′55″。

品质特色

盖州葡萄在长期的栽培和自然选择下，形成了自己独特的产品特征，适应性强，抗病、抗寒性能好，喜肥水，成熟时紫黑色，皮、肉和种子易分离，可溶性总糖16.5%~18%，可溶性固形物17%~19%。果果皮厚，有果粉，果肉较软，味甜、多汁，有草莓香味。

人文历史

盖州葡萄栽培历史悠久，据《辽东志》记载，在明嘉靖十四年（1535年）即有葡萄栽培，距今已有470多年的历史。在《盖平县志》中亦有康熙二十一年（1682年）葡萄栽培记录。

盖州葡萄资源丰富，盖州市委、市政府大力实施"以果兴农、以果兴市"战略，使水果生产有了突飞猛进的发展，2012年巨峰葡萄生产面积达到10万亩，产量20万吨。近年来设施葡萄的生产深受农户欢迎，2012年，盖州设施葡萄面积已达到2万余亩，效益达到6亿元。盖州葡萄已成为盖州市农业发展的主导产业，是辽宁省鲜食葡萄主产区之一。

生产特点

盖州市地貌类型有丘陵、平地等，沙质土壤，土层深厚，有机质含量高达3%，土质肥沃，耕层达50厘米以上，微量元素丰富。盖州市四季分明，昼夜温差大，光照时间长，水资源丰富，环境条件和气候条件非常适合盖州葡萄的生长。

盖州葡萄品种以巨峰葡萄、晚红葡萄为主。生产中采用秸秆生物堆反应技术，在定植行上挖定植沟，平铺好秸秆，每亩秸秆的用量为3 000千克，菌种液态1千克，固态菌种8千克，然后覆土。此项技术应用于近年来发展的设施葡萄园地。

盖州尖把梨

登记证书编号：AGI01380

地域范围

盖州尖把梨保护范围位于东经121°56′44″~122°53′26″，北纬39°55′12″~40°33′55″。覆盖盖州市二台农场、九寨镇、陈屯镇、九垄地办事处、榜式堡镇、高屯镇、暖泉镇、团甸镇、徐屯镇、东城办事处、太阳升办事处、杨运镇、卧龙泉镇、什字街镇、万福镇、梁屯镇、小石棚乡、青石岭镇、果园乡、双台镇、矿洞沟镇，共计21个乡场镇（办事处）。

品质特色

盖州尖把梨在长期的栽培和自然选择下，形成了自己独特的产品特征，适应性强，抗病、抗寒性能好，生产出来的尖把梨果皮薄，果心小，可食率高。尖把梨9月下旬采收，平均单果重126克，采收后经20~40天后熟，果实呈金黄色，果肉变

软，石细胞少，细腻多汁，具有独特的芳香味，品质极佳，是冻贮梨的优良品种。特别是新年、春节前后，将冻梨用冷水缓后食之，凉爽解渴，别具风味，深受市场欢迎。盖州尖把梨可溶性总糖为11.2%，可溶性固形物含量为13.1%，总酸为10.1克/千克，果肉白色，果汁多，酸甜适口，香味浓郁。

人文历史

盖州尖把梨是我国北方寒地栽培的一个古老品种，据《辽东志》载，早在明嘉靖十四年至十六年（1535—1537年），就有尖把梨出产于盖州，距今已有470多年的历史，是盖州20多种梨树的代表品种。20世纪80年代，

辽宁省果树科学研究所在当地老品种的基础上选育出了尖把梨、大南果梨等一批优良品种，20世纪90年代至21世纪，重点开发出了大尖把梨、红巴梨等优良新品种，使辽宁省梨品种更加丰富，为梨产业持续发展提供了有力的技术支持。目前盖州尖把梨在盖州市农业生产总值中占重要地位。盖州尖把梨深受市场欢迎，产品销往北京、上海、广东、黑龙江等地，部分出口到俄罗斯等国家。2012年盖州尖把梨栽培面积达到3万亩，年产量6万吨。

生产特点

盖州市地貌类型有丘陵、平地等，沙质土壤，土层深厚，有机质含量高达3%，土质肥沃，耕层达50厘米以上。当地水资源充足，四季分明，昼夜温差大，光照时间长，环境条件和气候条件非常适合盖州尖把梨的生长。

盖州尖把梨的根系深广而稀疏，生长反应较慢，枝叶多集中于一次形成，花芽分化较早。只有加强土肥水管理，才能有利于树体健壮生长，为稳产高产打好基础。另外，尖把梨自花不实或结实极少，配置授粉树很重要，南果梨、花盖梨等均可作为授粉树。盖州市70%的尖把梨是老梨树，百余年的梨树株产仍达1 000多千克。这些老梨树树体高大，枝条郁密，修剪时首先解决光照，用"开天窗"方法落头，然后疏除过密无用枝条和衰老枝，充分改善树体结构，使之光照充足，有利于枝条加粗生长和花芽的形成。

盖州桃

登记证书编号：AGI01381

地域范围

盖州地处辽东半岛中部，是著名的水果之乡。盖州桃产地位于盖州市二台农场、归州镇、九寨镇、陈屯镇、九垄地办事处、沙岗镇、榜式堡镇、高屯镇、团甸镇、徐屯镇、东城办事处、太阳升办事处、西海办事处、团山办事处、杨运镇、卧龙泉镇、什字街镇、万福镇、梁屯镇、青石岭镇、西城办事处、双台镇、矿洞沟镇，共计23个乡场镇（办事处）203个村。地理坐标为东经121°56′44″~122°53′26″，北纬39°55′12″~40°33′55″。

品质特色

盖州桃在长期的栽培和自然选择下，形成了自己独特的产品特征，生产出来的桃外表美观，果实个大，平均单果重300克，果核小，果面光滑，果色鲜艳，80%以上果面着鲜红色，诱人喜爱。盖州桃内在品质好，果实甜酸适口，果肉脆而爽口，可溶性总糖含量10.6%，可溶性固形物含量13.1%，总酸含量4.5克/千克。盖州桃

耐贮藏，室温下能存放10天左右。

人文历史

盖州市是我国设施桃生产发源地与技术传播的集散地。1995—1998年，辽宁省果树研究所对设施桃的生产在品种选择和栽培技术方面进行了研究，提出促花、早果、丰产、优质配套技术，并在生产中示范应用，获得辽宁省政府科技进步一等奖，目前已推广到全国各地。2012年，盖州市设施桃生产面积已达到3万余亩，经济效益6亿元。近年来，盖州市委、市政府大力实施"以果兴农、以果兴市"的战略方针，使盖州桃产业取得了的长足发展，产品销往北京、上海、广东、黑龙江等全国各地，部分出口到俄罗斯和韩国。

生产特点

盖州市丘陵区土质肥沃，微量元素丰富，耕层达50厘米以上，沙质土壤，有机质含量高达3%。盖州市水资源丰富，境内有大清河、碧流河和熊岳河三大河流，大型水库有石门水库和玉石水库两座，中小型水库20坐，年平均降水量在670~700毫米，水资源充足，能够保证全市农田的灌溉。盖州市四季分明，昼夜温差大，光照时间长，环境条件和气候条件非常适合盖州桃的生长。

盖州桃的品种主要以油桃为主。通过变化性密植、刨盘、秋施基肥、适时追肥、生草覆盖等管理手段，起到防旱保墒、改善土壤透气性、土壤熟化、树体养分的积累、增强抗寒能力、改善生态环境等作用，从而提高果实品质和产量。

营口蚕蛹鸡蛋

登记证书编号：AGI01461

地域范围

营口市位于辽宁省的西南部，渤海东岸，辽东半岛中枢，大辽河的入海处，地理位置优越。营口市地貌特点是山、水、田分布均衡，这在东北地区是少有的，总的分布特征是"五山一水四分田"，阳光照射时间长。营口蚕蛹鸡蛋产地范围为东经121°56′~123°02′，北纬39°55′~40°56′，包括了盖州市境内的暖泉镇、榜式堡镇、卧龙泉镇、徐屯镇、梁屯镇、万福镇、十字街镇，以及大石桥市境内的汤池镇、建一镇和周家镇，共计10个镇。

品质特色

同普通鸡蛋相比，营口蚕蛹鸡蛋具有蛋黄醇黄、蛋液黏稠、蛋体匀称、保鲜时间长、蛋味鲜美，营养丰富的特点。

人文历史

柞蚕是营口市的重要特产之一，营口市的柞蚕生产可以追溯到清朝顺治年间，是山东移民来此地落脚谋生时传入的。最盛时期是 1915—1930 年。据《盖平县志》记载，1919 年，以奖励之法催报剪场，报至 14 604 把，相当于年产柞蚕茧 10 613.2 吨。营口本地蛋鸡饲养历史悠久，古时以农户散养为主，营口土鸡头部小、毛色亮、具有耐粗饲，抗病能力强等优点，但产蛋能力低，饲料报酬不高。柞蚕是营口特产之一，每年都剩余大量柞蚕蛹，饲养户将柞蚕蛹作为饲料，鸡蛋品质得到很大提升。但营口土鸡产蛋率低，改革开放后，引进了海兰褐蛋鸡，经与营口土鸡的杂交选育，

最终形成了兼顾两种蛋鸡优点、遗传性能稳定的营口蚕蛹蛋鸡。20 世纪 80 年代末，辽宁省词人补之在盖州暖泉采风时，也留下"采风到暖泉，山青水愈秀。偶遇蚕蛹蛋，食后有余香"的词句。

生产特点

营口市属温带大陆性季风气候，四季分明，雨热同季，降水适中，光照充足，气候条件优越。营口市有大小河流 150 余条，水资源丰富且优质，为人民生产生活和发展蛋鸡生产提供了充足的水资源保障。盖州市是东北著名的水果之乡，还盛产水稻、玉米、高粱、大豆、花生、棉花、柞蚕、水果、药材等，为蛋鸡养殖产业提供了充足的饲料来源保障。

营口蚕蛹鸡蛋是凭借着特殊的养殖方式形成的优良鸡蛋品种，即在鸡饲料中加入柞蚕蛹。生产营口蚕蛹鸡蛋的蛋鸡品种为当地土鸡品种和引进品种海兰褐杂交的繁育后代。生产过程按育雏期、育成期和产蛋期 3 个生产阶段分期管理，育雏期为 0~6 周龄，育成期为 7~17 周龄，产蛋期为 18 周龄至淘汰（多为 74~80 周龄）。

锦州苹果

登记证书编号：AGI01507

地域范围

锦州苹果，产地位于锦州市所辖三台子镇、石山镇、白台子乡、大凌河镇、双羊镇、新庄子乡、大业乡、余积镇、翠岩镇、温滴楼乡、班吉塔镇、沈家台镇、板石沟乡、张家堡乡、大榆树堡镇、白庙子乡、头道河乡、瓦子峪镇、闾阳镇、常兴店镇、富屯乡、大市镇、绕阳河镇、新兴镇、太和镇、八道壕镇、英城子乡、钟屯乡、市农场共29个乡镇场，涉及128个村。保护范围地理坐标为东经120°42′~122°36′，北纬40°48′~42°08′。

品质特色

锦州苹果生产区域内独特的生态环境，造就了其独特优良品质，外观色鲜形正，内质汁多味浓、酸甜适口。锦州苹果充分成熟时，果面光滑无锈、蜡质中黄、果粉较厚、色泽鲜艳，果肉结构良好、质地脆、硬度大，含糖量高，甜酸适口，耐贮运。锦州苹果果实硬度大于7千克/平方厘米，可溶性固形物不低于13.0%，可溶性糖不低于11.3%，总酸不高于0.6%，维生素含量高于50毫克/千克。

人文历史

据当地县志记载,锦州栽培苹果有近百年的历史,是全国最早栽培大苹果的产区之一。现锦州苹果生产面积25万亩,产量达14.5万吨,实现亩产效益万元以上。锦州苹果文化底蕴深厚。爱国民主人士李善祥创立了辽西第一家国光苹果园"生生果园",成为当时亚洲第一大苹果园。

毛主席曾3次说过"锦州那个地方出苹果"。近年来由于市政府的重视,进一步提升了该产品的知名度,产品畅销国内外,目前锦州苹果已成为本地区水果中的主导产业。

生产特点

锦州市地理环境优越,气候适宜,空气、温度、光照、水分等自然条件适宜苹果生产,是全国苹果优势产区之一。锦州市属于北温带半干旱季风大陆性气候,冬寒夏暖,日照充足,四季分明,果实成熟季节昼夜温差大,高低温差相差10~13℃,利于果实着色和果实增加含糖量。锦州市土质肥沃,土壤有机质达1.0%~1.5%,苹果园经多年增施农肥、秸秆、绿肥改造后,栽植穴土壤有机质含量高达2%以上,极有利于苹果生产。

锦州苹果生产基地选择在山坡地、丘陵、平原二高地,地势优势明显,土层厚度1~5米。国光苹果为锦州苹果的主栽品种。锦州苹果生产主要特点包括:基肥以充分腐熟的优质鸡粪、猪粪、羊粪为主,于早秋或果实采收后施入;全年保证6次水合理灌水,灌水浸透土壤深度达40~60厘米;在不同生长时期根据管理需要进行整形修剪;疏花疏果,控制产量,每亩产量2 500~3 000千克为宜;果实套袋,并在着色期摘除果袋,摘除果实周围叶片,转果使果实全面受光着色,提高整体外观着色质量,全红果率达85%以上。

化石戈小米

登记证书编号：AGI01508

地域范围

化石戈乡地处阜新蒙古族自治县（以下简称阜新县）西北部。化石戈小米产地范围包括位于阜新县所辖化石戈乡的来柱村、万德号村、八里村、坤头村、化石戈村、老二色村、台吉营子村、哈日诺尔村共8个村。保护范围地理坐标为东经121°11′~121°26′，北纬41°54′~42°10′。

品质特色

化石戈小米外观呈黄色或者白色，籽粒饱满，米粒大小色泽一致。独特的地理、土壤、水质、气候环境，造就了化石戈小米与众不同的特殊风味，其烹制的小米饭

软滑可口，有一股清香绵长的独特风味。化石戈小米营养十分丰富，富含蛋白质、维生素E、胡萝卜素等，钾、钙、铁、硒、锌等人体必需的微量元素含量均明显高于其他地区生产的小米。

人文历史

化石戈乡地处骆驼山脚下，这一地区形成了独特的小环境，在阜新县西北部，平均气温高、温差大、光照充足、降水少，适宜谷子种植。化石戈小米栽培历史悠久，传说康熙微服私访时对化石戈小米大加赞赏，并定为朝廷贡米。"骆驼山上杂花草，化石戈的小米好"，这是千百年来流传在骆驼山一带的民间"口头禅"。近年来，化石戈乡小米种植面积不断扩大，带动农户收入大幅增加。

生产特点

化石戈乡位于内蒙古高原和辽河平原的中间过渡带，属辽宁西部的低山丘陵区，地形比较复杂，土壤类型多样，林木、灌丛、草原、草甸植被俱全。化石戈乡属于大凌河流域的牤牛河水系，年平均气温高，降水较少，日照充足。这里远离城市和人口集中地区，水源上方和上风口无污染源，完全维持自然生态系统状态。

土层比较深厚、排水性较好、土壤有机质含量较高、pH值6.5~7.5的坡耕地，十分适合种植谷子等杂粮作物。化石戈小米的生产选择3年以上没有种植谷子的地块，前茬以豆类或玉米、高粱、薯类等作物为宜，精细整地，做到抗旱保墒、保全苗。选择米质优良、籽粒整齐、抗逆性强的当地老品种青苗子、红苗子、酥粮白。适时播种是谷子高产稳产的一个重要环节，播种适期在5月上中旬，此时种子出苗快、整齐、病害轻。苗齐、苗壮是谷子增产的基础，谷子在10片叶以前，技术措施以培育健壮根系、健壮谷苗为中心。谷子使用的肥料以充分腐熟的优质农家肥为主，谷子在生长过程中病虫害发生较轻，一般不需要防治。

辽阳大果榛子

登记证书编号：AGI01509

地域范围

辽阳大果榛子，产地位于辽阳县所辖首山镇、下达河乡、八会镇、河栏镇、甜水满族乡、吉洞峪满族乡、寒岭镇、隆昌镇8个乡镇152个村，地理坐标为东经123°02′~123°41′，北纬40°42′~41°16′。这里是辽宁省重点水源涵养林保护区，无工业污染源，生态环境清洁，是大果榛子优质栽培区域之一，大果榛子种植面积4.5万亩，种植面积占辽宁省大榛子种植的1/3，占全国总面积的1/6，已成为辽宁省发展大果榛子第一县。

品质特色

辽阳大果榛子外形金黄鲜艳、美观，果个大、皮薄，果仁饱满，出仁率高，口感香甜，适宜深加工或带壳食品销售。独特的地理、土壤、水质、气候环境因素造就了辽阳大果榛子与众不同的特殊风味，其营养成分（脂肪、蛋白质、维生素和多种矿物质）大多达到了优质大果榛子水平，其中蛋白质含量不低于18%、磷含量高于3 000毫克/千克，明显高于其他产地大果榛子平均水平。

人文历史

近年来，辽阳县政府高度重视榛子产业的发展，辽阳大果榛子不仅成为当地"一县一业"支柱产业，同时也得到业界的认可。辽阳大果榛子在2010年首届全国森林食品博览会暨第三届全国榛子节上被授予"金奖和优质产品奖"；2014年被中国经济林协会授予"中国平欧大果榛子之乡"的荣誉称号。

生产特点

辽阳大果榛子地理标志保护区地势特征为东南向西北倾斜，依次为山地、丘陵、平原，大体是"六山一水三分田"，有林业用地面积197万亩，森林覆盖率47.6%。当地地表浅层土质主要是棕色森林土，土壤类型为沙壤土，土层深厚、排水性较好、土壤有机质含量在3%以上，pH值在6.5左右。属温带湿润季风性气候区，四季分明，年平均降水量730.6毫米，年平均日照为2 630小时，无霜期平均为159天。这样的土壤和气候条件十分适宜大果榛子生长和果仁营养成分积累。

辽阳大果榛子宜选择坡度在5°~15°的缓坡地或平地建园，土壤以排水良好的沙壤土最好。榛树喜湿润的环境条件，因此保证水分供应是榛园不可缺少的条件。良种是大果榛子实现高产优质的基础，该地区栽培的主要品种为玉坠。在榛树生长季节内，园内不种作物，在树盘外，榛树行间播种禾本科、豆科等草种（如三叶草、草木樨等），关键时期补充肥水，割草覆盖于树下。幼龄榛园空地较多，在榛树5年生以内的幼龄榛园，行间多间作矮秆作物或种绿肥，如豆类、甘薯、马铃薯、花生等。坚果成熟的标志是果苞和果顶的颜色由白色变成黄色，而且果苞基部出现一圈黄褐色，俗称"黄绕"，此时果苞内的坚果用手一触即可脱苞，为适宜采收期，主要采用人工采摘果苞结合捡拾成熟落地坚果的方式进行采收。

桓仁京租大米

登记证书编号：AGI01598

地域范围

桓仁满族自治县（以下简称桓仁县）地处辽宁东部山区，属长白山系，千山山脉的余脉，境内群山环绕，沟谷纵横，山高坡陡，江河蜿蜒，其地势为西北高，东南低，并向中倾斜。桓仁京租大米产于辽宁省本溪市桓仁县所辖桓仁镇、雅河乡、古城镇、普乐堡镇共4个乡镇35个行政村。地理坐标为东经124°27′~125°40′，北纬40°54′~41°32′。

品质特色

桓仁京租大米腹白较少，蒸煮时富有光泽，纵向伸展好，米饭松软有韧性，口感清香。1989年在辽宁省优质稻米评比中获口感第一名，素有"细米之轿子""御用之贡米"的美称。桓仁京租大米的蛋白质、直连淀粉、胶稠度含量均达到优质大米、绿色食品大米指标中的极优，对桓仁京租大米的优良口味起着决定的作用。同时，桓

仁京租大米富含人体必需的微量元素硒、铁，以及烟酸（维生素 B_3）等维生素，营养价值较高，其中，硒元素含量达 27 微克/千克（自然栽培，非人为施用含硒肥料），高于当地其他品种。

人文历史

据本溪市档案信息提供资料显示，桓仁京租大米源起同治十三年（1874 年）满清大臣献边地怀仁（即今桓仁）金氏、朱氏种植的"十里香"稻米供御宴，香气四溢而受御封"金珠稻"，谐种稻人姓氏音，寓意珍贵、稀有。1878 年，桓仁立县建制，清政府规定：怀仁县每年交纳"金珠稻"100 石（1 石 =60 千克）作为租粮，金氏、朱氏族闻之私下慨叹"金珠稻"岂不成了"京租稻"，这一称谓从此流传开来，既有史实可考据，亦有故事广流传。

桓仁县于 20 世纪 80 年代起通过提纯复壮、南繁加代、建立基地、开展科研、创制品牌、包装申遗及举办"京租稻节"等一系列有力措施，使京租大米的知名度与影响力不断提升。2013 年，桓仁县政府制按照"在保护中传承，在传承中发展"的总体思路，科学地提出了桓仁京租稻的保护措施与发展任务。2014 年，在富尔江流域、雅河流域、六河流域建立以京租稻为主要品种的优质稻米基地 8 万亩，"辽宁桓仁京租稻生产系统"荣登辽宁省重要农业文化遗产名录。

生产特点

桓仁县位于长白山余脉，森林覆盖率 76.6%，被誉为"辽宁绿色屏障"。桓仁县河流纵横，气候温和湿润，雨量充沛，水利资源非常丰富，素有"辽宁水塔"之称，该县 12 万亩水田全部用溪流及山泉水灌溉，对提高米质具有一定作用。桓仁京租大米生产主要分布于雅河流域、六河流域和富尔江流域的低阶地上，在三大流域中以三道河子桓仁京租大米稻田最为优良，该地段有两条河水自大阳沟而出，而大阳沟富有滑石等矿物质，其中镁离子含量较高，河水挟带着大量的氧化镁注入稻田，每公顷达到并超过 15 千克，因此至今六道河流域仍然是桓仁京租大米的主产区。

桓仁京租大米起源于桓仁县，保护于桓仁，发展于桓仁。目前全国唯有桓仁县种植桓仁京租大米，并不断提纯复壮。桓仁京租大米的品种当地俗称"黄毛子"，生育期 150 天左右，宜选择地势平坦、肥力中等、具备单排单灌条件的壤土地块种植。桓仁京租大米自有其一套完整而特殊的生产程序和栽培方法，数代相传，从而保持了该米的优良品质。

大伙房水库鲤鱼

登记证书编号：AGI01599

地域范围

大伙房水库位于辽宁省抚顺市东洲区，由浑河、苏子河和社河汇流而成，大伙房水库鲤鱼养殖总场就坐落在抚顺市东洲区的大伙房水库，养鱼面积70平方千米，周边有4个乡镇，23座村庄。大伙房水库是带状河谷型水库，位于浑河中上游，水库最大水深37米，最大库容量为22.68亿立方米，库区正常养鱼水位124米，相对库容8.33亿立方米，相对水面67.20平方千米。地理坐标为东经124°04′~124°21′，北纬41°50′~41°56′。

品质特色

大伙房水库鲤鱼体形纺锤状，扁长而均匀，头小尾短，背脊高宽，腹部肥大，体态健美丰满；鳞大，背部鳞色呈淡黄褐色，体侧鳞色金黄；刚出水时，胸、腹、臀、尾各鳍均呈金黄色和橘红色，腹部白色或黄白色。大伙房水库鲤鱼对生活环境适应性强，食性粗犷，触手滑润，蹦跳有力，腥味淡而鲜味浓。大伙房水库的鲤鱼蛋白质不但含量高，而且质量佳，钙、铁含量较高，各种氨基酸种类组成及配比合理，并富含矿物质、维生素等。

人文历史

大伙房水库鲤鱼是抚顺市浑河水系的一个传统野生品种。相传清太祖努尔哈赤当年在新宾兴起，后在沈阳建立都城。当时大批建筑用材料由新宾运出，不少物资又由沈阳运回新宾。此地是骡马大车运输往来必经之地，于是在此设置伙房，因此得名"大伙房"。一日努尔哈赤与众将于水边合议，突闻鱼跃水面之声，遂循声而至，观之，黄鳞鲤鱼结群跃于水面，众将忙跪拜于地称："此乃天降祥瑞，寓意我主皇袍加身，成就大业之兆。"从此，当地每逢重要聚会、乔迁、升学、婚宴，鲤鱼定是餐桌必备菜品。

大伙房水库于1954年4月开工，1958年9月竣工，建库初期入库河流有浑河、苏子河、社河3条。辽宁省大伙房水库养殖总场自1958年6月第一次向水库投放鱼种，便拉开了渔业生产的序幕。近10年，又先后跨流域修建完成了富尔江引水工程和浑江引水工程，水质较引水前更加清澈洁净。大伙房水库纬度较高，不仅气温低，水体温度也同样低于其他水域，使大伙房水库鲤鱼拥有较长的生长周期，同时，库区内有丰富的沉水植物和底栖动物，造就了大伙房水库鲤鱼的优良品质。

生产特点

大伙房水库位于辽河支流浑河的中上游，是北方一颗璀璨的明珠，山光明媚，水色秀丽，美不胜收。大伙房水库作为辽宁省重要水源地，水域辽阔，水质纯净，养殖水面大，水位较浅，光照时间长，溶氧充足，水中天然生物饵料比较丰富，适合鱼类生长。

由于水库自然条件限制，每年需投放鱼种保证大伙房水库的可持续生产，主要投放种类有鲤、鲢、鳙，伴随投放适量鲂、青、草、鲫。所投放的鲤鱼种由大伙房水库养殖总场（省级良种场）繁育，保证了鱼种的品系和质量。大伙房水库养殖总场鲤鱼种的人工孵化开始于20世纪70年代，有着熟练的育苗技术和丰富的育苗经验。多年来，当地一直坚持亲本年年选育，直接从水库中捕捞后备亲鱼和亲鱼进行选择，挑选性腺发育成熟、体型好、体质健康、经济性状优良的亲本进行培育。大伙房水库每年4—12月进行捕鱼生产，人工筛选，挑大放小，1.5千克以下的鲤鱼放回水库，以保证渔业资源的可持续发展。

大伙房水库鳙鱼

登记证书编号：AGI01600

地域范围

大伙房水库位于辽宁省抚顺市东洲区辽河支流浑河的中上游，由浑河、苏子河和社河汇流而成，距抚顺市区 18 千米，地理坐标为东经 124°04′~124°21′，北纬 41°50′~41°56′。

品质特色

大伙房水库鳙鱼背部亮黑，体侧深褐带有黑色或黄色花斑，腹部银白，各鳍灰白，较普通养殖鳙鱼黑白对比明显，光泽度高，体型更为均匀。

大伙房水库鳙鱼肉质细嫩有韧劲，味道鲜美，口感极佳。含有人体所需的多种营养元素，蛋白质、钙、铁、维生素 B_2 含量高，18 种氨基酸配比合理。大伙房水库鳙鱼每百克含蛋白质 18.8~20.0 克、脂肪 0.8~1.9 克、维生素 B_2 0.05~0.25 克，每

千克含钙300~750毫克、铁6.3~55毫克。

人文历史

大伙房水库位于辽河支流浑河的中上游，1954年4月开工建设，1958年9月竣工。建库初期入库河流有浑河、苏子河、社河，近10年间先后跨流域修建完成了富尔江引水工程和浑江引水工程。

大伙房水库鳙鱼自长江流域引进，其人工孵化开始于20世纪70年代。大伙房水库鳙鱼于2006年被认证为有机食品，2008年进入北京市场，2013年成为"第十二届全国运动会"特供水产品。每逢佳节，大伙房水库鳙鱼供不应求，不仅是因为"年年有余（鱼）"的吉祥话，也是消费者冲着大伙房水库鳙鱼的品质与口感而来。鳙鱼全身都是宝，品尝时以先鱼唇后鱼脑，鱼头次之，鱼肉最后为序。吃鱼皮时要细细品味；吃鱼唇鱼脑时要快，一吸而入，松软嫩滑，顺喉而下，妙不可言；品鱼肉时与加入锅内的泉水药浓汤同食，口味微辣，回味悠长。

生产特点

大伙房水库作为辽宁省重要水源地，水域辽阔，水质纯净，养殖水面大，水位较浅，光照时间长，溶氧充足，水中天然生物饵料比较丰富，适合鱼类生长。大伙房水库鳙鱼全部摄食天然饵料，生长过程无人工投喂，无添加剂污染。

大伙房水库每年4—12月进行捕鱼生产，人工筛选，挑大放小，严把规格关，3.5千克以下的鳙鱼放回水库，以保证渔业资源的可持续发展。大伙房水库严把质量关，努力做到活鱼、冰鲜销售，杜绝低质产品流入市场。同时，建立可追溯体系，严格有机标识的管理，为防止假冒，采用了国家统一印制的防伪追溯标志，并制作使用了一次性防伪牌和饭店配送活鱼专用标牌，实现了一鱼一牌一码的防伪功能，真正实现了从水体到餐桌的全程质量控制。

大连市
（计划单列市）

旅顺大樱桃

登记证书编号：AGI00322

地域范围

旅顺大樱桃产地是大连市旅顺口区。旅顺口区位于辽东半岛最南端，海岸线长169.7千米。旅顺大樱桃产地保护范围东至龙王塘街道黄泥川村，西至双岛湾街道大甸子村，南至铁山街道陈家村，北至长城街道赵家村，保护面积21万亩，地理坐标为东经120°57′~121°28′，北纬38°40′~39°10′。全区栽植大樱桃面积10.2万亩。

品质特色

旅顺大樱桃品种齐全，现有红灯、佳红、梅枣、雷尼、先锋等75个品种，不同的熟期和不同的风味迎合了不同消费人群的需要。旅顺大樱桃果个大、色泽艳丽、光泽度好，果实的可食部分为88%，果肉含糖量高，风味独特，甜酸适口，维生素含量丰富。大樱桃还有一定的药用价值，可调气活血、润肠利尿、补养脾胃、平肝去热、促进血红蛋白的再生。

旅顺大樱桃自主知识产权品种占主导地位，本土化程度高。旅顺口区主栽品种红灯，单果平均9克以上，果柄粗短，长2厘米左右，果实肉厚，肉质较软，可溶性总糖与可滴定酸比值高，维生素C含量高。

人文历史

旅顺历史悠久，东晋

称"马石津",唐代称"都里镇",辽金元时代称"狮子口",明代称"旅顺口"。旅顺口区是国家级自然保护区,旅顺大樱桃栽培历史悠久,自20世纪引进栽植至今已有百年历史,现已成为旅顺口区农民增收的支柱产业。

经过多年的发展,旅顺口区已成为大连市种植樱桃品种最多、拥有标准化樱桃示范园最多的地区,先后获得"中国农产品区域公用品牌价值百强"和"中国名优果品金质奖"。2009年,中国果品之乡暨果业先进典型评选组委会授予旅顺口区"中国大樱桃之乡"称号。旅顺口区紧紧围绕观光农业和生态旅游两大板块,全力提升旅顺大樱桃产业化水平,逐步走出一条以农业促旅游、以旅游促招商、以招商促发展的新路子。

生产特点

旅顺口区是由长白山系千山余脉构成的沿海丘陵区,植被属于华北植物区与长白植物区系交错地带,森林覆盖率达53%。该地区土壤主要是棕色森林土,土壤有机质平均含量1.65%。大樱桃是北方成熟最早的水果,素有"春果第一枝"的美誉,旅顺口地区以其独特的地理区位和气候条件成为我国大樱桃最佳栽植区之一。

大樱桃是喜温不耐寒的果树,露地栽培区域选择在年日平均气温在10~12℃,一年中日平均气温高于10℃的时间在150~200天,冬季最低气温不低于-18℃的地区。大樱桃生产中肥水管理很重要:早秋株施农家肥100~150千克;夏季实施树盘杂草、绿草覆盖,或将小果树行间作物秸秆粉碎秋季翻埋于树盘中,以增加土壤有机质;樱桃萌芽前株施豆饼液或沼液10~20千克。科学的生产管理保证了旅顺大樱桃的产量与质量。

大连裙带菜

登记证书编号：AGI00340

地域范围

大连裙带菜主要分布于辽宁省大连市的甘井子区、金州区、旅顺口区、开发区和长海县。海域范围为东经120°58′~123°43′，北纬38°43′~40°12′。

品质特色

大连裙带菜富含人体健康不可缺少的食物纤维、维生素、矿物质和抗癌物质等。特别是大连裙带菜品质优异、色泽纯正、口感鲜爽、营养丰富，日益为广大消费者青睐。精加工的裙带菜及其风味食品成为人们的馈赠佳品。盐渍裙带菜叶一级品叶面平整，半叶基本完整，具有海藻固有气味，有弹性。大连干裙带菜叶味道鲜美、营养丰富，富含蛋白质、褐藻酸、粗纤维、多种维生素和微量元素等人体必需的营养成分，经常食用可增强肌体免疫力。每100克干裙带菜叶中含蛋白质15~25克、钙800~1 300毫克、铁6~15毫克、粗纤维5~10克。

人文历史

裙带菜的药用价值早就为古人认识，《本草纲目》在"海藻"条目中记载：海藻有两种，一种是马尾藻生长于浅水中……一种是大叶藻生长在深海中及朝鲜半岛，叶子大如水藻。海人常以绳系腰，潜入水中采集。海藻气味苦、咸、寒、无毒，主治瘿瘤结气、散颈下硬核痛、腹中上下雷鸣、下十二水肿。大连裙带菜来源于朝鲜。1934年，前关东州水产试验场从朝鲜采集裙带菜投放到大连老虎滩、菱角湾一带海域试养，获得成功。20世纪90年代初，针对大连地区裙带菜收获期短、藻体小丛生长毛等问题，大连地区采用引进日本良种和将养殖浮筏向水深流大海区发展等措施，

使裙带菜养殖业出现飞跃，特别是全人工育苗技术的开发并大规模投入生产，从根本上解决了苗种退化问题，并有效控制养殖密度，极大地提高了大连裙带菜产量、质量和在国际市场的竞争力。大连裙带菜因其蛋白质含量高、色泽绿、菜体厚，深受日本市场欢迎，且出口价格高于其他地区，是大连地区主要出口创汇产品之一。

生产特点

大连市地处辽东半岛最南端，东濒黄海，西临渤海，南与山东半岛隔海相望，北依东北平原，海产品资源十分丰富。大连市拥有海域面积23.6万公顷，海水平均温度12.1℃，海域潮差普遍在1.5~2米，盐度垂直分布一致，平均30‰~32‰，pH值7.9~8.3，海水富含氨态氮、硝酸氮、亚硝酸氮和磷酸盐等营养盐，有利于裙带菜的生长。大连地区属具有海洋性气候特点的暖温带大陆性季风气候，冬无严寒，夏无酷暑，四季分明，该海域受黄海暖流影响，冬季不结冰，并且几乎不受台风侵扰，因此适宜裙带菜大面积浮筏养殖。

大连裙带菜养殖区海流速度在0.17~1.0米/秒，透明度在3米以上，水温在2~20℃，水深10~40米，其中25~35米深的海区是高产区。大连裙带菜适宜养殖筏养殖，平挂苗绳，采取延绳式养殖和水平式养殖相结合的形式，养成密度为每根苗绳300~350棵苗。菜体长80厘米以上，棵重0.2千克以上，茎宽2.5厘米以上即可收获，收获后可加工为盐渍裙带菜或干裙带菜。

大连虾夷扇贝

登记证书编号：AGI00341

地域范围

大连虾夷扇贝主要分布于辽宁省大连市的中山区、西岗区、沙河口区、甘井子区、金州区、旅顺口区、普兰店市、瓦房店市、庄河市和长海县，地理坐标是东经120°58′~123°31′，北纬38°43′~40°12′。

品质特色

大连虾夷扇贝属滤食性双壳贝类，贝壳扇形。大连虾夷扇贝的贝壳较大，宽度达10厘米以上；右壳较突出，黄白色；左壳稍平，较右壳稍小，呈紫褐色；壳表有15~20条放射肋，两侧壳耳有浅的足丝孔；右壳肋宽而低矮，肋间狭；左壳肋较细，肋间较宽；壳顶下方有三角形的内韧带。

大连虾夷扇贝营养丰富，是贝类水产品的重要品种，其闭壳肌蛋白质构成特殊，每100克含有63.7克蛋白质、3克脂肪、糖类15克、钙47毫克、磷886毫克、铁2.9毫克。虾夷扇贝含有丰富的不饱和脂肪酸EPA和DHA。EPA能够大大减少血栓的形成和血管硬化的现象。DHA不仅可以促进智力开发和提高智商，并且可以降低老年性痴呆症的发病率。从扇贝闭壳肌中提取的一种糖蛋白具有破坏癌细胞的功效。另外，扇贝还具有

滋阴、补肾等作用，对身体虚弱、食欲不振、营养不良等有很好的疗效。

人文历史

大连市从日本引进虾夷扇贝养殖已经近30年的历史。目前已经成为大连市海水养殖的支柱和优势产品。2006年，全市养殖面积110万亩（底播增殖面积90万亩），产量17万吨，均比2000年增长5倍多，产量占全国的90%，产值占全市水产品产值的20%。其中长海县虾夷扇贝养殖面积和产量分别达到全市的98%和84%。

生产特点

大连地处辽东半岛最南端，东濒黄海，西临渤海，南与山东半岛隔海相望，北依辽阔的东北平原，

海产资源十分丰富。全市拥有海域23.6万公顷，海水平均温度12.1℃，最高25℃，最低1℃；盐度垂直分布一致，平均30‰~32‰，pH值7.9~8.3。大连市具有海洋性特点的暖温带大陆性季风气候，冬无严寒，夏无酷暑，四季分明。大连地区受黄海暖流影响冬天海水不结冰，海域水深适宜，底质平坦并以砾石沙泥为主，同时大连海域也几乎不受到台风的侵扰，适合大连虾夷扇贝的养殖。

大连虾夷扇贝为大型冷水性贝类，生长速度较慢。从稚贝开始至壳高11~12厘米，最短时间需1年7个月。其自然分布水为深6~60米，养殖水质清澈无污染，潮流湍急，含氧量丰富；底质为沙砾；生长适温范围5~23℃，15~20℃是最适生长温度；对盐度的适宜范围24‰~40‰，适宜pH值7.9~8.3。据记载，大连虾夷扇贝最大壳高可达27.94厘米，其寿命约在25年。

大连红鳍东方鲀

登记证书编号：AGI00342

地域范围

大连红鳍东方鲀产于辽宁省大连市境内，濒临黄海北部辽东半岛沿海10米等深线以外的天然生态养殖海区，地理标志范围南起旅顺口老铁山，沿大连湾、小窑湾、凉水湾、大李家、长山群岛，东至石城岛附近，海域面积50万公顷，地理坐标为东经120°58′~123°31′，北纬38°43′~40°12′。

品质特色

大连红鳍东方鲀体呈圆筒形，稍侧扁，体前部粗圆，向后渐细，尾柄呈圆锥状。体表无鳞，体背部呈黑褐色，腹面乳白色，全身长有小棘，胸鳍后体侧有灰白色边的黑色大型胸斑，胸斑前后散布大小不一黑色圆斑和条纹，呈虎纹状，花纹十分显著清晰，色泽鲜明。大连红鳍东方鲀反应敏捷，遇刺激能吸水膨胀为球状浮于水面。养成鱼经加工处理后的肉质滑嫩，晶莹透明，鱼皮触感柔滑细薄，有弹性，商品鱼体重在700克以上。每100克大连红鳍东方鲀鱼肉含蛋白质大于18克，含脂肪仅为0.2~0.4克。其不饱和脂肪酸含量高，DHA占30%左右，EPA占6%左右，为人体营养吸收的最佳比例。同时，其含有丰富的人体必需氨基酸及多种微量元素。中医

药学认为，其味甘，性温，内脏、血和皮有毒，入足厥阴经，主补虚，去湿气，理脚腰，去痔疾，杀虫，可以消肿、去疖、降血压、恢复体力，对于麻风、癌瘤、心血管疾病亦有显效。

人文历史

东方鲀属鱼类俗称河豚，是鲀形目中种类最多、经济价值最高的一个大类，在我国沿海分布约有18种，红鳍东方鲀就是其中最为名贵、毒性最小的一种。河豚的味道鲜美，无与伦比，有着"百鱼之王"之称。自古以来中华美食家对河豚鱼的评价远远胜过燕窝、鱼翅、鲍鱼等"海八珍"。大连古时候是个小渔村，在唐朝初被称为"三山浦"，唐代中叶又易名"青泥浦"，盛产河豚等各式海鲜，人们一直以海鲜为食。在盛唐文化的影响下，大连当地人将河豚鱼肉做成鱼脍美食款待亲朋，成为当地最具特色的美食产品。河豚肌肉洁白如霜，滑腻似脂，滋味腴美，香鲜畅神，营养丰富。大连民间素有喜食河豚的风俗，老百姓亲切地称之为"艇巴肘"。

生产特点

大连红鳍东方鲀生产区域地处辽东半岛南端，系温带大陆性季风气候，兼具海洋气候，温和湿润，夏无酷暑，冬少严寒，春秋晴日多，光照充足，气候宜人，海水清澈，区域内海洋生物资源种类丰富，海洋生态系统稳定，适宜大连红鳍东方鲀的养殖。受太平洋暖流与北方沿岸寒流交汇的影响，海水底层的营养物质泛到上层，使海水中浮游生物资源特别丰富，有利于鱼虾生息繁殖。

大连红鳍东方鲀养殖基地选择在无污染和生态环境良好的海区，无赤潮发生，水深10米以上，水温10~25℃，流速小于0.8米/秒。采用海水网箱养殖大连红鳍东方鲀，其中，采用大规格离岸抗风浪金属网箱养殖的效果最佳。品种选择捕自自然海区的红鳍东方鲀亲鱼，或由自然海区捕获的红鳍东方鲀苗种，或人工繁殖的苗种培育的红鳍东方鲀亲鱼，或经种质遗传基因改良优选的亲鱼进行繁育。大连红鳍东方鲀口部有强壮板齿，可嚼碎硬物，养殖时受到刺激会相互撕咬或咬网，因此需在池塘转入越冬室或越冬结束转入网箱前，使用消毒的特制器具对其进行剪齿处理。大连红鳍东方鲀产品为鲜活鱼、去脏加工冻品及精深加工品（包括生鱼片、水饺、烹饪熟食等）。

庄河杂色蛤

登记证书编号：AGI00414

地域范围

庄河杂色蛤主要是指在中国黄海北部、辽宁省庄河市海域范围内自然生长和滩涂人工养殖的杂色蛤，具体区域范围为东至栗子房镇大邵村，西至明阳镇河口村，南至浅海10米等深线以内的养殖海区，北至潮下带，其中，南尖海域、黑岛海域、蛤蜊岛、观驾山海洋、大郑海域、尖山河口、石城海域为主要产地，地理坐标为东经122°29′~123°31′，北纬39°28′~40°12′。

品质特色

庄河杂色蛤的贝壳呈现卵圆形，体型较大，壳薄，壳面有棕色、褐色、黄色、黑色等斑点和花纹。商品杂色蛤体长3~7厘米以上。庄河杂色蛤具有味道鲜美营养价值高，而且它含有人体所必需的多种营养元素，蛤肉含蛋白质9.86%、脂肪1%、锌11毫克/千克、铁134毫克/千克，并含有多种维生素。

人文历史

由于庄河市特有的自然环境，这里物产丰富。庄河杂色蛤养殖历史悠久，多年以来一直是庄河地区主要出产的水产品之一。庄河杂色蛤的烹食方法经历了若干辈

人的传承，以其鲜美的味道享誉国内外，深受广大消费者的喜爱，在当地有"天下第一鲜"的美誉。在20世纪50年代，我国大中专院校就把庄河杂色蛤编入教科书，确定庄河杂色蛤为当地特有品种。从20世纪50年代末到60年代初开始，庄河杂色蛤的养殖开始实行封滩育贝，改变了庄河沿海群众千百年来自由下滩采贝的习惯。庄河市水产技术推广站从20世纪50

年代初就开始对庄河杂色蛤进行了人工养殖技术的研究与推广；60年代初，庄河杂色蛤开始呈现高产状态；80—90年代，开展了大规模的杂色蛤人工和养殖新技术的推广，使当地贝类年产量达到5 000吨以上。2004年，庄河杂色蛤的养殖技术获辽宁省科技进步一等奖。庄河杂色蛤多次参加全国农业展览会和渔业展览会，多次被评为优质产品。

生产特点

庄河杂色蛤生长的海域地理条件优越，气候、海域底质、水质及饵料等方面都非常适合杂色蛤的繁殖和生长。庄河市地处黄海北部，拥有辽阔的浅海水域和平坦的滩涂，其中浅海面积400万亩，滩涂面积40万亩，港圈面积11万亩。庄河杂色蛤养殖总面积40万亩，年产量20多万吨，年产值达12亿元人民币。庄河市属北温带湿润性季风气候区，四季分明，夏无酷暑，冬无严寒，适合庄河杂色蛤生长繁殖。庄河海域的浮游植物生物量和种类季节变化明显，生物量春季低，夏季高。优良的水质和丰富的饵料条件为庄河杂色蛤独特内在品质形成提供了足量的物质保证，为其生长繁育创造了得天独厚的优越条件。

大连紫海胆

登记证书编号：AGI00415

地域范围

大连紫海胆主要分布于辽宁省大连市的中山区、西岗区、沙河口区、甘井子区、金州区、旅顺口区、普兰店市、瓦房店市、庄河市和长海县。大连紫海胆生产海域总面积约22.4万公顷，地理坐标为东经120°58′~123°31′，北纬38°43′~40°12′。

品质特色

大连紫海胆体呈球形，直径一般6~8厘米，高3~5厘米；大棘坚硬端尖，棘黑紫色，表面带有极细密的纵刻痕；管足的色泽为紫色或紫褐色；口面平坦，反口面比较隆起，顶部圆弧形；道部附近的每片步带板上生有大疣1个，中疣2~4个、小疣若干；内部生殖腺排列似五角星状，颗粒分明，颜色橙黄，似小黄米。紫海胆的再生能力很强，身上的棘刺和外部器官一旦损伤脱断，很快便能再生，就连外壳的裂痕和伤口也会自动愈合。

大连紫海胆有着极高的营养价值，被视为海洋之珍品。紫海胆的骨壳、棘刺和生殖腺等部位都有良好的药用价值，可以用于治疗溃疡病和甲沟炎等。紫海胆的食用部分为其生殖腺，俗称海胆黄。海胆黄中不但含有8种人体必需氨基酸及多种不饱和脂肪酸，还含有维生素A、维生素B族、维生素C、维生素E等多种维生素，以及磷、碘、硒、铁、锌、镁、钙等一些人体必需的微量元

素。大连紫海胆含有多种生物活性成分，是预防心血管病等疾病的有效药物，并可从中提取具有抑制癌细胞生长作用的"波乃利宁"。海胆可以加工成盐渍海胆和海胆酱，海胆黄可以炒食，亦可与鸡蛋、肉类同炒，为上等滋补品。海胆的外壳药材名"海胆"，可治疗胃及十二指肠溃疡、中耳炎等。此外，海胆壳还可制成工艺品。

人文历史

大连紫海胆是一种具有很高食用和药用价值的海洋生物，为上等的海鲜美味，可以生食，也可以加工成冰鲜海胆、酒精海胆和海胆酱等，而且还是名贵的营养滋补品和中药材。我国很早就有有关海胆药用价值的记载，《本草原始》记载，海胆有"治心痛"的功效。大连沿海目前是国内大连紫海胆的最主要产区，产量可占至全国同类产品的90%以上。

生产特点

大连市地处中国东北辽东半岛最南端，海产资源十分丰富。大连紫海胆有群居习性，厌见光，喜生活在水质清澈的地区。大连三面环海，地处黄海冷水团边缘，终年水质清澈，潮流湍急，海水温度和盐度适宜，海域水深适宜，底质平坦并以砾石沙泥为主，海水透明度高，海域潮差多为1.5~2米（最大4~4.5米），盐度垂直分布一致，平均30‰~32‰，pH值7.9~8.3，为海胆提供了优越的生态环境，保证了海胆的品质。同时，大连海域也几乎不受到台风的侵扰，因此适宜大面积开展紫海胆养殖。大连紫海胆喜生活在岩礁及砾石底质，喜食褐藻、绿藻，而大连海底岩石平滑，海域自然生长有丰富的海带、裙带菜等海藻类，可为海胆提供充足的食物来源。

旅顺鲍鱼

登记证书编号：AGI00652

地域范围

大连市旅顺口区地处辽东半岛最南端，东濒黄海，西临渤海，南与山东半岛隔海对峙，东隔黄海与朝鲜半岛相望。旅顺鲍鱼主要分布于大连市旅顺口区行政区内的龙头街道、铁山街道、旅顺开发区、双岛湾街道所辖海域。旅顺鲍鱼增养殖区域总面积1 866公顷，海域范围为东经121°16′29″~121°20′22″，北纬38°49′13″~38°58′09″。

品质特色

鲜活旅顺鲍鱼的贝壳中等大，人工养殖的长6厘米以上，自然生长的长8厘米以上。体螺层大，上有一列突起和小孔，表面被这一突起和小孔分成左右两部分，左部狭长且较平滑，右部宽大粗糙。壳表面呈绿褐色或棕色，生长纹明显，壳内面呈银白色且具有珍珠光泽。旅顺干鲍鱼光泽好，半透明，体形完整饱满，体表洁净。

旅顺鲍鱼全身是宝，是经济价值很高的海珍品，其肉柔嫩细滑滋味极其鲜美，营养丰富。中医认为旅顺鲍鱼具有药用食疗价值，是一种补而不燥的海产品。旅顺鲍鱼还是一种有效的抗癌食品，据专家研究，鲍鱼中的鲍灵素Ⅲ对癌细胞有较强的抑制作用。

鲍壳即石决明，是祖国传统的中药材。另外，鲍壳内面珍珠层光泽艳丽，还可作为贝雕工艺品的优质原材料。

人文历史

旅顺鲍鱼饮食文化历史悠久，据史料记载，自汉代以前即有鲍鱼交易。宋代诗人苏东坡写有七言诗《鲍鱼行》，生动地描绘渔民采鲍的情景。在满汉全席中，旅顺鲍鱼占有重要位置。清朝时期宫廷中有所谓全鲍宴。当时沿海各地官吏朝圣时，大都进贡鲍鱼为礼物，一品官吏进贡一头鲍，七品官吏进贡七头鲍，以此类推。旅顺鲍鱼既可生食又可熟吃，烧炒汆均可，尤以食原壳鲍鱼为最佳。在东南亚和我国港澳地区，鲍鱼特别受青睐，据说取其谐音"鲍者包也，鱼者余也"鲍鱼代表包余，以示包内有用之不尽的余钱，故鲍鱼是馈赠亲友的上等吉利礼物，更是年节和喜庆餐桌上的"吉利菜"。

生产特点

旅顺鲍鱼，学名"皱纹盘鲍"，俗称鲍鱼、四孔鲍、紫鲍、将军帽，古称鳆。全世界鲍鱼有 70 种左右，其中个体较大并能形成规模性渔获量的品种不超过 20 种。旅顺鲍鱼是我国分布 8 种鲍鱼中个体最大、品质最好、价值最高、自然产量最大的主要经济种类。

20 世纪 80 年代以前，旅顺鲍鱼主要是依靠采捕天然成品，还没有进行人工养殖。80 年代中后期，旅顺鲍鱼工厂化大规模人工育苗技术取得突破后，旅顺鲍鱼人工养殖蓬勃发展起来。旅顺鲍鱼的养成多采用底播增殖或筏式养殖。底播增殖是选择合适海域，由潜水员下潜进行播撒稚鲍，并对藻类生长稀疏的区域进行藻类增殖，清除海星和其他敌害生物，当鲍鱼壳长达到 7 厘米以上时，潜水员潜水采捕；筏式养殖是选择合适海域设筏放养幼鲍，投喂鲜海带、裙带菜等海藻，也可投喂符合标准的优质片状配合饵料，当壳长达到 5.5 厘米以上时可进行收获。

旅顺赤贝

登记证书编号：AGI00653

地域范围

大连市旅顺口区位于辽东半岛最南端，横跨黄海、渤海，三面环海，海岸线总长度158.50千米。南自塔河湾海域，经柏岚子海域、月亮湾海域、董坨子海域、西湖嘴海域、艾子口海域、北海海域，北至大潮口海域附近，其中柏岚子海域、董坨子海域、艾子口海域、北海海域是旅顺赤贝的主要增养殖保护基地。地理坐标为东经121°16′29″~121°20′22″，北纬38°49′13″~38°58′09″。

品质特色

旅顺赤贝贝壳大，斜卵圆形，坚厚，一般壳长80~104毫米，高62~85毫米，大者长可达122毫米，高102毫米；两壳合抱，左壳比右壳稍大，极膨胀，壳顶突出，向内弯曲，稍超过韧带面；背部两侧略呈钝角，壳前缘及腹缘均呈圆形，后缘延伸呈截形；壳面白色，被棕色绒毛状壳皮，有的肋沟呈黑褐色；壳内面灰白色，其壳缘有毛、边缘具齿；铰合部直，铰合齿60~70枚，中间者细小直立，两端渐大而外斜。放射肋宽，平滑整齐，无明显结节，41~48条，以43~44条较多见，生长轮脉明显。

旅顺赤贝肉质红嫩，肉味鲜美，营养丰富，且易为人体所吸收，具有补血、温中、健胃等药用功

效。鲜品含蛋白质11.2%~15.9%，脂肪0.45%~0.5%。

人文历史

旅顺赤贝增养殖历史悠久，是优良的地方贝类海鲜特产品种，多年来也是旅顺地区主要的出口水产品之一。在其独特的地理环境、独特的水域水质环境条件下，经过增养殖管理，形成旅顺赤贝特有的优良品种，贝壳大而坚厚、出肉率高、营养美味。旅顺赤贝的食用方法经历了若干辈人的传承，以其味道鲜美享誉国内外，在当地还有"生吃赤贝"的习俗。进入21世纪，为进一步保持旅顺赤贝的品质特征，保持赤贝产业的可持续健康发展，旅顺区建立了旅顺赤贝增养殖保护区基地4处。目前，旅顺区赤贝增养殖面积30万亩，平均年产量3 500吨，年产值1.05亿元。旅顺赤贝多次参加全国农业展览会和渔业展览会，被评为优质海产品。

生产特点

旅顺口区属南温带亚湿润季风气候区，大陆性气候特征很强。该地区多年平均日照时数为2 621.2小时，日照率为59%，6月光能资源最丰富，日照高于辽宁省其他地区；年均降水量为592.8毫米，多集中在7—9月，占年降水量70%以上。旅顺口区沿海水产增养殖分三大增养殖区，即南海区（黄海）、西海区（渤海南部）、北海区（渤海北部）。南海区浅海水域，除了台风雨季，海面平稳，水质清澈，流水通畅，水温适宜；西海区南部水域接近南海区的海况水文；西海区北部水域水深绝大部分在十几米，水浅流小；北海区海况水文和西海区北部水域相同，水深大部分在10米以下，海底是泥沙底。

1983年，根据国家农业部下达的科研课题，旅顺开展了赤贝人工育苗与增养殖技术研究和试验，1986年，该项研究成果通过鉴定，平均每立方米水体育出赤贝幼贝200万~300万枚，成活率为10%，其技术水平在国内处于领先地位。同时，利用浮筏进行中间育成和筏式笼养试验并获得成功，在此基础上开展推广底播增养殖。赤贝幼贝经底播增殖2~3年，壳长达6厘米，回捕率为30%。

庄河牡蛎

登记证书编号：AGI00654

地域范围

庄河牡蛎主要产地在中国黄海北部、辽宁省大连庄河市海域，包括石城岛、王家岛、黑岛、南尖海域。地理坐标为东经122°43′~123°30′，北纬39°27′~39°45′。庄河牡蛎生长的海域地理条件优越，气候、底质、水质及饵料等方面都非常适合牡蛎的繁殖和生长。

品质特色

庄河牡蛎外形褶皱较多，肉肥爽滑，贝壳较厚，一般壳长6厘米左右，壳面多为淡黄色或紫褐色，外壳不规则，大多呈延长形或长三角形，左右两壳以韧带和闭壳肌相连；右壳较扁平，表面有鳞片；左壳凸而稍大，固着在附着物上。牡蛎有雌雄同体和异体两种性现象，经常发生性转换。一龄性腺成熟，开始繁殖。

庄河牡蛎具有味道鲜美，营养价值高，含有人体必需的多种营养元素，其中，钙含量550~650毫克/千克、铁含量100~150毫克/千克、锌含量120~150毫克/千克、硒含量0.30~0.50毫克/千克，并含有多种维生素和牛磺酸。

人文历史

庄河牡蛎历史悠久,有县志文字记载就以"蛎子"闻名。民间有"冬至到清明,蛎肉肥晶晶"的俗谚。《本草纲目》记载:牡蛎肉多食之,能细洁皮肤,补肾壮阳,并能治虚,解丹毒。半个多世纪以来,牡蛎一直是庄河地区盛产的海产品之一。由于庄河市特有的自然环境,使这里物产丰饶,庄河牡蛎的

烹食方法达30余种,其中以生食、水煮为多,其鲜美的味道家喻户晓,深受消费者喜爱,也受到国外消费市场的青睐。庄河渔民从20世纪50年代末就开始投石繁养,改变了庄河沿海群众千百年来自由采贝的习惯。2000年后,庄河牡蛎繁育工厂化,自给自足。2006年,国家级牡蛎良种场建立,牡蛎养殖飞跃发展。现庄河牡蛎养殖面积发展到15万亩,产量15万吨,庄河牡蛎产业已成为庄河特色产业的品牌,荣获辽宁省"特产之乡"称号。

生产特点

庄河地处黄海北部,海岸线全长285千米,并拥有辽阔的浅海水域和平坦的滩涂,海域面积440万亩。庄河市地形呈阶梯形由南向北渐次升高,庄庄有河,淡水丰沛,境内有英那河、庄河等76条无污染的大中小河流,流入庄河海域,南有石城岛、海王九岛等数十个岛屿与屏障,这些河流带来了大量丰富的营养盐,牡蛎生长所需的自然饵料得以繁殖,海域的浮游植物量平均为1.3×10^6细胞/立方米。庄河市夏无酷暑,冬无严寒,属北温带湿润性季风气候区,滩涂辽阔平坦,是适宜牡蛎生长的海域。庄河海域生物量春低夏高,优良的水质和丰富的饵料条件,为庄河牡蛎的生长繁育创造了得天独厚的优越条件。

庄河滑子蘑

登记证书编号：AGI00739

地域范围

庄河市隶属大连市，位于辽东半岛南端，东至栗子房镇砬腰村火石岭屯，西至明阳镇永胜村沙包屯，南至城关街道海洋村，北至塔岭镇隈子村隈子屯。庄河滑子蘑地理标志保护区域地理坐标为东经122°29′10″~123°31′24″，北纬39°27′52″~40°12′10″。

品质特色

庄河滑子蘑菇形完整、伞盖和伞柄比例匀称，黏液层较厚、轻捏不破碎，颜色鲜亮；伞盖直径1厘米以上，开伞率较低；初期菌盖为半球形，后呈凸出形到平展，边缘颜色较浅，颜色由浅黄到黄褐色，中央色较深，由红褐色到暗褐色，后期出现放射状条纹；菌柄中生，呈圆柱状，柄相对较粗壮，较短；内部充实，色泽较白；柄和伞盖比例均称。庄河滑子蘑营养丰富、软韧润滑、味美可口，鲜食有明显的鲜嫩、润滑和清香感，烘干后有很浓郁的菇香味。每100克鲜庄河滑子蘑菇含蛋白质2.1克，总糖含量2.6%，脂肪含量0.13%，粗纤维含量0.3%，灰分含量0.52%，此外，其表面黏液对肿瘤有抑制作用。

人文历史

据黄年来主编的《自修食用菌学》记载，庄河滑子蘑的含量比其他地区所产的滑子蘑营养含量明显偏高。庄河于1974年由日本引进试种滑子蘑，是我国引进种植最早、种植面积最大的地区。根据当地的自然条件和原料构成，经多次技术改进，现已形成区域化布局、专业化生产、一体化经营的产业格局。目前，全市年栽培滑子蘑数量4 000万帘（盘），年产量40 000吨，拥有加工出口企业20多家，产品销往日本、俄罗斯、欧盟、南非、美国等20多个国家，已成为庄河市农民致富的支柱产业。

生产特点

　　滑子蘑又称滑子菇、滑菇、珍珠菇，因菌盖表面有黏液而得名。滑子蘑是低温型食用菌，出菇温度一般在5~20℃。庄河市自然概况是"五山一水三分田、一分道路和庄园"，为赤松林闪烁和阔叶林交错地区，全境森林覆盖率达43.5%。庄河境内土壤类型复杂多样，腐殖质风化层厚度一般为10~40厘米，有机质含量约为1.7%，各类土壤中的钾含量较为丰富。庄河滑子蘑栽培方法独特，再加上于独特的地理环境和优越气候条件，形成了庄河滑子蘑的菇形美观、品质优良、食用安全的优良典型品质。

　　庄河滑子蘑需选择在周围水质和空气没有污染、通风良好的地块搭建菇棚。根据庄河地区特殊的地理条件和独特的气候条件，应选择中晚生的优良滑子蘑品种。庄河滑子蘑以庄河地区盛产的柞木木屑或切片作为培养基的主要原料，辅以少量的其他阔叶木质，辅料采用新鲜、洁净的麦麸和稻糠等。半熟料开放式蒸料和反季栽培是庄河滑子磨区别其他地区滑子磨的独特生产方式。半熟料开放式蒸料目的一是杀死培养料里的杂菌孢子和菌丝块，二是水解部分养分使其易被滑子蘑菌丝吸收。反季培养时正值严冬时节，通风和温度要合理适宜才能促使菌丝较快生长发育和出菇。

瓦房店红富士苹果

登记证书编号：AGI00740

地域范围

瓦房店市隶属大连市，位于辽东半岛中西部，东临普兰店市，西濒渤海，南与金州区隔海相望，北与盖州市接壤。瓦房店市红富士生长区域主要地处在瓦房店市东至万家岭镇慕屯，西至谢屯镇井口，南至谢屯镇山前屯，北至李官镇矿洞山。地理坐标为东经121°13′~122°16′，北纬39°20′~40°07′。

品质特色

瓦房店红富士苹果为大型果，平均单果重180~300克，最大单果重可达400克以上。果实多为扁圆形，果形指数0.8左右，少数果近圆形。果梗较细，少数果梗基部有肉质突起。梗洼较广，中深较缓。尊洼中深，较广而缓。果皮光滑有光泽，中厚而韧，光滑，蜡质中多。成熟果实果面底色淡黄，着暗红或鲜红色霞或条霞。果点圆形，较明显，中大，较密，阳面果点黄白色，阴面果点黄色。

瓦房店红富士苹果果实个头大、色泽鲜艳，果皮薄，果肉黄白色，肉质致密、细脆、果汁多，酸甜适度，清脆爽口，芳香味浓。果实可溶性固形物含量为15.3%~16.0%，酸含量为0.2%~0.4%，果实硬度8.60~10.89千克力/平方厘米，富含钙、磷、铁、维生素B_2、维生素C等营养元素。瓦房店红富士苹果极耐贮运，可贮到翌年四五月份，贮后肉质不发绵，风味变化小，失重少，病害轻。

人文历史

瓦房店市栽培苹果始于1902年，是全国闻名遐迩的"苹果之乡",1986年被国家确定为全国果品生产基地。瓦房店市优良的生态环境和先进的生产、管理技术,造就了该地区苹果独特的品质,特别是红富士苹果高于国内其他产区苹果质量。近年来,瓦房店市实施科技兴果战略,大力推广果树配方施肥、声波助长、苹果套袋、果树授粉、高光效剪枝、顶凌春灌、铺设反光膜、生物和物理防治病虫害等方面新技术,建立了农产品质量安全检验检测网络,完善了苹果生产、加

工、包装、储运及市场营销等各个环节的质量安全档案记录和农产品标识标签管理制度。2006年,瓦房店市被中国果品流通协会评为"中国优质果品基地重点县(市)",同年又被评为"中国苹果20强县(市)",苹果产业已经成为瓦房店农村经济的重要支柱。

生产特点

瓦房店市依山傍海,山峰连绵、河流湍急、谷底狭窄,天然植被覆盖率高达78%,森林覆盖率达43%,空气清新,湿度达到40%左右。红富士苹果为深根扩根系的落叶乔木,瓦房店的低山、丘陵、延展地势使土壤肥沃、疏松,富含丰富的矿物质,腐殖质厚度在30厘米左右,完全吻合了富士苹果的生长土质。三山夹一沟的特殊地貌大大的化解了风的强度,在红富士苹果盛果期风和日丽、阳光普照,大大提高了红富士苹果的甜度和着色度。瓦房店地下水资源丰沛,无污染,水中富含钾、钙、铁、镁等多种微量元素,矿化度小于0.58,是优质的农业灌溉用水。

瓦房店红富士苹果应栽培在排水好的地方,丘陵山区应栽培在背风向阳坡面,选择中性—微酸性土壤。红富士自花授粉结实率极低,建园时必须合理配置授粉树,并不失时机地进行人工授粉。肥料以有机肥为主,重点施用厩肥和多菌种生物有机肥,灌溉水采用无污染的井水和河流水。生产中通过培肥地力、修剪、疏花疏果等措施培育树势;种植绿肥,提高土壤有机质含量,增强果树抗逆性;使用糖醋液、性诱剂、杀虫灯等技术杀虫,不仅可以杀死有害生物,并有助于植保员监测、分析有害生物发生规律。此外,通过给果实套袋,可以减少病虫害的侵害,避免风吹雨打和日灼伤,使果实表面润泽、光滑。

庄河山牛蒡

登记证书编号：AGI00741

地域范围

庄河市隶属大连市辖区，位于辽东半岛南端，南濒黄海与朝鲜隔海相望，北倚群山，与岫岩接壤，东与东港市毗邻，西靠普兰店以碧流河为界，自然概况是"五山一水三分田，一分道路和庄园"。根据庄河山牛蒡独特品质形成对产地环境和生产条件的要求，适应庄河山牛蒡的生产区域主要地处在庄河市四大河流中下游及濒临四大水库的大营镇、吴炉镇、黑岛镇、青堆镇、鞍子山乡、兰店乡、徐岭镇、太平岭乡、大郑镇、塔岭镇、光明山镇、城山镇、明阳镇、蓉花山镇。地理坐标为东经122°29′10″~123°17′56″，北纬39°27′52″~40°02′43″。

品质特色

特殊的地理气候条件和自然环境及特定的生产方式，是庄河山牛蒡独特品质形成的关键性因素。庄河山牛蒡长条棒锥形，颜色为黄白色，有绒毛、无空心、大

小均匀，具有山牛蒡独有的清香味，味甘，无异味，清脆鲜嫩，每100克鲜品含蛋白质2.15克、总糖2.2%、脂肪0.2%、灰分1.1%、磷77毫克、铁1.43毫克、钙113.92毫克，质量上乘。

人文历史

庄河市在20世纪70年代初期就引进种植山牛蒡，是我国最早引进种植山牛蒡的地区之一。庄河的土壤多为棕壤土和油沙土，非常适合山牛蒡的生长，现在种植面积已达10 000亩。庄河山牛蒡凭借独特的香气、脆甜的口味、丰富的营养走俏东南亚市场，风靡日本、中国台湾、韩国。该产品营养价值高，被人们称为"素中之荤"。

生产特点

庄河市地势由南向北逐次增高，境内有大小河流364条，长期以来，由于河水中泥沙的常年流经和河两岸杂草树叶的常年淤积形成了肥沃的油沙土或沙壤土，土壤疏松肥沃，通透性好，腐殖质厚度一般在40厘米以上，有机质含量达1.6%以上，氮磷钾含量高，其中钾的含量最为丰富，不但为山牛蒡生长提供了得天独厚的营养条件，而且由于土质疏松，致使山牛蒡扎根深，长得直，表面光滑，色泽油亮，产量高，品质好，出成率高。庄河属北温带湿润性季风气候区，全年海陆风明显，昼夜温差平稳，在整个山牛蒡生长期间昼夜温差平均10℃，有利于山牛蒡的营养积累均衡生长。

特殊的地理气候条件和自然环境及特定的生产方式，是庄河山牛蒡独特品质形成的关键性因素。山牛蒡为深根性蔬菜，生产基地应选择为沿河流域附近的油沙土和中性沙壤土，有机质含量高，空气清新，灌溉用水充足。山牛蒡在庄河多为露地栽培，一般为夏季在6月20日左右种植，选用中晚熟品种，如柳川理想、野川等。10月下旬，严霜后开始收获山牛蒡，可采用人工采收或机械采收。

庄河草莓

登记证书编号：AGI01012

地域范围

庄河草莓产地位于大连市所辖的庄河市，地理标志保护范围是庄河市境内东至栗子房镇砬腰村火石岭屯，西至明阳镇永胜村沙包屯，南至城关街道海洋村，北至塔岭镇隈子村隈子屯，共17个乡镇的129个行政村。地理坐标为东经122°29′10″~123°31′24″，北纬39°27′52″~40°12′10″。

品质特色

庄河草莓颜色鲜红，有光泽，果形美观，呈心形，大小均匀整齐，很少有畸形果。果实鲜美红嫩，果肉多汁，甜酸可口，营养丰富，入口绵软，无硬感，有特殊

的浓郁香味。庄河草莓可溶性固形物为 6.78%~10.6%，总酸为 0.5~3 克/千克，维生素 C 含量为 389~580 毫克/千克。

人文历史

新中国成立之初，庄河市就引进过草莓，当时称"高丽果"。20 世纪 50—60 年代有不同规模的零星栽培。实行家庭联产承包后，草莓栽培逐渐恢复和发展起来。1992 年，在大力发展庭院经济、努力增加农民收入等政策的推动下，通过引进新品种、推广新技术等措施，极大地促进了草莓生产的快速发展。2010 年，中国果蔬协会授予庄河市光明山镇"中国草莓之乡"称号。

生产特点

庄河市为低山丘陵区，优越的地理位置和地貌特征为庄河草莓独特品质的形成创造了有利条件。庄河市海拔在 300 米左右，自南向北依次升高的地势走向与山脉丘陵相互交错，形成了许多大小不一的小盆地，这些小盆地背风向阳，空气流动相对平稳，为确保草莓的健壮生长构筑了一道天然屏障。庄河属北温带湿润性季风气候区，也具有一定的海洋性气候特征，即使在冬季，日照时数仍为 565 小时，这个地域的昼夜温度变化，非常适宜温室和露种草莓的生长。草莓在生长期间需水量大，水质要求较高，庄河市水资源十分丰富，全部河流发源于长白山余脉延伸的北部山区，自上而下形成的独立水系使地表水和地下水面不但清澈洁净，而且富含多种对草莓生长有利的矿物质和微量元素，也是庄河市草莓优良品质形成的一个重要因素。庄河市森林覆盖率达 43%，空气十分清新，由于空气中灰尘和浑浊颗粒较少，有利于光合作用，对确保草莓优良品质起到了重要作用。

以往庄河草莓大都沿袭传统的平垄栽培方法，不但栽植密度低，浪费水，而且不便于田间管理，致使草莓的品质差，产量低。而如今当地果农采用的"梳背小拱床、立苗定向栽培"方法，是有别于其他地区草莓生产的独特方式。采取这种定植方法，适宜密植、灌溉方式由大水漫灌改为小水沟渗灌、便于田间管理、有利于有机物的转化与营养积累、能提高果实品质、有利于营养的平衡供应。独特的产地环境和栽培方式，是使庄河草莓享誉国内外的重要原因。

庄河蓝莓

登记证书编号：AGI01013

地域范围

庄河市隶属大连市辖区，位于辽东半岛南端，其地貌特征可概括为"五山一水三分田，一分道路和庄园"。庄河蓝莓栽培区域主要地处在庄河市境内东至栗子房镇硫腰村火石岭屯，西至明阳镇永胜村沙包屯，南至城关街道海洋村，北至塔岭镇隈子村隈子屯，共18个乡镇的121个行政村。保护区域地理坐标为东经122°29′10″~123°31′24″，北纬39°27′52″~40°12′10″。

品质特色

典型的地理地貌特征、独特的气候条件和优越的产地环境，形成了庄河蓝莓独特的优良典型品质。庄河蓝莓果形美观，呈扁圆形，果蒂痕小，大小均匀整齐，呈深蓝色，颜色深浅一致，果粉较厚，有怡人的清香味。庄河蓝莓果肉多汁，营养

丰富，甜酸可口，果皮略厚，每 100 克庄河蓝莓中含可溶性固形物 12~15 克，总酸 0.048~0.065 克，维生素 C 5.4~7.6 毫克，原花青素 300~380 毫克。

人文历史

据 2007 年土壤普查统计分析，庄河市耕层土壤有机质含量平均值为 14.82 克 / 千克，不但有机含量高，而且通透性好，保水、保肥能力强，大部分地区适宜蓝莓的种植。庄河市政府制定了一系列严格的水质管理措施，所以其水质始终保持优良状态，不但水质优良，无污染，而且有害重金属含量极少，水中富含的矿物质和微量元素，有利于蓝莓营养物质的转化和合成。

生产特点

蓝莓为浅根性灌木，从萌芽到收获为 120 天左右，对温度、湿度、光照和温差等生长条件要求较高。根据蓝莓内在品质形成的要求，蓝莓在坐果期白天温度为 18~23℃，夜晚最低温度 10~13℃，成熟期白天温度 20~32℃，晚上最低温度 15~17℃，而从庄河市所处经纬度范围内的温度变化看，其适宜的昼夜温差非常有利于蓝莓的营养积累。庄河市蓝莓温室大棚的扣膜时间大都在 11 月中下旬，在扣膜保温期间晴天为 43.7 天，其光照强度能确保蓝莓生长对光合作用的需求，对确保蓝莓优良品质的形成起到了重要作用。另外，蓝莓生长对土壤湿度也有严格的要求，庄河市蓝莓生产地块大都在山坡或距山较近的平地上，土壤相对湿度大都保持在 60%~70%，即使在雨量较多的夏天，也极易排涝，能满足水土保持和蓝莓生长的需求。

庄河蓝莓采取棚栽和露地栽培相结合的生产方式，产果期从 4 月到 8 月末结束，具有产果期长，品质优越的特点，有利于企业加工和稳定市场供应。蓝莓栽培应选择在类似森林和疏林地条件的地块，结合庄河地区的气候特点，可选择北陆、北村、北蓝、蓝金等优良品种，在 4 月中下旬进行栽植，棚栽和露栽蓝莓都必须挖栽植沟。

瓦房店葡萄

登记证书编号：AGI01071

地域范围

瓦房店市隶属大连市，位于辽东半岛中西部。瓦房店葡萄生产地域为瓦房店市所辖行政区域内，南至谢屯镇沙山村，东至万家岭镇帽山村，西至驼山乡大魏村，北至李官镇矿洞山村，地理坐标为东经121°13′~122°16′，北纬39°20′~40°07′。

品质特色

瓦房店市葡萄因色泽鲜亮、皮薄、肉嫩、口感甜爽、风味清香、营养丰富而久负盛名，葡萄果实含糖20%以上。巨峰葡萄果穗近似圆柱形，穗形紧凑，平均穗重0.4~0.6千克，平均穗粒40~50粒，果粒圆形，色泽黑紫，果面光洁有果粉，果皮薄有弹性，果肉细腻柔滑呈淡绿色，无纤维，果汁多，风味甘甜有清香；红提葡萄果穗圆锥形，平均穗重0.6~1.0千克，果粒椭圆形，光洁有果粉，色泽粉红，果皮薄脆，果肉乳白色，汁液多，肉质脆，有硬度，风味甜。这种葡萄家族中的精品，碳水化合物含量18%~21%，钙含量50~62毫克/千克，维生素C含量45.0~50.6毫克/千克，此外，蛋白质、铁、锌、维生素E等各项营养指标均高于同类产品。

人文历史

瓦房店地区旧时曾称复州、复县，独特的地理环境条件造就了该地区独特的水果品质，是著名的水果之乡。据《复县县志》及《瓦房店市志》记载，天命六年（1621年）后金军攻占复州卫,其将领即派人去辽阳向努尔哈赤进献多种时鲜珍果,足见当年复州水果之盛。1923年,复县农民孙天发因栽植了包括葡萄在内的各种果树 2 万多株,被奉天省公署授予二等奖章,这也是瓦房店市有历史记载以来第一次大面积栽植葡萄的开始。如今,在政府的推动引导下,葡萄市场价值不断提升,瓦房店葡萄已走进新加坡、俄罗斯、我国香港等国家和地区的高档超市柜台,国内外市场均获得了较好的经济效益和美誉度。

生产特点

瓦房店市依山傍海,群山多河,森林覆盖率 43% 以上,植被覆盖多达 78%,为瓦房店市葡萄生产提供了良好的空气环境保障。瓦房店市夏无酷暑,冬无严寒,昼夜温差大,有利于葡萄的生长着色及含糖量的提升。瓦房店市有丰富的水资源,水质富含微量元素,土壤为沙壤土,特别适合葡萄的生长。

瓦房店葡萄种植过程中使用经过充分发酵和无害化处理的有机肥料,并用玉米面拌上复合益生菌生物制剂撒在上面,还把富含有机质的豆饼当做基肥施入根部,不但提升了果品质量,而且还保护了生态环境。当地开发出一种由牛奶、复合益生菌和甲壳素搭配在一起的生物制剂,在葡萄各个生长时期使用,均有利于植株的生长。瓦房店葡萄成熟时每穗重量在 0.5 千克左右,每亩产量严格控制在 1 500 千克以下,提高了产品的品质和风味。此外,瓦房店市在国内率先对葡萄实施"套袋"技术,阻隔外部环境的影响,同时起到了防鸟、防虫、抗病、免洗的作用。瓦房店葡萄特定的生产方式培育出的葡萄堪称水果家族中的一绝。

瓦房店闫店地瓜

登记证书编号：AGI01072

地域范围

瓦房店闫店地瓜（甘薯）产地位于大连市瓦房店市，全市总面积3 829.57平方千米，其中瓦房店闫店地瓜种植分布于2 793.5平方千米之内，瓦房店闫店地瓜保护面积12.2万亩，平均亩产3 000千克。生产地域范为瓦房店东至闫店乡王屯村，西至渤海湾，南至驼山乡雪屯，北至太平湾滨海公路。地理坐标为东经121°13′~122°16′，北纬39°20′~40°07′。

品质特色

由于瓦房店地区具有得天独厚的自然生长条件，再采用科学合理的田间管理栽培种植，使当地的地瓜具有独特的产品特点。瓦房店闫店地瓜薯块纺锤形，单薯重300~800克，最大1 000克左右，结薯多而均匀，单株结薯4~6个，薯面紫黑亮、美观，营养含量明显高于其他薯类，其赖氨酸、钾、锰、锌的含量高于一般红薯5~8

倍，尤其是抗癌物质碘硒的含量比其他甘薯高20倍以上，并含有丰富的胡萝卜素及9种氨基酸，能抗疲劳防衰老，提高人体免疫力，是保持身体苗条健美的最佳食品。

人文历史

瓦房店地区栽培地瓜历史悠久，闫店地瓜知名度最高。闫店濒临渤海，属退海滩地，大部分耕地是沙质土壤，光照充足、无霜期长，很适合地瓜生长。瓦房店闫店地瓜果实大小适中，颜色好，外观梭形、红皮黄瓤、整体光滑顺溜、口感细腻甜脆、淀粉含量高，既可蒸食，又是各种加工食材的优良原料，很适合北方人的口味。目前，以闫店为代表的瓦房店地瓜已形成规模化经营，地瓜成了各乡镇的主导产业，全市有数百名地瓜购销经纪人常年运销地瓜。瓦房店地瓜已在东北地区及内蒙古自治区、新疆维吾尔自治区均有销售，部分产品经外销俄罗斯。瓦房店市成立了地瓜研究所，研究地瓜栽培新技术，引进地瓜新品种，进行试管脱毒地瓜苗示范栽植。地瓜已成为瓦房店市产加销一条龙、贸工农一体化的大产业。

生产特点

瓦房店市依山傍海，自然景观秀丽。瓦房店属暖温带大陆性季风气候区，冬无严寒，夏无酷暑，四季分明，气温昼夜温差大，有效积温高，降水适中使地瓜具有皮红、瓤面、甘甜、绵软的特性。瓦房店市土质以沙土为主，且土壤肥沃，每亩平均有机质含量为1%~2%，土壤通气良好，地温上升快，能促进钾的吸收。由于钾对块根形成层活动有促进作用，能加速光合产物的运转，提高碳素代谢水平，并能提供充足的氧气，使得瓦房店闫店地瓜表面红润光洁、生食口感脆香、熟食甘甜绵软，富含丰富营养。

瓦房店闫店地瓜田间管理中采用独特的覆膜技术，能更有效增加土壤积温、杀死地下害虫，保持土壤墒情，降低涝害发生。同时，清明节前后做垄灌水，深施足量腐熟的牛猪粪、草木灰做底肥，从而保证瓦房店闫店地瓜种苗栽种过程中得到充分的养分。

旅顺脉红螺

登记证书编号：AGI01073

地域范围

旅顺脉红螺产于大连市旅顺口区，位于辽东半岛最南端，海岸线长158.5千米，海域总面积2 038平方千米。旅顺脉红螺生产保护区为辽东半岛南自塔河湾海域，经柏岚子海域、月亮湾海域、董砣子海域、西湖嘴海域、艾子口海域、北海海域，北至大潮口海域附近，其中柏岚子海域、董砣子海域、艾子口海域、北海海域是主要生产基地。地理坐标为东经121°16′29″~121°20′22″，北纬38°49′13″~38°58′09″。

品质特色

旅顺脉红螺外在最突出特征是：壳内面为鲜艳橘红色，外壳面偏棕红色，壳高与壳宽之比小。旅顺脉红螺贝壳略呈梨形，壳大而坚硬。螺层约6层，缝合线较浅。壳顶尖，螺旋部极低于体螺层，呈圆锥形，体螺层中部极膨大。各螺层的中部和体螺层上部有一条形成肩角的螺肋，各肩角上均有角状凸起。体螺层肩角发达，下方有3~4条粗壮纵肋，其上具有结节或棘状凸起。壳面粗糙，密生较低的螺肋，壳面有棕色或紫棕色斑点。壳口大，卵圆形。前沟短宽，略弯曲，后沟短小，不明显。外唇厚，边缘有与螺肋相

应的缺刻。内唇上方贴附于体螺层上，下方向外卷与体螺层的螺肋形成假脐。壳内面橘红色，有光泽。厣角质而坚厚，椭圆形，褐色。

旅顺脉红螺具有丰富的遗传多样性，肉质肥嫩味鲜美，口感细腻爽滑，营养丰富，且易被人体所吸收，可鲜食和煮食，亦可加工干品和罐头食品。贝壳可制作工艺品，也是加工石灰的原料。肉、厣、壳可入药。脉红螺总蛋白质含量较高，可达 15%~19.5%，此外，该产品还富含锌。

人文历史

旅顺脉红螺生产历史悠久，在当地俗称红里子，是优良的地方海洋贝类特产品种。《奉天通志》记载："辽海渔业自魏晋时已兴盛。……盖辽海四达，天然海产荟萃之地。"旅顺口区以其独特的地理环境，独特的水域水质条件，形成旅顺脉红螺特有的优良品质，其壳大而坚硬，味道鲜美，营养价值高，从而被广大消费者青睐，素有"盘中珍珠"的美称。2005 年以来，在海洋牧场的建设中，旅顺地区开展了旅顺脉红螺底播增值试验和筏式笼养试验，脉红螺幼贝经底播增殖 1~2 年，壳高达 7~8 厘米，回捕率为 30%，为进一步保持旅顺脉红螺的优良品质特性，推进旅顺脉红螺产业的可持续健康发展奠定了坚实的基础。

生产特点

旅顺地域属具有海洋性气候特点的暖温带大陆性季风气候，冬无严寒，夏无酷暑，四季分明。该地区为沿海丘陵地区，由于地形影响，降水量差异较大，从西向东逐渐递增，渤海沿岸从南向北递增，黄海沿岸从西向东递增。全区累年平均气温为 10.3℃，平均年降水量为 592 毫米，多集中在 7—9 月，占年降水量 70% 以上，年平均日照时数为 2 621.2 小时，日照率为 59%，6 月光能资源最丰富，光和生产潜力很大，热量条件优越日照高于辽宁省其他地区。旅顺口区建立了旅顺脉红螺生产保护区基地 4 处，保护区面积 30 万亩，平均年产量 4 000 吨左右。

金州毛蚶

登记证书编号：AGI01074

地域范围

金州毛蚶主要分布于大连市金州新区行政区内东部黄海区域的杏树街道、登沙河街道和大李家街道所辖海域，北至杏树街道北部大沙河河口，南至大李家街道城山头。全区海岸线320千米，拥有海域面积1 759平方千米，地理、气候和近海水域自然条件十分优越，海洋生物资源丰富。地理坐标为东经122°15′39″，北纬39°19′03″；东经122°20′40″，北纬39°16′31″；东经122°14′17″，北纬39°12′29″；东经122°14′19″，北纬39°10′09″；东经122°09′40″，北纬39°09′20″。

品质特色

金州鲜活毛蚶个体肥壮，闭壳肌闭合有力，足外端颜色鲜红、鸡冠状褶皱明显；亲蚶年龄3龄以上，个体均匀，壳长规格4~5厘米；性腺色泽鲜艳，雌性呈橘红色，雄性为乳白色；性腺饱满，遮盖整个内脏团，并延伸到足的基部。突出特征为个体大，软体部较其他地域品种颜色鲜艳。经检测，金州毛蚶蛋白质含量为8.5%~16%，脂肪含量为0.5%~1.2%，是不可多得的高蛋白低脂肪的食品之一；铁含量30~70毫

克/千克，具有促进血红蛋白合成，促进生长、增加食欲的功效；金州毛蚶含有16种氨基酸，其中，谷氨酸、天门冬氨酸是呈鲜味的特征氨基酸，丙氨酸和甘氨酸是呈甘味的特征氨基酸，丝氨酸和脯氨酸也同甘味有关，这6种呈味氨基酸在金州毛蚶中的含量很高，使其具有海产贝类明显的鲜美品质。毛蚶的营养与药用价值较高，有化痰、软坚、散瘀、消积等功效，可治痰积、胃痛、嘈杂、吐酸、癥瘕、瘰疬、牙疳等病症，现广泛应用于临床治疗胃及十二指肠溃疡。

人文历史

金州毛蚶，学名毛蚶，俗称毛蚬子、毛蛤、瓦楞子。毛蚶的食用、营养和药用价值很早就被人们所认识。元代画家倪云林在《云林堂饮食制度集》里，就有毛蚶食制的记录："以生蚶劈开，逐四、五枚，旋劈，排碗中，沥浆于水，以极热酒烹下，啖之。不用椒盐等。劈时，先以大布针刺，口易开。"清《医林纂要》记载："蚶，补心血，散淤血，除烦醒酒，破结消痰。"金州毛蚶的现代增养殖及开发可见于《金县志》："1959年，……生产鲅鱼、带鱼、毛蚬子等罐头，年产约30吨。"2007年，金州区政府投入30万元专项资金，对相关育苗企业进行扶持，成功解决困扰渔业生产多年的魁蚶、毛蚶底播增养殖苗种问题，投放毛蚶苗1亿粒，新增毛蚶养殖面积666.7公顷，进一步加大了底播增养殖结构调整力度。金州毛蚶以悠久的历史，丰厚的文化底蕴，先进的生产技术，优质的产品，广阔的市场，已成为当地水产业的重要产品之一。

生产特点

毛蚶生活于浅海水深20米以内的泥沙底质中，以水深2~10米处较多；亦常分布于潮间带下区。埋居较浅，一般随个体增长而加深，深度约在3~10厘米。栖息水域以有适量淡水流入的内湾较宜，盐度一般在21‰~28.8‰，水温变幅在0~32℃，为广温、广盐性种类。金州新区地区属具有海洋性气候特点的暖温带大陆性季风气候，冬无严寒，夏无酷暑，四季分明。黄海区水深5~10米，最深处为32米，底质为黏土质粉沙底，表层水温最高为25.7℃，年平均水温为12.3℃，盐度年平均为31.6‰，海水pH值8.0~8.5，海域水动力活跃，水体交换流畅，非常适宜金州毛蚶的生长。

普兰店蚆蛸

登记证书编号：AGI01075

地域范围

普兰店蚆蛸主要分布于辽宁省大连普兰店市的海域，普兰店市黄海海域海岸线55千米，主要包括皮口镇及周边3个乡镇附近。自然分布于滩涂区、离岛周边区、近海捕捞区，以及近海滩涂人工暂养区。地理坐标为东经122°15′52″~122°33′07″，北纬39°19′17″~39°26′29″。

品质特色

普兰店蚆蛸学名为长蛸，在我国南北各海区均有广泛分布，其中北方海区较多，在天然海区蚆蛸主要营底栖生活，为沿岸底栖种类。普兰店蚆蛸外形特点是腕足吸盘相对较大，有力；最长腕足为胴部5倍。相同环境下，普兰店蚆蛸体色较深，呈黑红色；在煮熟后，色泽呈黑紫色，较其他地区淡紫色差异明显，口感与其他产地产品差异显著。

普兰店蚆蛸个体大、肉质肥厚鲜美、营养丰富，可食用部分占总体的90%以上，体内富含蛋白质、粗纤维、氨基酸、多种维生素和微量元素等人体必需的营养成分，其中，每100克食用部分含蛋白质9.5~9.7克、磷110~130毫克、硒9.4~9.6微克，氨基酸总量达5.4%~5.6%，经常食用可增强免疫力。普兰店蚆蛸体内富含的天然牛磺酸，能抗疲劳、抗衰老，此外，还富含章鱼毒素，可用于治疗心脏类疾病。普兰店蚆蛸体内含色素细胞多，其中，虾青素是很强的抗氧化剂，可以稳定肌红蛋白结构。

普兰店蚆蛸　　其他地区蚆蛸

人文历史

每年春季，普兰店皮口一带都有很多沿海村镇的渔民采捕普兰店蚆蛸。在退潮时通过滩涂表层的细微孔洞来判断蚵蛸栖息地，并由人工采挖，这种古老的采捕经验可追溯至500多年前。沿海的居民从古至今都知道韭菜炒蚵蛸的滋补价值，普兰店蚵蛸闻名于亚洲美食圈。在2008年，由于近几年过量采捕，普兰店蚵蛸出现了资源量锐减的问题，普兰店政府

相关部门迅速效控制采捕时间，极大地提高了资源量，保证了其市场竞争力。普兰店蚵蛸自2011年至今进入快速发展阶段，当地引进先进的加工技术和加工方法，使产品质量大幅度提高。2011年，普兰店蚵蛸产量8 000吨，加工出口（包括鲜活、冰鲜、冻品）6 000吨，创汇2 000万美元，是普兰店黄海区域主要出口创汇产品之一。

生产特点

普兰店黄海区域近海海产品资源非常富饶，拥有海产品134种，多种海产品闻名全国，海水富含氨态氮、硝酸盐、亚硝酸盐和磷酸盐等营养盐，生态系统稳定，藻相丰富。普兰店地区年平均气温10℃，年降水量700毫米，全年日照时间长，属暖温带半湿润海洋性季风气候，冬无严寒，夏无酷暑，四季分明，无台风、长时间封冻等自然灾害，为普兰店蚵蛸这种春季产卵洄游的海洋生物提供最佳繁育场所。皮口海域受黄海暖流影响，冬季近海不结冰，滩涂小岛周围少量浮冰，春季温度提升，浮冰融化迅速，适合海洋生物正常繁殖。由于季节温度差异明显，海水生物群落稳定丰富，春季蚵蛸多在低潮线以上活动，夏秋两季多在潮间带中区，冬季则在潮下带深潜，具有短距离的生殖和越冬洄游习性。其多利用腕足在海底爬行，也能凭借漏斗喷水的反作用短暂游行于底层海水中。其生活场所多为泥底，少数为沙泥底或礁石底。蚵蛸可用其腕足挖洞栖居，尤其在其繁殖季节。天然海区蚵蛸多将卵产在自挖的洞中孵化，少数产在礁石缝隙及海螺壳中。蚵蛸主要以蟹类、虾类、贝类和底栖鱼类为食，其摄食凶猛，通常在夜间进行摄食活动。蚵蛸遇敌害或受到惊扰时会喷射墨状液体掩护其逃走。蚵蛸体色通常呈淡紫褐色，有变色习性，在受到惊扰时体色变深，惊扰排除后体色会逐渐恢复。

旅顺洋梨

登记证书编号：AGI01279

地域范围

旅顺口区位于辽东半岛最南端，属大连市辖区。旅顺洋梨生产地域范为旅顺口区境内，东至龙王塘街道黄泥川村，南至铁山街道陈家村，西至双岛湾街道大甸子村，北至长城街道赵家村，地理坐标为东经120°57′00″~121°28′30″，北纬38°40′00″~39°10′00″。

品质特色

旅顺洋梨葫芦形，果皮呈黄绿色，果点少而小，果肉乳白色，果核小，石细胞少，采后须经1周时间后熟，果皮变为金黄色，品质最佳，肉质细腻，柔软多汁，可溶性固物13%~14%，总酸1.6~3.0克/千克，酸甜适口，香味浓郁，是梨中佳品。梨中含有丰富的维生素C和B族维生素，其中维生素C含量为5~30毫克/千克，能保护心脏，减轻疲劳，增强心肌活力，降低血压；所含的苷及鞣酸等成分，能祛痰止咳，对咽喉有养护作用；其有较多糖类物质和多种维生素，易被人体吸收，增进食欲，对肝脏具有保护作用；梨中的果胶含量很高，有助于消化、通利大便。

人文历史

1905年，洋梨被引入旅顺地区栽培，至今已有100余年的栽培历史，其主要品种是三季梨（俗称伏洋梨）和巴梨（俗称秋洋梨）。伏洋梨采收期为7月下旬到8月中旬；秋洋梨采收期为8月中旬到 8 月下旬。当地农业主管部门为了成就旅顺洋梨的独特良好品牌，开展了多方面的工作。一是从源头抓起，严格检查土壤、水，消除周边污染源，从生产各个环节把关，保证洋梨生产品质；二是整合旅顺的区域资源，努力形成特色产业集群，为旅顺洋梨的品牌塑造奠定良好基础，提高旅顺洋梨经营的专业化市场化水平，使经营者和消费者对旅顺洋梨有良好的体验，全面

提升品牌价值；三是加强旅顺洋梨地理标志使用中的监督和管理，关注旅顺洋梨的质量监控和特色维护，保护其独特性和稀缺性，防止品牌价值流失；四是加强宣传，加大招商引资力度，提升品牌影响力。

生产特点

旅顺口区三面环海，一面接壤，由长白山系千山余脉构成沿海丘陵区，陆地属于辽东半岛低山丘陵的一部分。旅顺口区植被属于华北植物区与长白植物区系交错地带，森林覆盖率达 53%。旅顺口区土壤有机质平均含量 1.65%，其中农业土壤平均含量 1.43%；气候属南温带亚湿润季风气候区，特点是四季分明，夏无酷暑，冬无严寒，因三面环海，属海滨性气候，但大陆气候特点很强。

洋梨适应性较广，但以温暖气候为适宜。黄河以北栽培，在大年树体贮藏营养少时，冬季易发生枝干冻害。辽东半岛和胶东半岛栽培洋梨生长结果表现较好。洋梨对肥水条件要求较高，对土质适应性较强，但以冲积沙壤土最好。旅顺口区地处辽东半岛南端，其独特的土壤气候条件适合旅顺洋梨生长，成就了"旅顺洋梨"独特优良的品性。

海洋岛海参

登记证书编号：AGI01382

地域范围

海洋岛地处辽东半岛东侧，黄海北部海域长山群岛最东南端，距离大连市135.1千米，陆域面积18.98平方千米，海岸线长52.5千米，海域总面积300余万亩。海洋岛海参地理标示保护范围是海洋岛所辖东部、西部、南部、北部近岸10~40米以内海域，地理坐标为东经123°06′01″~123°13′39″，北纬39°00′33″~39°06′41″。

品质特色

海洋岛海参一般体长20厘米，直径4厘米，体呈圆筒形，背面隆起有4~6行大小不等、排列不规则的圆锥形肉刺（称为疣足）。腹面平坦，管足密集，排列成不规则的3行纵带。口位于前端，偏于腹面，具触手20个。肛门偏于背面。呼吸树发达，但无居维氏器。皮肤黏滑，肌肉发达，弹性强，身体可延伸或卷曲。体形完整，无残缺，肉质肥满，组织紧密，富有弹性，刺挺直，体色为黑色和褐灰色，水发后，保持海参原有的形状。海洋岛海参体肥、肉厚、刺粗、弹性强、肉质紧密，品质突出，营养丰富，蛋白质和锌含量高。海洋岛海参含胆固醇极低，是典型的高蛋白、低脂肪、低胆固醇的食补佳品，干海参蛋白质含量超过60%。海参中的牛磺酸、尼克酸等具有调节神经系统、快速消除疲劳、预防皮肤老化的功效；含有的硫酸软骨素和刺参黏多糖，对人体的生长发育、抗炎成骨、预防组织老化、促进伤口愈合、抑制数种癌细胞都有特殊功效。

人文历史

早在几百年前，我国人民就把刺参作为一种珍贵的海味，列为"八珍"之一。清末赵学敏编纂的《本草纲目拾遗》中记载："辽东产之海参，体色黑褐，肉嫩多刺，称之辽参或海参，品质极佳，且药性甘温无毒，具有补肾阴，生脉血，治下痢及溃疡等功效，因其药性温补，足敌人参，故名海参。"中国科学院编纂的《中国动物志》中能够查到 1932 年以及 1950—1956 年，张凤瀛、廖玉麟等研究员在海洋岛采集的海参标本记载。从标本采集的时间看，已有 80 余年以上的历史。

生产特点

海洋岛区位、环境、资源优势十分明显，自然环境条件优越，四面环海，远离大陆，海流畅通，循环良好，水质洁净，清澈透明，岩礁众多，海藻繁茂，饵料丰富，全海域以 20~40 米等深线覆盖面积为大，最深可达 60 余米，具有良好的生物栖息场所条件。海洋岛是我国著名的四大渔场之一，拥有丰富的海洋生物资源，经济生物种类繁多，特别是海洋岛海参，在水域深、流水急、风浪大、水温低、盐度高、水质清、交换好、海底礁石犬牙交错等特殊自然环境条件下生长，练就了体肥肉厚、个大、刺粗、弹性强的特点。

海洋岛海参均生长在水深 10~40 米的海底，生长周期一般均在 5~7 年，比其他海域生长周期长 2~3 年多，比池塘养殖生长期长 3~4 年。由于海洋岛海域水深和水温低的原因，海参成熟期和产卵时间比其他区域晚 1~2 个月。地理环境条件决定了海洋岛海参产品的质量，并传承"世界海参哪里好，中国大连海洋岛"的美誉。海洋岛海参年产量均在 230 余吨，活鲜品价格每千克高达 400 余元，高于国内其他产区。当地政府通过加强管理和保护及资源生态修复，其资源量和产品产量逐年提升。

普兰店黄蚬

登记证书编号：AGI01383

地域范围

普兰店黄蚬学名为中国蛤蜊，普兰店当地俗称黄蚬子。普兰店黄蚬分布于普兰店市城子坦街道沿海 0~10 米等深线之间的近岸水域，地理坐标为东经 122°30′26″~122°34′15″，北纬 39°24′51″~39°27′51″。

品质特色

普兰店黄蚬具个体大、壳色壳形独特、出肉率高等显著特点。壳色顶部黄褐色，贝壳厚度轻薄，足形状刀状，潜栖深度最大 50 厘米，壳顶形状钝。普兰店黄蚬不仅个体大、形色独特，更具有营养丰富，成分独特的超众品质，而且鲜出肉率高于其他地区，体液更加清澈味美。

人文历史

普兰店黄蚬在美食历史上可追溯到清代，沿海一些渔民将鲜活的黄蚬掰开，享受肥厚的肉身和鲜美的汁液。现代烹饪中，黄蚬适宜于凉拌、煮、辣炒、炭火烤等多种方法。普兰店黄蚬最绝的并非是肉，而是体内的汁水，老辈人认为这是食之精液。鲜美的汁液，令人回味无穷。清代郭麟曾在《桂枝香·黄蚬》中以"俊味江乡堪数"来称道它的美味，而普兰店人对黄蚬的钟爱只能以"胜却人间无数"来表达品尝美味那一时刻的心情。

生产特点

城子坦是普兰店市重点渔业乡镇之一。海水平均温度10.5℃，海域潮差2米。盐度垂直分布一致，pH值7.9~8.3，海水富含氨态氮、硝酸盐、亚硝酸盐和磷酸盐等营养盐，生态系统稳定，藻相丰富。普兰店市属暖温带半湿润海洋性季风气候，冬无严寒，夏无酷暑，四季分明，无台风、长时间封冻等自然灾害，海水环境适宜近海生物的繁殖。由于季节交替温度差异明显，海水生物群落丰富，为普兰店黄蚬这种潜居滤食生活的海洋生物提供最佳生长繁育场所。

普兰店黄蚬养殖场为开放型内湾，水质无污染、潮流畅通、滩涂平坦、滩面稳定、底质含沙量70%~80%，有适量淡水注入，盐度平均在28‰~30‰，雨季时期不低于23‰。养殖区以潮间带的低潮区和潮下带为佳。普兰店黄蚬苗为自然繁衍，野生种苗在自然采苗后人工分苗，5月上旬在新养殖区播苗，养殖生产中加强日常管理与监测。普兰店黄蚬滩涂养殖周期1.5年，正常情况平均亩产量1.5~2.0吨。采捕后，要确保鲜活，尽快运送到加工场地放入海水中暂养。

旅顺海虾米

登记证书编号：AGI01384

地域范围

旅顺口区位于辽东半岛最南端，海域总面积2 590平方千米。旅顺海虾米产区为旅顺口区郭家沟村与大连高新园区鲍鱼肚村交界处，北至旅顺口区小黑石村与甘井子区分界线钓鱼台咀，地理坐标为东经121°16′29″~121°20′52″，北纬38°49′28″~38°58′12″。

品质特色

旅顺海虾米的外在感官特征为色泽金黄，形态呈钩状，肉质坚实，极富弹性，味道鲜甜。旅顺海虾米味道鲜美，营养丰富，是人们非常喜爱的海味珍品，其鲜味可与味精相比。旅顺海虾米蛋白质含量50%~60%、脂肪含量1.9%~2.5%、钙含量4 000~5 000毫克/千克、锌含量34~37毫克/千克、硒含量1.5毫克/千克左右，并富含人体所需的氨基酸，尤其是谷氨酸含量3.62%，甘氨酸含量7.04%，天门冬氨酸含量4.89%，较其他地区海虾米其指标均高出5%~10%。

人文历史

旅顺有悠久的渔业生产历史，奉天通志记载："辽海渔业自魏晋时已兴盛……盖辽海四达，天然海产荟萃之地。"旅顺海虾米加工生产历史悠久，早在唐宋时期在《鸭江行部志》中就对辽东半岛的物产、地形、有着细致的记载，至今已有千余载。旅顺海虾米是旅顺地区极富地方特色的海味品之一，其味道鲜美，营养丰富，市场认知度很高，享有"金钩海米"的美称。据传，"金钩海米"被称作海米之王，因色泽金黄、形状像一把钩子而得名，这个名字是乾隆皇帝赐予的——"金钩海米"早在清朝时就被列为贡品。

　　鲜度决定了海虾米的纯正口感。由于旅顺地处黄渤海交界处，水深流大，是各类鱼虾的必经通道，其独特的地理环境和得天独厚的水域水质条件，旅顺海虾米所用的原料脊尾褐虾、脊尾白虾等小型虾资源十分丰富，鲜度好、数量大，在食用、销售不及的情况下，20世纪初，当地的人们便逐步开展旅顺海虾米的小作坊式加工生产，同时将干制的旅顺海虾米推向市场，受到消费者的欢迎。《旅顺口区志》就有脊尾白虾（干制品为上等海米）的记载。从此，旅顺海虾米作为特色海味品迅速推开，其质量、风味、营养成分都是国内市场上的佼佼者，其市场价格较其他地区海虾米要高出10%~15%。

生产特点

　　旅顺口区地处暖温带湿润半湿润季节气候区，气候温和，四季分明，属具有海洋性气候特点的暖温带大陆性季风气候。海水富含氨态氮、硝酸氮、亚硝酸氮和磷酸盐等营养盐。境内海域属大陆架内的浅海，无大洋流影响，濒临黄海和渤海两大水系交汇处，海域有一比较稳定的黄海水团，使沿岸水域形成"U"形渔业水域，底栖生物群落结构多样、浮游生物丰富，具良好的生物多样性。渤海海峡又是大洋性鱼虾洄游的必经通道，受辽东湾浅水影响，水温回升快，成为各种洄游性鱼虾类栖息、产卵场所和洄游通道，近海渔业资源丰富，发展渔业的自然条件得天独厚，已发现的海洋生物有403种，其中海洋动物361种，尤其适合旅顺海虾米加工生产所用的原料脊尾褐虾、脊尾白虾等小型虾类的生长、繁育，且资源量较大。捕捞季节在春秋两季，以秋季产量最大，虾原料品质最好，年捕捞卸港量在8万吨左右，主要以张网类渔具和小型底拖网渔具进行捕捞。由于虾原料属近海资源，捕捞、储运时间短，虾的新鲜度和完整度能够得到保证。

金州海蛎子

登记证书编号：AGI01385

地域范围

大连市金州新区地处辽东半岛南部，东濒黄海，西临渤海，南接大连主城区，北联普湾新区，全区海岸线 320 千米，拥有海域面积 1 759 平方千米。金州海蛎子主要分布于金州新区杏树、登沙河、大李家、金石滩街道所辖海域，北至杏树街道北部大沙河河口，南至金石滩街道沙鱼嘴，地理坐标为东经 121°57′47″~122°20′40″，北纬 38°56′40″~39°19′03″。

品质特色

金州海蛎子，学名太平洋牡蛎，贝壳长形，壳长为壳高的 3 倍左右。因养殖海区地理环境优越，陆源和外海营养补给充足，饵料生物繁茂，优越的环境使得金州海蛎子生长迅速，浮筏养殖经过 12~14 个月的生长周期即可达到 10.5 厘米以上，最大可达 16.5 厘米，与其他地区的产品相比，外壳鳞片显著粗大。牡蛎素有"海底牛奶"之称，营养丰富，肉鲜味美，蛋白质含量高，富含多种维生素、牛磺酸、钙、磷、铁、锌等，具有较高的食用、药用价值。金州海蛎子锌含量高于牡蛎锌含量的平均水平，4 种呈味氨基酸含量比重均高于其他氨基酸，造就了金州海蛎子味道鲜甜的显著风味特点。

人文历史

金州地区渔业历史悠久，金州海蛎子的烹食方法经历了金州若干代人的承传，烹食方法达 30 多种，其中以生、煮、炸、

烤为多，其鲜美的味道深受消费者喜爱。在金州地区，"炸蛎黄"为宴席名肴。自1982年引进太平洋牡蛎，取代大连湾牡蛎，成为牡蛎主要生产品种之后，金州海蛎子也从此声名鹊起，成为"炸蛎黄"的"新主人"。

生产特点

金州新区地理、气候和近海水域自然条件十分优越，海洋生物资源丰富。金州新区属具有海洋性气候特点的暖温带大陆性季风气候，冬无严寒，夏无酷暑，金州海蛎子生产区域的黄海区水深5~10米，表层年平均水温为12.5℃，盐度适中，底质以软泥、泥沙和细沙为主；海域水动力活跃，水体交换流畅，海水富含多种营养盐，褐藻、绿藻资料丰富，是鱼虾类索饵、产卵场所及洄游的通道，又是贝藻类生息繁衍的理想环境。

养殖场地应选择选择无污染源，潮流通畅，水质肥沃的海域，养殖环境及用水须定期检测。苗种壳长大于1.0厘米，大小均匀，色泽鲜艳，在水中开闭壳活跃。单体牡蛎一般采用筏式扇贝网笼养殖，待壳长达到商品规格的牡蛎，分装于网笼中吊养在海湾上段或接近河口的育肥场筏架上育肥，育肥后肥满度大于18%。壳长达到10厘米以上可进行收获，对收获的牡蛎，须检查牡蛎体内的贝毒和SRSV，对不符合标准要求的产品，禁止上市销售。

瓦房店黄元帅苹果

登记证书编号：AGI01510

地域范围

瓦房店市位于辽东半岛中西部。瓦房店黄元帅苹果产地包括瓦房店市所辖太阳街道、九龙街道、松树镇、得利寺镇、万家岭镇、许屯镇、永宁镇、谢屯镇、老虎屯镇、李官镇、土城乡、西阳乡、泡崖乡、驼山乡、赵屯乡等25个乡镇（街道）286个行政村。地理坐标为东经121°13′~122°16′，北纬39°20′~40°07′。

品质特色

瓦房店特殊的地理环境和特殊的气候条件，还有百年苹果栽培历史积累丰富的苹果栽培经验，培育了瓦房店黄元帅苹果典型果形端正、果面光滑、果色橙黄、肉质细腻、甜酸适度、清脆可口、耐贮运等优良的品质特征。

黄元帅苹果为大型果，平均单果重180克，最大单果重可达280克以上。果实

多为圆锥形，少数果梗基部有肉质突起；果皮细腻而光滑，成熟果面呈黄色，阳面带有红晕，皮薄肉脆。果实中可溶性固形物含量为 11.9%~13.4%，酸含量为 4.1~4.5 克 / 千克，维生素 C 含量为 20~210 毫克 / 千克，硒含量为 1.60~1.65 微克 / 千克。黄元帅苹果耐贮运，可贮到翌年四五月份，贮后肉质不发绵，风味变化小，失重少，病害轻。

人文历史

　　瓦房店市独特的自然地理生态环境，是形成黄元帅苹果独特品质的重要条件。瓦房店市具有百年苹果栽培历史，积累了丰富的苹果栽培经验。瓦房店许屯镇水果储藏协会为提升特色产业规模，提高产品质量，聘请了果树专家对会员进行标准化培训，以市场为导向，积极引导协会成员利用本地优越的地理环境因素，大面积种植效益高、市场前景好的黄元帅苹果，并带来可观的经济效益，提高了广大农民生产黄元帅苹果的积极性。

生产特点

　　千山余脉由瓦房店市东北向南延伸，土壤肥沃疏松，富含丰富的矿物质，腐殖质厚度在 30 厘米左右；三山夹一沟的特殊地貌大大降低了风的强度，使黄元帅树体和果实常年沐浴在风和日丽、阳光普照之中，大大提高黄元帅苹果的甜度和光泽度。瓦房店市依山傍海，空气清新，冬无严寒夏无酷暑，雨热同季，四季分明，日照时数长，昼夜温差大，气候条件非常适合黄元帅苹果生长。瓦房店地区的地下水资源丰沛，无污染，水中富含钾、钙、铁、镁等多种微量元素，适宜灌溉果树。

　　瓦房店黄元帅苹果为深根扩根系的落叶乔木，栽培在排水好、土层深厚、土壤疏松肥沃的微酸性沙质壤土最好。幼树采取刻、剥、拉、扭等配套的早产早丰整形修剪措施。结果树采取缩裙提干、落头开心、增加层间、更新复壮四大修建技术。黄元帅苹果采取壁蜂、蜜蜂授粉和人工辅助授粉，并只留中心单果，以防负载量过高，影响树势和果实品质。生产中使用的肥料以有机肥为主，重点施用厩肥和多菌种生物有机肥，灌溉采用无污染的井水和河流水。

庄河大米

登记证书编号：AGI01511

地域范围

庄河市位于辽东半岛南端，属大连市辖区，自然概况是"五山一水三分田，一分道路和庄园"。庄河大米产地范围为庄河市所辖栗子房镇、明阳镇、城关街道、塔岭镇等庄河沿海和中部地区的14个乡镇122个行政村。地理坐标为东经122°29′10″~123°31′24″，北纬39°27′52″~40°12′10″。

品质特色

独特的地理地貌特征、优越的气候条件、产地环境条件、悠久的生产历史和独特的栽培方式，形成了庄河大米的优良典型品质。每100克庄河大米含直链淀粉17.5~19克、蛋白质6.40~8.1克、镁220~230毫克。庄河大米米粒扁长，长宽比例匀称，颜色米质清亮、晶莹剔透，米粒整齐，整精米率高，垩白粒少，垩白度低，气味清香宜人。蒸煮后，米饭晶莹剔透，松软，口感极佳。

人文历史

庄河市从1806年开始种植水稻，200余年来不断改革栽培方式。1955年前，庄河水稻实行有水则水播，无水则旱播的栽培方法；1958年开始大面积推广育苗插秧；1964年推广大垄单行栽培。已故水稻专家盛文普变拔苗插秧

为铲秧移栽并在庄河推广应用。20世纪90年代，新一代水稻专家创新推出了"稀、少、平"这一新的栽培方式。目前，庄河市的水稻生产面积30万亩，其中地理标志产品生产20万亩，全市水稻生产龙头企业13家，加工企业15家，庄河大米为促进庄河市农业和农村经济的稳步健康发展提供了强有力的保障。

生产特点

庄河地区为长白山余脉的延伸部分，温差较大，阳光充足，温差较大，满足了水稻生长的营养积累和转化。由于海水盐蚀的作用，形成了淹育型水稻土和盐渍型水稻土，这些土壤不但肥沃，有机质含量高，污染较轻，而且各种矿物质元素含量丰富。庄河市所有的灌溉水均为从山涧中自上而下形成的独立的山泉水水系，水质清澈卫生，富含多种对水稻生长有利的微量元素。庄河市的空气质量属于国家一级清洁水平，对确保大米优良品质的形成起到了重要作用。由于庄河市独特的条件，庄河水稻的栽培品种主要以晚熟为主。

经过几十年的水稻栽培实践，庄河市"稀、少、平"这一水稻栽培技术改革，为进一步提高庄河大米的科技含量和独特品质的形成提供坚实的技术支撑。"稀"是指播种育苗时，播种量要少，保证稀播育壮秧；"少"是指插秧棵数要少，株行距在以前的基础上再扩大，同时单穴的棵数要少；"平"是平衡施肥，以平衡促进水稻在整个生长期的发育过程。这些生产技术的完善，对确保庄河大米优良品质的形成起到了重要的作用。

虎平岛海参

登记证书编号：AGI01601

地域范围

旅顺虎平岛地处辽东半岛最南端，岛上蒿草茂密，土层浅薄，有少量已荒芜的耕地，与猪岛、烧饼岛相邻，均属无人居住岛屿。虎平岛海参地理标志使用区域北起旅顺口区虎平岛，烧饼岛外侧海域，所辖海域具体范围是烧饼岛、猪岛和虎平岛所辖的东部、西部、南部、北部近岸10~40米以内海域，产区面积15.1万亩。地理坐标为东经121°05′56.40″~121°15′14.77″，北纬39°03′08.26″~39°07′56.59″。

品质特色

虎平岛海参一般体长20厘米，直径4~5厘米，体呈圆筒形，背面隆起有4~6行大小不等、排列不规则的圆锥形肉刺（称为疣足）。腹面平坦，管足密集，排列成不规则的3行纵带。口位于前端，偏于腹面，具触手20个。虎平岛海参生长的海域水深流大、水温低、盐度高、岩礁众多、海藻繁茂、饵料丰富、生长周期长，造就了虎平岛海参体肥、肉厚、刺粗、吸盘大、弹性强、肉质组织紧密的外在品质特征和具有滋味鲜美筋道出成高的特点。

虎平岛海参品质突出，营养丰富，蛋白质和氨基酸含量高。盐渍海参

水发后，蛋白质含量8%~10%，水分含量65%~70%，每100克含硒20~30微克。即食海参，蛋白质含量10%~15%，水分含量80%~85%，每100克含硒20~33微克。

野生海参
人工养殖海参

人文历史

海参被列为"海产八珍"之一，其中辽东半岛周围海域出产的海参为最佳。辽参之所以名声远扬，与产地较低的水温直接有关。虎平岛海参品质优良，2010年旅顺海参和旅顺鲍鱼名列首届中国"农产品区域公用品牌价值百强榜"，2011年虎平岛海参获得大连市著名商标，"大脚海参"的美誉。随着人们生活水平的提高，旅顺人们不但延续"交九"吃海参的传统习俗，在日常生活中朋友聚会、婚庆晚宴等重要活动中，虎平岛海参也是餐桌上不可缺少的美味佳肴。

生产特点

虎平岛海参产地位于旅顺北部海域，自然环境条件优越，资源优势十分明显，四面环海，远离大陆，海流畅通，循环良好，水质清澈，岩礁众多，海藻繁茂，浮游生物丰富，全海域以10~30米等深线覆盖面积为大，最深可达40余米，具有良好的生物栖息场所及条件。虎平岛周边经济生物种类繁多，特别是虎平岛海参，在水域深、流水急、风浪大、水温低、盐度高、水质清、交换好、海底礁石犬牙交错等特殊自然环境条件下生长，造就了虎平岛海参肉壁厚实、吸盘大、个大、刺粗、弹性强、滋味鲜美劲道、出成高的外在特征。

虎平岛海参均生长在水深10~40米的海底，生长周期一般均在4~7年，比其他海域生长周期长2~3年，比池塘养殖生长期长3~4年。海参性成熟期和产卵时间比其他区域晚1~2个月。虎平岛海参的生产方式是通过自然礁石及人工造礁的方法，扩大了海参的生长空间，使海参自然繁衍，营造了一个适合野生海参生长的生态环境。虎平岛海参通过底播和投苗养殖，产业发展前景看好。虎平岛海参海域辽阔，当地不断推进人工鱼礁区建设规模，加大海洋牧场建设力度，改善海参生存生长空间，提高海参产量和产值。

吉林省

洮南绿豆

登记证书编号：AGI00007

地域范围

洮南市位于吉林省西北部，白城市南部。洮南绿豆种植范围包括吉林省洮南市行政区内各乡镇，地理坐标为东经121°38′20″~123°20′10″，北纬45°02′20″~46°01′20″，平均海拔250~350米。

品质特色

洮南绿豆粒大、饱满，平均百粒重6.6~6.8克，短圆柱形，呈鲜绿色，有光泽。洮南绿豆品质好，营养价值高，蛋白质含量为22%~25%，碳水化合物含量为

58%~60%，脂肪含量1%以下，纤维素含量5%。洮南绿豆可以制作绿豆汤、面条、绿豆沙、绿豆糕、绿豆丸子、绿豆点心等各种风味小吃，还可用来生产营养丰富、美味可口的绿豆芽。

人文历史

　　洮南市素有百年府城的美名，当地农民长期靠种植绿豆为生，熟悉绿豆生长特性，对绿豆的种植技术谙熟于心。1999年，洮南绿豆被吉林省人民政府命名为"吉林名牌农产品"，并荣获"中国北京国际农业食品博览会"金奖。2001年，洮南绿豆荣获"中国长春国际农业食品博览交易会"金奖。2003年，中国特产乡推荐暨宣传组委员会3次实地考察后认为，洮南市独特的地理位置和气候条件，形成了优势地域资源，为洮南绿豆种植提供了特有的条件，授予洮南市"中国绿豆之乡"称号。绿豆已成为洮南市的主要特产经济作物，种植面积超过50万亩，约占全市耕地面积的1/3。洮南绿豆产品远销日本、韩国、印度、巴基斯坦、美国、荷兰等国家和地区。目前，洮南市已成为东北地区最大的绿豆交易中心。

生产特点

　　洮南市土壤大部分为风沙土、黑钙土、淡黑钙土、栗钙土，少部分为盐碱土和草甸土，土壤pH值为7~8.2，肥力中等。地势呈现西部和北部偏高，东部和南部偏低的特征。洮南市共有大小河流8条，其中，洮儿河与蛟流河贯穿全境。地下水的形成和分布受自然地理、气候水文和地质环境的制约，呈现3个水文地质单元，中部冲积扇区是水质好、水量丰富的富水区，南部是水质好、水量中等区。洮南市独特的地理位置和气候条件，形成了优势地域资源，为洮南绿豆种植提供了特有的条件。洮南绿豆均选用优质、高产、抗病、抗逆性强、商品性好的优良品种，包括大鹦哥绿522、公绿1、吉绿9346、白绿8号等。

新开河贡米

登记证书编号：AGI00008

地域范围

新开河贡米种植区域位于长白山脉的新开河流域，平均海拔600米左右，种植区域位于吉林省集安市境内新开河流域的财源镇、花甸镇的水田地，地理坐标为东经125°36′~126°52′，北纬41°16′~41°27′。

品质特色

新开河贡米具有稻米粒大、色泽鲜亮、有光泽、整齐均匀、硬度大、洁白，米饭油亮、清香等特点。新开河贡米采用国内一流的先进设备和工艺，经过谷物清理、除杂、去石、分层碾磨、色选等10余道工艺程序精制而成。其特点是营养丰富，保留了大米中绝大部分营养，避免了米中蛋白质、维生素B_1、维生素B_2、维生素B_6以

及微量元素（如钙、铁、硒等物质）的大量流失，具有米粒均匀、晶莹剔透、色泽光润、饭香浓郁、弹性强、口感好等特点。

人文历史

集安市种植水稻已有 120 余年的历史。据民国期间《辑安县志》记载："光绪二十年（1894 年）霸王朝村张卫垣，初招韩人试种水稻。内地农民渐知学种，至民国二年（1913 年），该村开水道长 3 里[①]，引新开河水，种植水稻 100 余亩。获利倍蓰。嗣后，农民争效植。"1923 年，集安水稻种植面积已发展到 20 972 亩，全县 8 个区均有分布。

集安县稻米粒大、洁白，米饭油亮、清香。20 世纪 60 年代，集安县试验推广了水稻冻床育苗和少量的水稻薄膜育苗技术，改变了水床育苗的老办法。70 年代初期，大搞水稻薄膜湿润育苗，铲秧移栽。70 年代后期，开展水稻追肥，水稻薄膜旱育苗。1980—1983 年，集安县在总结了过去行之有效的经验，作物栽培技术有了较大发展，栽培水平有明显提高。1982 年，全县大面积推行水稻薄膜旱育苗，水稻旱育苗面积达 1 723.5 亩，占育苗面积的 63.7%。

生产特点

新开河贡米种植区域位于长白山脉的新开河流域。新开河贡米种植区域土壤为质地疏松肥沃、通透性好、保水保肥力强的壤土、冲积土等。土壤平均有机质含量为 3.97%，全氮 0.156%，全磷 0.105%，全钾 2.287%，土壤 pH 值 5.5~6.7。该区域日照长，云量较少，日均日照时数一般在 14 小时以上，日照百分率在 50% 以上，日照的总辐射量大，光合产物多。集安市昼夜温差大，白天高温，有利于养分制造，夜间低温，有利于养分积累。此外，集安市洪涝等自然灾害较少，冬季寒冷，威胁水稻生产的病虫害也比较轻。

新开河贡米品种选择以"熟期适宜，抗逆性强"为原则，选择适应当地积温和生育期条件、米质好、抗逆性强、分蘖力高、纯度达到 98% 以上的优质水稻品种。生产过程施肥以有机肥为主，并且禁止施用硝态氮肥。

[①] 1 里 =0.5 千米，全书同

集安边条参

登记证书编号：AGI00009

地域范围

集安边条参产地位于吉林省长白山脉的吉林省集安市境内新开河流域台上镇、花甸镇、财源镇、清河镇、头道镇，地理标志保护范围为东经125°36′~126°09′，北纬41°07′~41°36′，海拔高度400~700米。

品质特色

集安边条参具有芦长、体长、皮老、纹深、形美、枝头大等明显特点。集安边条参以"二马芽"为主栽品种，身长要达到18~24厘米，无病疤，浆足，须芦全，支头均匀。一级边条参呈长圆柱形，芦长、体长、腿长，芦碗根到分支处为9厘米以上，有2~3个粗细均匀的分支，芦须齐全，浆足丰满。二级边条参芦碗根到分支处为8.5厘米以上，三级边条参芦碗根到分支处为8厘米以上，四级至五级边条参芦碗根到分支处为7.5厘米以上，六级边条参芦碗根到分支处为6厘米以上。

人文历史

经考证，集安园参栽培历史，起源于明朝嘉靖年间，即公元1522年。清朝顺治末年到康熙初年，集安园参栽培已达相当数量。特别是别具特色的边条参，从清康熙元年（1662年）前后开始有栽培，迄今已有350多年的历史。据县志记载，那时人们采集山参籽播于山坡林阴精心培育，再实施二次倒栽的方法，一再繁衍，相互传引，推广开来，继而在新开河流域上游出现新的参园，此即集安边条参独特栽培方法的起源。到道光二十年（1840年），新开河下游、苇沙河流域相继涌现一批较大规模的参园，是清朝中期贡参主产区之一。

1979年5月，由卫生部和国家医药管理总局组织的全国人参生产座谈会，在吉林省集安县召开，会议上根据史实确认集安边条参原生长于辑安县（今集安市），否定了石柱沟参引进的说法，验证了集安边条参的独特品系。

生产特点

山体层是道地性集安边条参重要的基础要素之一。集安边条参生产基地应选择25°以下山地，土壤为花岗岩、云母片岩、硅岩、玄武岩风化的森林灰棕壤、森林暗棕壤，且含沙量在20%左右，特别是花岗岩和片麻岩风化的土壤较好，含有石英、云母及硅的成分多，质地疏松，透水、透气和保存养分性能好，并且富含腐殖土，层接岩层，土壤pH值为5.5~6.5。周边植被以柞、椴、械、栎等阔叶或针阔混交林为主。

集安园参分为边条参和普通参两种，以边条参为主，品种以"二马芽"为主。集安边条参是集安人在普通参栽培方式的基础上，通过长期生产实践总结出的独特栽培方式培育出来的品质优良、形神兼备的参中珍品。边条参在生产过程中，须经两次移栽，即"两倒制"，这是集安利用特定品种，在特定的土壤、气候条件下采取的独特栽培技术。每次移栽都要严格筛选种苗，并将选用的种苗进行两次下须整形，然后按等分节进行移栽，生长6~8年下山的人参，具备须长、形美、圆膀、圆芦、酷似人形的特点。

集安五味子

登记证书编号：AGI00038

地域范围

集安市位于吉林省集安市境内岭南地区，集安五味子农产品地理标志地域保护范围包括集安市境内岭南地区，鸭绿江沿岸青石镇、太王镇、麻线乡、榆林镇，地理位置为东经125°51′~126°33′，北纬40°53′~41°32′。

品质特色

集安五味子具有粒大、果实肉厚、有油性、光泽好、无杂色高等明显特点。集安五味子与同类产品相比，富含挥发油、脂肪、柠檬酸、抗坏血酸和苹果酸，并含有维生素B_1、维生素B_2、维生素B_3、维生素C、胡萝卜素、果糖、17种氨基酸，以及微量元素钙、磷、铁等对人体有益成分，为五味子中的上品。

人文历史

五味子作为名贵常用中药材具有悠久的历史，是应用面较广、用量较大的中药材品种，而且亦可酿酒、制果汁，被列为第三代果树，是一种应用价值高、开发前

景广阔的野生经济植物。由于供需矛盾，人为掠夺式的采摘，野生五味子资源日趋减少，加之野生资源又有大小年现象，每年的产量极不稳定。近年来，五味子除国内有大量需求外，向东南亚各国的出口量也在不断增加，原料的紧缺状况已使一些大中型企业无法组织生产。解决当前五味子原料需求的紧张状况，除了进一步加大野生资源的保护力度外，进行人工大面积栽培是非常重要的途径。由于木脂素作为新的药物日益受到重视，可利用五味子的根、茎、叶、种子进行提取，由此还出现了不以生产果实为主的栽培方式。

生产特点

集安市属于山区市，系长白山西南麓，总的地势是北高南低。集安山五味子主要种植区域以灰棕壤、冲积土为主，土层深厚，土质相对较肥沃。土壤平均有机质含量为3.97%，全氮0.156%，全磷0.105%，全钾2.287%，土壤pH值5.5~6.7。集安五味子种植区域属于半大陆海洋性季风气候，是吉林省年积温最高、降水量最多、无霜期最长、风速最缓区域，素有"吉林省小江南"之美誉。特别是种植区域距丹东入海口不足300千米，每年春、夏、秋三季，温暖的海风溯江而上，形成不可多得的气候条件，非常适宜五味子生产。

集安五味子要选择熟期适宜、优质高产、抗病性强的长白山一号等优良品种。移栽定植后的五味子主蔓生长迅速，需搭架供其攀缘，生产中，杂草须人工拔除，禁止锄草，以防损伤根系。肥料允许使用农家肥料、商品有机肥、微生物肥料等。灌溉用水宜使用井水、雨水和无污染的河水。8月末至9月中旬，果实全部着色并且变软为适时采收期。

洮南辣椒

登记证书编号：AGI00039

地域范围

洮南市位于吉林省西北部，白城市南部。洮南辣椒生产地域范围包括洮南市行政区内各乡镇，地理位置为东经121°38′20″~123°20′10″，北纬45°02′20″~46°01′20″，平均海拔250~350米。

品质特色

洮南辣椒果形为长羊角形和长锥形，个头均匀、皮质厚，平均单果干重为3.0~3.5克，鲜红褐色，有光泽。洮南辣椒具有辣味浓、味道香、色素和维生素含量高等特点，维生素C含量为蔬菜首位，是番茄的7~15倍。此外，还含有胡萝卜素、

烟酸、辣椒碱、辣椒红色素等。

人文历史

洮南地区已有近百年种植、生产加工辣椒的历史。1971年12月，洮南辣椒由周恩来总理签批免检直接出口到坦桑尼亚、斯里兰卡、巴基斯坦等国家和地区。洮南市委、市政府高度重视辣椒产业，积极参与市场竞争，辣椒产业得到了空前的发展。1999—2002年，洮南辣椒连续4年被吉林省人民政府评为"吉林名牌农产品"；2000年被评为"北京国际农业食品博览会金奖"；1999—2002年连续被评为"中国长春农业食品博览会金奖"；2003年10月，洮南市被"中国特产乡推荐委员会"命名为"中国辣椒之乡"；2007年在长沙国际辣博会上，洮南市荣获"全国辣椒第一市"荣誉称号。

生产特点

洮南市土壤大部分为风沙土、黑钙土、淡黑钙土、栗钙土，少部分为盐碱土和草甸土，土壤pH值为7.0~8.2，肥力中等。地势呈现西部和北部偏高，东部和南部偏低的特征。洮南市共有大小河流8条，其中，洮儿河与蛟流河贯穿全境。地下水的形成和分布受自然地理、气候水文和地质环境的制约，呈现3个水文地质单元，中部冲积扇区是水质好、水量丰富的富水区，南部是水质好、水量中等区。洮南市地处中温带大陆性季风气候区，其特点是昼夜温差大，季节性强，春季干旱多风少雨，冬季漫长寒冷少雪。年平均气温4.8℃，年平均日照为3 005小时，全年无霜期平均136天，年平均降水量377.9毫米，雨量主要集中在7—8月。洮南辣椒均选用优质、高产、抗病、抗逆性强、商品性好品种，其中，保护地品种选用金塔、红霞9号等，直播品种选用龟顶红1号。

集安山葡萄

登记证书编号：AGI00069

地域范围

集安市位于吉林省东南部，集安山葡萄具体地域范围是东至青石镇青石村二队，南到榆林镇地沟村，西到榆林镇闫家街，北到青石镇青石村坝下，地理位置为东经125°51′~126°33′，北纬40°53′~41°32′。

品质特色

集安市特殊的长白山高山气候特点和集安岭南鸭绿江流域海洋性季风气候生态环境赋予了集安山葡萄独特内涵。集安山葡萄具有果粒均匀、颗粒饱满、出汁率高、色素含量高、含糖量高，以及干浸出物、酸度、有机成分的含量高等特点。用集安山葡萄酿造的山葡萄酒具有酒色浓艳、果香浓郁、酒香余长、酒体丰满、醇厚纯正等特点。

人文历史

集安市位于吉林省东南部，其纬度与法国著名的葡萄黄金产业带波尔多相近，土壤、降水、日照等气候条件对山葡萄生产极为有利，并且当地拥有丰富的抗病性

野生葡萄资源。山葡萄对地理环境、气候条件及栽培技术有极其严格的要求，仅在我国的长白山、大兴安岭及俄罗斯有少量分布，集安市是亚洲唯一成规模种植山葡萄的地区，拥有全国规模最大、生产能力最高、品质最优的山葡萄基地。

1976年，集安市太王乡上解放村从通化葡萄酒厂引入公酿一号葡萄种苗，进行试栽培。1980年，集安市委、市政府结合集安实际，把酿造葡萄确定为果树生产发展重点，规划发展100万株。经过两年时间的准备，1983年全市开始规模发展公酿一号葡萄。1984年，集安市初步选育出两性花山葡萄新品种双优，1985年开始大规模发展。到1989年，集安市以公酿一号、双优为主栽品种的酿造葡萄基地规模已达到13 900亩，产量近万吨。

生产特点

集安市为山区市，长白山系的老岭山脉由东北向西南横贯全境，形成了岭南、岭北两个气候区。岭北属大陆性气候，岭南属半大陆海洋性季风气候，是吉林省年积温最高、降水量最多、无霜期最长、风速最缓区域，素有"吉林省小江南"之美誉。集安山葡萄主要种植区域以灰棕壤、冲积土为主，土层深厚，土质相对较肥沃。集安位于鸭绿江边，距丹东入海口不足300千米，每年春、夏、秋三季，温暖的海风溯江而上，为葡萄生产带来不可多得的气候条件。集安光能源资源丰富，热量适中，昼夜温差大，无霜期长达150天，果实成熟时气候凉爽，果实成熟缓慢，造就了集安山葡萄特殊而优良的内在品质。

集安山葡萄产地应该选择平地或南向、东南向、西南向的坡地，坡度不超过15°，海拔高度400米以下。土壤质地宜选择疏松肥沃、通透性好、保水保肥力强，pH值7左右的壤土或沙质壤土，土层厚度不低于60厘米。园地雨季最高地下水位须在1米以下。集安山葡萄种苗均选择优质高产、抗逆性强的双优、双红等优良品种。生产过程中，肥料的使用以有机肥为主，重在底肥，合理追肥，提倡使用专用肥和生物肥，禁止使用硝态氮肥。

万昌大米

登记证书编号：AGI00102

地域范围

万昌大米产地为吉林省永吉县，具体地域范围是：东至一拉溪镇贾河子村代王沟屯东与吉林市交界处，南至金家乡金家村碾子沟屯南黄榆背山西坡，西到万昌镇新房子村后杨家屯饮马河东岸，北到一拉溪镇富家村朱下沟屯北与九台市交界处。地理位置为东经125°33′~126°12′，北纬43°23′~43°52′，平均海拔200米以下。

品质特色

万昌稻作区处在北纬43°世界著名的黄金水稻种植带。万昌大米米粒整齐匀称、色泽洁白鲜亮、晶莹剔透、硬度大，外形呈短圆或椭圆形；蒸煮时饭香四溢，饭粒结构紧密，洁白、油亮，入口后滑爽、有黏性、不粘牙，且软硬适中，口味甜、香浓郁，口感细腻，可反复蒸煮米粒不破碎，冷饭不回生。万昌大米在加工中保留了大米中绝大部分营养物质，避免了米中蛋白质、维生素的大量流失，直链淀粉含量≤15%，粗蛋白含量≥6.96%，赖氨酸含量≥0.28%，透明度为1，并富含维生素B_1、维生素B_2、维生素B_6，以及钙、铁、硒等微量元素。

人文历史

永吉县岔路河特色农业经济区种植水稻至今已有150年的历史。据《永吉县志》记载："清康熙年间，这一带曾经是饲养军马的牧场，称为西马场，经多年开垦，渐为耕地，以种植高粱、稗子、粳稻等抗涝作物为主，尤以粳米驰名省内……"民间有"岔路河粳米可煮三次,味不改,饭粒亦不破,谓之顶三水"之说。光绪二十九年(1903年),大批朝鲜族农民迁入饮马河、岔路河、鳌龙河沿河一带,同当地的汉、满、回等民族一道利用自然河道,修建柳条拦河坝,扩大水田种植规模。1927年有王光慎、刘会等种田大户在饮马河东岸、岔路河北岸修堤3 000米,控制洪水,并将河道截湾,挖排水沟2~3千米,控制内涝,将洼地旱田改水田,集中连片种植,水稻种植面积大增,到1944年当地水田面积已达到14.3万亩。20世纪70年代星星哨水库全面建成,促进了当地水稻生产的快速发展,水田面积发展到15 000公顷,并成为全国商品粮基地县。

生产特点

永吉县属北温带大陆性季风气候,地势东南面环山,西北面为开阔平原,形成独特的小气候区。4—9月作物生长季节日照时数1 500~1 600小时,7—8月高温多雨,雨热同季,利于水稻生长。8—9月水稻出穗至成熟期,昼夜温差大,平均温差11.4℃,有利于水稻养分的积累。永吉县洪涝、早霜等自然灾害较少,冬季寒冷,威胁水稻生产的病虫害较轻。永吉县土壤平均有机质含量≥3.34%,全氮含量0.153 5%,全磷含量0.094 4%,全钾含量3.226%,富含硅、锌、铁、硒等微量元素,同时,由于该地区水量充沛,流向有利,因此适合大面积水稻种植。

万昌大米产地土壤选择草甸土、冲击土和水稻土。目前,全县大面积推广的优质水稻品种有农大七号、吉粳88号、吉粳83号、五优一号等,这些品种均为抗逆性强、中晚熟和中熟偏晚的优质品种,整精米率高、恶白率低、胶稠度高、米质口感好。生产过程中以有机肥为主,禁止施用硝态氮肥。产品收获要求不同品种单独收割、单独脱粒、单独贮藏,在晴天打场脱粒,以利于降低水分、保证纯度、提高商品质量。

靖宇林下参

登记证书编号：AGI00268

地域范围

靖宇县位于吉林省东南部，地处长白山腹地，松花江上游，森林茂密、气候适宜，资源丰富，自古就是人参的故乡。靖宇林下参农产品地理标志地域保护范围为吉林省靖宇县赤松乡、蒙江乡、三道湖镇、花园口镇、龙泉镇、那尔轰镇、景山镇、靖宇镇8个乡镇。地理坐标为东经126°30′~127°16′，北纬42°06′~42°48′。

品质特色

靖宇林下参表皮紧密，色泽棕黄至黄白色，主体环纹明显细腻，芦碗排布有序紧致，横体或顺体，须顺直，珍珠点明显。靖宇林下参水分≤14.5%、林下参总皂苷≥3.0%、总灰分≤4.0%。

人文历史

靖宇县原名蒙江县，1946年2月为纪念在此殉国的民族抗日英雄杨靖宇将军，易名靖宇县。全县辖8个乡（镇），有满、朝、蒙、回、锡伯、白、水、苗、藏、侗10个少数民族。

靖宇县林下参种植历史悠久，与园参几乎同时产生，据《仁宗实录》载，清朝顺治年间（公元16世纪中叶），设吉林打牲乌拉总管衙门，专事人参等土特产品的事宜。"参禁"政策放开后，由于大肆采挖，资源破坏，山参日少，为满足皇室的需求，而移栽山参幼苗，待长成后冒险解京。于是，山林中除有野山参外又出现了林下参。靖宇县林下参大面积播种始于1958年人民公社时期。

生产特点

靖宇县自然地貌是"九山半水半分田"，中温带湿润性气候，山峰林立，河流纵横，土壤疏松、肥沃，光照适宜，雨量充沛，特产资源丰富，素有"立体宝库"之称。靖宇县的森林覆盖率为84%，林下伴生的药用植物有几百种。靖宇县属东亚季风气候区，具有冷凉湿润、雨量充沛、光照适中、四季分明的气候特点，特殊的自然地理环境孕育着靖宇林下参这一独特的物种资源。

靖宇林下参产于深山密林中5°~25°的山坡地，远离村落，群山环绕，不受

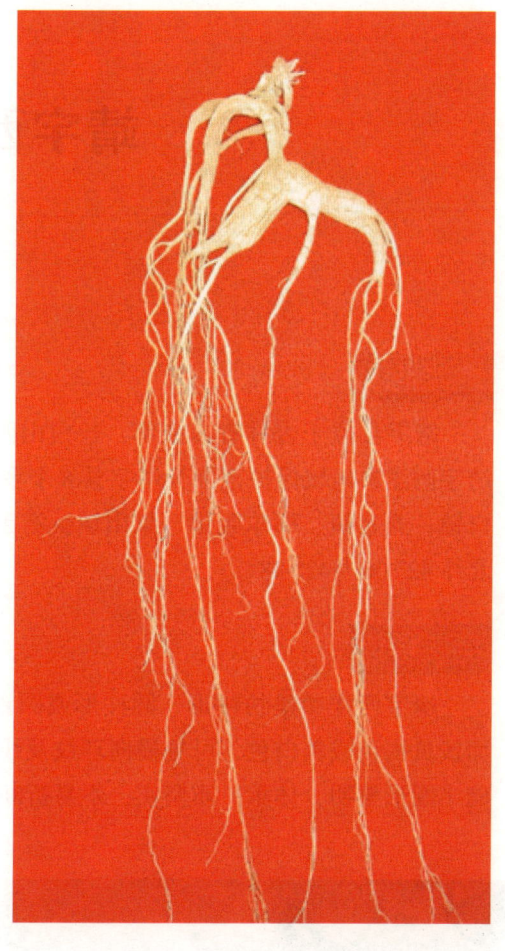

干扰、破坏，无污染，具有原始的自然土壤层，植被为针阔混交林和阔叶林，有蒙古栎、槭、柞、紫椴、糠椴、红松等10余种乔木，间生胡枝子、榛柴等小灌木，形成高、中、低三层自然屏障。其土壤为腐殖质层达到10厘米以上的腐殖土或沙壤土，土质肥沃，底土层为黄泥底的棕色森林土或山地灰化棕色森林土，具有较好的理化性状，有机质含量达到4%以上，容重小于0.8，pH值为5.5~6.5，土壤未被耕作和遭受过污染，郁闭度0.75~0.8。林下参品种选择圆膀圆芦、二马芽，生产过程中实行封闭式管理，设置围栏，围栏1 000米内严禁播种农作物、采伐、放山、放牧、狩猎等行为，禁止游人及家畜、家禽进入繁衍区域，同时加强区域森林生态系统的护育。15年以上的林下参方可采收。

靖宇西洋参

登记证书编号：AGI00459

地域范围

靖宇县位于吉林省东南部，长白山西麓，松花江上游，平均海拔高度775米。靖宇西洋参地域保护范围为靖宇县8个乡镇——赤松乡、蒙江乡、三道湖镇、花园口镇、龙泉镇、那尔轰镇、景山镇、靖宇镇。地理坐标为东经126°30′~127°16′，北纬42°06′~42°48′。

品质特色

靖宇西洋参呈纺锤形、圆柱形或圆锥形，长3~12厘米，直径0.8~2厘米，表面浅黄褐色或黄白色，可见横向环纹及线状皮孔，并有细密浅纵皱纹及须根痕。芦碗半圆形鲜明，体重，质坚实，不易折断，断面平坦，浅黄白色，略显粉性。靖宇

西洋参根茎含甙类，主要是人参皂甙，又含挥发油、树脂等，人参皂甙含量 ≥ 2.0%，总灰分 ≤ 5.0%，水分 ≤ 13%，水解主要得到人参二醇，另含人参三醇和齐墩果酸。

人文历史

靖宇县是一个"九山半水半分田"的山区县，森林覆盖率达84%，特产产业占靖宇县农村经济的半壁江山。靖宇县生态资源良好，环境系统完整，可恢复性强，是吉林省生态建设中等示范城市。1986年，该县从加拿大引进西洋参种子进行栽培。1996年，靖宇县被国务院发展研究中心、农村发展研究部、中国农学会特产经济专业委员会、中国特产报社授予"中国西洋参之乡""中国西洋参种源基地"称号。目前，靖宇县有亚洲最大的西洋参场和先进的加工设备。

生产特点

西洋参的地域选择性很强，靖宇县是中温带湿润性气候，山峰林立，沟谷纵横，河流纵横，土壤疏松肥沃，光照适宜，雨量充沛，冷凉湿润、四季分明。靖宇县特殊的自然地理环境孕育着大量独特的物种资源，素有"立体宝库"之称。

西洋参的生产须选择比较平坦、腐殖质丰富、土壤疏松且为微酸性至中性、排水良好、空气温度适宜、冬暖夏凉的林区或林地附近。西洋参播种春、秋两个时期进行。春播在土壤平均温度在2℃以上即可播种；秋播在封冻前，土壤温度低于5℃即可播种。播后第一年出苗要坚持人工拔除杂草。西洋参直播不经移栽的一般为4年收获；采用1年生苗移栽的，移栽后3年收获；采用2年生苗移栽的，移栽后2年收获，少有移栽后3年收获的。

靖宇平贝母

登记证书编号：AGI00460

地域范围

靖宇平贝母产地是吉林省靖宇县。平贝母地域保护范围为靖宇县8个乡镇——赤松乡、蒙江乡、三道湖镇、花园口镇、龙泉镇、那尔轰镇、景山镇、靖宇镇。地理坐标为东经126°30′~127°16′，北纬42°06′~42°48′。

品质特色

靖宇平贝母扁球形，表面乳白色或浅黄白色，外层鳞叶2瓣，肥厚，大小相近或一片稍大，抱合，顶端略平或微凹入，中央鳞片小，质坚实而脆，断面粉性，气微，味苦。靖宇平贝母中平贝母素乙含量不少于0.018%。

人文历史

靖宇县原名蒙江县,1946年2月为纪念在此殉国的民族抗日英雄杨靖宇将军,易名靖宇县。靖宇县辖区面积3 094平方千米,有满、朝、蒙、回、锡伯、白、水、苗、藏、侗10个少数民族。靖宇县独特的生态环境条件造就丰富的自然资源,素有"立体资源宝库"之称,有多年的中药材种植历史。靖宇县的森林覆盖率为84%,特殊的自然地理环境孕育着大量独特的物种资源,林下伴生

着大量的珍贵经济动植物,其中经济价值最高的是药用植物,有几百种,如平贝母、林下参、刺五加、灵芝、天麻、北五味子、穿龙骨、细辛等。为使全县生态环境建设能得到长足的发展,1998年以来,靖宇县共投入资金800余万元,营造水源涵养林600余公顷、速生丰产林2 080公顷,目前,保护区内共完成造林11 335亩。

生产特点

靖宇县自然地貌是"九山半水半分田",山峰林立,河流纵横,土壤疏松肥沃。靖宇县境内沟谷纵横,雨量充沛,形成了以那尔轰河、珠子河、白浆河为主体的河流30余条。靖宇县属东亚季风气候区,具有冷凉湿润、降水充沛、光照适中、四季分明的气候特点,年有效积温2 200~2 500℃,无霜期110~130天,全年日照时数为2 400小时,年降水量700~800毫米,适合平贝母的喜冷凉湿润的特性。

选地是平贝母生产的关键,因为平贝母一经播种就要连续生长数十年。靖宇县种植平贝母的农户重视栽培前改土工作,拟栽平贝母的地块要提前1~2年增施有机肥,待土壤疏松、肥沃时,再下种栽培。平贝母是喜肥作物,适宜平贝母生长的优质肥料主要是充分腐熟的有机肥,必须施足底肥,并在生育期间追肥,才能保证平贝母鳞茎年年显著增长。平贝母可采用栽种鳞茎或种子繁殖,从种子到开花、结果,生长周期为6年,平贝母茎叶枯黄时为采收适期,采收主要是手工操作。平贝母的加工有炕干法、烘干室烘干法或晒干法,加工出的贝母鳞茎色泽乳白,一般小粒的平贝母售价高于大粒的平贝母。

集安蜂蜜

登记证书编号：AGI01280

地域范围

集安市地处吉林省。集安蜂蜜生产区域为集安市太王镇、榆林镇、台上镇、大路镇、青石镇、花甸镇、财源镇、腰营村，地理坐标为东经125°45′~126°30′，北纬40°52′~41°35′。

品质特色

集安洋槐蜜呈特浅黄色，具有清香味，口感甜润，清香气柔和持久，后味悠长，不易结晶；椴树蜜刚采收下来呈特浅琥珀色，具有特殊的薄荷香气，口感香甜，气味柔和持久，后味悠长，外界气温降到13℃以下时开始结晶，完全结晶后的椴树蜜洁白细腻，如油脂状，口味更佳，是有名的"吉林白蜜"，在全国享有盛名。集安蜂蜜营养丰富，其中，每100克蜂蜜核黄素含量80~100微克，维生素C含量在3~5毫克，钾含量在20~200毫克，钙含量2~20毫克。

人文历史

集安市不仅资源丰富，而且还有悠久的历史文化和人文景观。2004年，集安的高句丽王城、王陵及贵族墓葬被联合国教科文组织评为世界历史文化遗产。集安市蜜源资源丰富，养蜂历史悠久。

《北盟录》记载:"女真土产名马、人参、蜜蜡、细布……女真俗重油煮面食,以蜜涂拌,名曰茶食,非厚意不设。"女真人常以金、帛、蜜、蜡及药材为商品,在互市上同渤海、南宋、高丽等国商人交易。据《造送会典馆·清册》记载,"蜂产诸山中,俗称蜜蜂,土人于山中大树挖掘养之以取蜜",作为皇家贡品,蜂蜜采收后,严密封装送京"恭呈御览"后,交内务府内果房收存。

截至2011年年底,集安蜂群达到42 000群,蜂蜜产量1 000多吨,蜂王浆产量达40吨,蜂胶产量4吨,集安市已成为长白山区蜂产品主要集散地。

生产特点

集安市是国家级生态示范市,环境优良,森林覆盖率83.1%,其中,作为蜜源植物的洋槐面积40.8万亩,椴树面积52万亩,荆条等辅助蜜源植物97万亩,洋槐、椴树多生长在海拔600~800米的高山上。集安市每年可生产上千吨蜂产品。

集安市地处长白山南麓,属亚温带大陆性季风气候区,其特点是四季分明,雨热同季,气候温暖湿润,雨水充沛,风速低缓,霜冻期短。集安市土壤属北方温凉气候显域性灰棕壤带和第四纪冲沉积隐域性土壤,有机质和速效性养分含量比较丰富。独特的气候、自然环境条件,造就了集安蜂蜜与其他产区的蜂蜜截然不同的外观性状和口味。

集安市现在饲养的蜜蜂品种为松丹一号、黑美意、卡尼鄂拉、蜜胶一号等采集力较强、耐寒的蜜蜂品种。蜜蜂日常管理工作包括奖励饲喂、繁蜂、育王、病虫害防治、蜂机具消毒、蜂产品采收等。鼓励蜂农饲养强群,减少疾病的发生,在病虫害防治方面要求以防为主,严禁使用各种抗生素,鼓励使用中草药制剂和有机食品生产过程中允许使用的物质。产品收购入库后蜂蜜要进行过滤,除去蜂蜜当中的蜜蜂肢体、蜂蜡等杂质,不同质量的蜂蜜不允许混合,相同波美度的蜂蜜可以进行混合,以此保证集安蜂蜜具有特殊的风味。

黄松甸灵芝

登记证书编号：AGI01670

地域范围

吉林省蛟河市黄松甸镇位于张广才岭西端，威虎岭北端，由长白山区向松辽平原过渡地带。栽培灵芝的主要原料——柞木，以及灵芝生产地位于这一区域。黄松甸镇辖区面积 623 平方千米，林地面积 567 平方千米，占全镇总面积的 91%。黄松甸灵芝生产区域为蛟河市黄松甸镇境内前河村、长青村、沙河掌村、伟光村、花园村、南顶子村、黄松甸村、金丰村、育林村、进步村、双山村、三合村 12 个行政村和黄松甸镇社区。地理坐标为东经 127°35′~127°54′，北纬 43°30′~43°53′。

品质特色

黄松甸灵芝品种为灵芝属的赤芝，属中晚熟品种，菌丝生长温度 20~25℃，子实体分化及生长发育温度 25~30℃，出一潮灵芝。黄松甸灵芝个大，产量高，质量

好，单个不连朵；菌盖比较圆正肥厚美观，棕褐色，边缘生长点和中心色泽一致，表面附着孢子粉，菌盖腹面淡黄色或乳白色；菌柄粗壮，呈暗褐色，有光泽，长度不超过2厘米。黄松甸灵芝含腺苷≥70毫克/千克，粗多糖（以葡聚糖计）≥14.0毫克/克，三萜（以齐墩果酸汁计）≥12克/千克。

人文历史

蛟河市黄松甸以前名叫"黄花松甸子"，因建屯前甸子中多天然黄花松而得名，后简称黄松甸。黄松甸灵芝历史悠久，相传70多年前，一位从山东来到东北的小伙子，为了采灵芝治疗母亲的痼疾，跋山涉水，终于在平顶山石砬子（今黄松甸镇沙河掌村附近）发现了灵芝。后来小伙子将这一救命仙草进行了人工栽培，并取名黄松甸灵芝。据《蛟河市志（1989—2003年）》记载，蛟河市大规模人工栽培灵芝始于1995年，主要产地在黄松甸镇。黄松甸灵芝凭借其独特生长环境和先进的栽培技术，逐渐形成质优、量高等特点，广受消费者青睐，产品远销海内外。

生产特点

蛟河市地处长白山余脉，松花湖上游，素有长白山自然资源"立体宝库"之称。蛟河市黄松甸镇地貌形态特点可划分为中山丘陵、低山丘陵、河谷平原和松花湖岸4种类型。土壤类型比较复杂，以山地暗棕壤为主，土层薄，偏酸性，适合作为栽培灵芝的覆土材料。蛟河市黄松甸镇自然分布树木种类以温带长白山植物区系占优势，也有少量亚热带和温寒带亲缘树种，主要树种有柞树、榆树、胡桃楸、色树、桦树，这为黄松甸灵芝生产奠定了原料基础。独特的气候、丰富的原料和自然环境条件，造就了黄松甸灵芝与其他产区的灵芝截然不同的性状和含量。

黄松甸灵芝生产包括栽培种生产、原材料准备、截段捆扎和装袋、木段灭菌、木段接种、菌段发菌、菌段脱袋覆土、出芝管理和采收加工等。树木在11月至翌年2月休眠期间砍伐，采用高压灭菌或常温灭菌；栽培场地选择无污染、排水良好的沙质土地块；病虫害防治以"预防为主，综合防治"为原则，鼓励使用生物防治技术和有机食品生产过程中允许使用的物资。

舒兰大米

登记证书编号：AGI01671

地域范围

舒兰市全市属半山区，东部山区属长白山系张广才岭支脉，中部为丘陵区，西部沿江属松嫩平原过渡地带。舒兰大米农产品地理标志地域保护范围包括舒兰市所辖环城街道、吉舒街道、白旗、法特、溪河、亮甲山、朝阳、莲花、天德、水曲柳、平安、金马、七里、开原、新安、上营、小城17个乡镇（街），涉及161个行政村。地理坐标为东经126°24′~127°45′，北纬41°38′~43°51′。

品质特色

舒兰大米整精米率≥69%，米质半透明，色泽清白有光泽，米粒整齐均匀，米粒形细长，籽粒长度为5~5.5毫米，长宽比1.5~2.0，蒸煮时即可嗅到浓郁的饭香味，入口后绵软柔糯，香味浓郁，适口性强，饭粒表面有油光，冷后仍能保持良好口感。舒兰大米营养丰富，含有维生素B_1、维生素B_2、葡萄糖、麦芽糖、蛋白质，以及钙、磷、铁等微量元素，也富含人体所需的多种氨基酸。

人文历史

舒兰，满语"果实"之意，舒兰这个名字最早是一个驿站，在今舒兰市溪河镇北1.5千米，驿站设立在清康熙年间，为清王朝皇封的风水宝地。舒兰境内的鳇鱼、东珠、人参等贡品就是通过这条驿路一站一站地传送到京城的。清代康熙九年（1670年），康熙带领御林军经过此地，下令安营备膳，这时一阵清风带有米香飘过来，皇帝即命御厨献上，康熙品尝后龙心大悦，曰："此米真乃贡米也。"清代封禁时，舒兰山高林密，物产富饶，尤其水稻的种植更是具有悠久的历史与丰富的栽培经验，却只能作为皇室贡品基地。新中国成立后，昔日的"皇封贡地""果实故里"成为今日名优稻米之乡。

生产特点

舒兰大米生长所处自然环境，属于寒温带半湿中纬度大陆性季风气候，稻作区是东部长白山张广才岭余脉、海拔近千米，昼夜年均温差13℃，比同纬度大5℃之多，最大温差近20℃，气候生态适宜水稻生长。当地土壤养分含量较高，有机质含量为3.14%，土壤渗透性好。水稻是喜高温、多湿、短日照水田生长植物，舒兰河流湿地繁多，土壤地貌情况非常适合水稻生长。舒兰水稻的灌溉水，主要源自第二松花江和拉林河两大水系，江河水中含有大量黄沙，富含硅元素，具有较强的净水作用，境内的其他河流和水库都属于低碱性淡水，水质良好。舒兰市"六山半水半草二分半田"，境内绿色植被和水草面覆盖率达65%以上，为水稻生产提供了得天独厚的条件。

舒兰大米种植基地生态环境优良，土壤为草甸土、冲积土和水稻土，外界隔离条件好，水源充足，排灌分离，沟系配套，历年来病虫害发生少，集中连片，便于规模化生产的水田。舒兰市西部乡镇以种植超级稻为主，东北部乡镇以种植稻花香、吉特639、糯稻为主，形成东西分明的水稻种植格局。

永吉柞蚕蛹虫草

登记证书编号：AGI01743

地域范围

永吉县位于吉林省中东部，松花江上游，全县多为山区半山区。口前镇既是县政府的所在地，也是永吉柞蚕蛹虫草的发源地。永吉柞蚕蛹虫草生产区域为永吉县口前镇所辖前进村、口前村、巴虎村、洒子街村、四间村、红丰村、下达村7个行政村。地理坐标为东经125°48′09″~126°40′01″，北纬43°18′07″~43°35′00″。

品质特色

我国野生蛹虫草有80多种，而永吉县柞蚕蛹虫草的菌种来源于当地的野生蛹虫草，为子囊菌亚门麦角菌目麦角菌科虫草属的模式种，别名北冬虫夏草。蛹虫草所含蛋白与人体的蛋白结构和数量比较接近，容易吸收，免疫球蛋白和丰富的赖氨酸

具有抗疲劳和增强人体免疫力作用。永吉柞蚕蛹虫草子实体直立生长不弯曲，每个蛹长草5根以上，鲜草长度平均4~6厘米，颜色橘红或橘黄，鲜草有食用菌的清香味，放在嘴里嚼微腥，入水后水立即变为黄色，子实体连代菌核一起出售。

人文历史

野生蛹虫草（北冬虫夏草）是全吉林省一级重点保护植物。根据县志记载，永吉县从清道光六年（1826年）开始放养柞蚕，在近200年的历史长河中，沉淀了若干代蚕农的养蚕文化。吉林省蚕业科学研究院是我国最早发明人工培育

蛹虫草的方法的科研单位，1986年向国家申报了发明专利，并且带动永吉县境内的民营企业和个人的柞蚕蛹虫草种植业迅速发展起来，逐渐形成规模，虫草酒、虫草茶、虫草米、虫草玉米面粉等蛹虫草深加工产品也相继走上市场。

生产特点

永吉县有林地面积12.6万公顷，大面积种植草灌植物，土壤条件良好，适合养蚕业发展。柞蚕在野外生活，喜雨，喜温，好饮水。永吉县年平均降水量690毫米，无霜期130天左右，水质pH值6.9，水文条件非常适合柞蚕生长。柞蚕在野外放养受气温、降水等气象要素影响极大，永吉县属中温大陆性季风气候，年平均积温2 790℃，全年日照时数2 500~2 800小时，实照率为65%，区域气候为柞蚕生长和结茧提供了优越的气候条件。

人工培育柞蚕蛹虫草的蚕蛹为经变温处理滞育蛹，内染茧不超过5%，目检微粒子不超过1%，鲜活健壮，大小匀称，卢顶板清晰，千粒重10千克，手感挺实有弹性。菌种分为试管菌和液体菌。试管菌菌丝洁白、粗壮、浓密、无其他杂色，迎着阳光看去绒毛光亮，菌丝生长均匀，培养基不积水，不干涸，打开菌管有独特香味，见光转色快，颜色均匀，无黏液异味；液体菌菌液澄清透明，颜色微红，菌球多，形状一致，大小相等，用手摇动三角瓶浮起的菌球5分钟内不下沉，打开菌瓶能嗅到虫草的清香气味。柞蚕蛹虫草的生产须经过选蛹、接菌、培养、采收、包装5个阶段，生产全程都相关记录，确保产品具有可追溯性。

黑龙江省

巴彦大豆

登记证书编号：AGI00010

地域范围

巴彦县位于黑龙江省中部偏南，地处松嫩平原、松花江中游北岸。巴彦大豆的地理标志保护的区域范围在巴彦县内的 18 个行政乡镇，即巴彦镇、松花江乡、富江乡、巴彦港镇、西集镇、丰乐乡、兴隆镇、红光乡、万发镇、德祥乡、天增镇、山后乡、黑山镇、龙泉镇、华山乡、龙庙镇、洼兴镇、镇东乡。地理坐标为东经 126°45′53″~127°42′16″，北纬 45°54′28″~46°40′18″。

品质特色

巴彦大豆籽粒饱满，呈黄色，粒圆形，直径为 4~9 毫米，表面光滑。巴彦大豆脂肪、蛋白含量高，营养物质丰富，氨基酸总量大于 30%，富含人体所需的多种维生素、大豆功能因子等，还含有丰富的碘、硒、铁、钙、锌等对人体有益的微量元素，其中硒含量 0.01 毫克/千克、锌含量 25 毫克/千克以上。

人文历史

巴彦县素有大豆之乡的美誉，栽培大豆历史悠久，种植面积、产量、商品量及出口量，历来居黑龙江省前列。早在清代咸丰十年（1860 年）黑龙江将军特普钦在此处设立开

垦行局，进行土地放垦。据《巴彦志》记载，巴彦农作物以大豆、谷子、小麦、高粱、玉米、大麦等为主。100余年的农业耕作，创造了巴彦县大豆生产的栽培技术，以及著名的巴彦大豆"永常模式""大垄密技术"和"垄三"等丰产技术，这几项技术在同纬度采用面积达到1 000余万亩，成为黑龙江大豆栽培的主要生产技术。1957年在印度尼西亚召开的万国博览会上展出的巴彦县大豆，博得国际友人的称誉。

生产特点

巴彦县地势东高西低、北岗南平、中部多丘陵，耕地中黑土、黑钙土、草甸土等肥力较高的土壤约占90%以上，腐殖质层厚度达20~70厘米，土壤有机质含量丰富，非常适合大豆的生产。巴彦县有较大河流14条，水资源存储量大，水质优良，充分满足了大豆生长的需要。这里属中温带大陆季风气候，夏季盛行东南风，湿润多雨；冬季盛行西北风，干燥严寒，年平均气温为3.1℃，历年平均降水量为582.2毫米，年平均日照为2 669.4小时，全年结冻期为145天左右，独特的气候促进了巴彦大豆独特品质的形成。

巴彦大豆以高油、高蛋白质享誉世界，因此在种植时选择以高油、高蛋白质为主的品种，并且以标准化的生产保持其优良品质。对生产中使用的肥料进行严格质量规范，同时在生产中及时进行质量检查。巴彦大豆进行分品种单独收割，分级分品种贮存、加工、销售。

嘉荫木耳

登记证书编号：AGI00011

地域范围

嘉荫木耳产地位于黑龙江省伊春市嘉荫县所辖的3镇6乡，包括乌云镇、朝阳镇、乌拉嘎镇、常胜乡、沪嘉乡、向阳乡、红光乡、青山乡、保兴乡，区域保护面积150 000公顷。地理坐标为东经129°09′~130°45′，北纬48°07′~49°25′。

品质特色

嘉荫木耳耳片胶质，富弹性、半透明，耳片背面略呈灰色，水发性好，朵大而适度，耳瓣舒展少卷曲。其营养丰富，含蛋白质、脂肪、钙、碳水化合物、磷、铁、胡萝卜素、多种维生素，此外还有大量纤维素、钾、镁和钠等。黑木耳的蛋白质含量和肉类相当，维生素B_2含量是一般米、面和大白菜以及肉类的4~10倍，钙含量是一般肉类的30~70倍。

人文历史

20世纪70年代末以前，嘉荫黑木耳产品基本为天然野生产品，产量极低，80年代初至90年代后期为木椴栽培阶段，年产量平均500吨左右。2000年以来随着"天保"工程的实施，嘉荫县因势利导，将袋栽黑木耳生产作为富民的支柱产业来抓，加大了对袋栽木耳产业的扶持力度，拉动了袋

栽黑木耳产业迅猛发展。黑木耳产业的兴起，也影响和拉动了相关产业发展。嘉荫县的木耳以肉厚、朵大、色泽好、营养丰富、味道鲜美受到国内外的盛赞。2013年中国食用菌协会授予嘉荫县"全国食用菌产业化建设示范县"先进称号。

生产特点

嘉荫县地势走向西南高、东北低，沟壑纵横、丘陵起伏，土壤多为黑钙土、沙壤土，肥沃而耕性良好，利于嘉荫木耳生产。县内水资源丰富，除黑龙江流经该县之外，直接流入黑龙江的大小河流有26条，水质良好，是嘉荫木耳的水源保障。嘉荫县地处北温带季风大陆气候区，由于地势和地形的变化，气候差异很大，区域性气候显著。全县平均无霜期115天，年降水量588毫米，年日照时数2 377小时，适宜嘉荫木耳的人工栽培。

嘉荫木耳生产区要求周围环境清洁，光线适宜，通风良好，保温保湿性能好。栽植所需的品种则要求较强的抗病性。按常规无菌操作方法进行接种，培养温度控制在22~25℃，相对湿度控制在60%~65%，遮光培养。菌丝长满菌袋后，再继续培养10~15天，使菌丝充分吃料，积聚营养后，即可选择场地，进行出耳管理。出耳期间以增湿保湿为主，协调温、气、湿诸因素。加强通风换气，有利于出耳和耳片生长，也是防止杂菌的一种有效措施；增加光照强度和延长光照时间，能加强耳片蒸腾作用，促进新陈代谢，使耳片肥厚、色泽变黑，提高品质。

阿城大米

登记证书编号：AGI00012

地域范围

阿城大米产区位于黑龙江省哈尔滨市阿城区中部，地处松嫩平原、松花江上游。阿城大米地域保护范围为阿城区5个乡镇街道12个村，有阿什河街道城建村，双丰镇东光村、双兰村、爱民村、椴树村，料甸满族乡红新村、联胜村、西华村、新建村，红星乡海东村、海兴村、亚沟镇新光村。

品质特色

阿城大米米粒粗长饱满，千粒重50克。米质晶莹、蒸饭口感醇香、营养丰富、有益健康，是馈赠亲友的理想选择。

人文历史

阿城大米早在1197年就进行生产，至今有800多年的历史。哈尔滨市阿城区曾是金代以来的"上京贡米"基地，1996年3月获得"中国大米之乡"称号。种植阿城大米的人们多来自金代女真人的后裔——满族。他们从金代开始在这片土地上耕耘，对土地的水文地脉和气候变迁有着常人无法解释的深刻理解。悠久的种植历史，丰富的栽培经验，实为大自然和人类和谐配合的杰作。近几年，阿城大米产业发展迅猛，品牌知名度显著提高。到目前为止，全区认证无公害农产品、绿色食品、有机食品大米企业 14 家，先后打造了一批全国知名品牌商品。

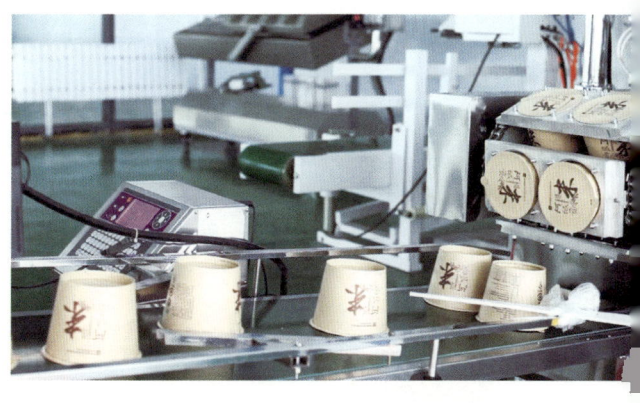

生产特点

阿城大米生产地域地势平坦，地净田洁，土质肥沃，为黑黏土、沙壤土质，地势低洼，土壤有机质含量在 3%~6%，自然肥力较高，特别适合水稻生长。水田由红星水库或西泉眼水库水系浇灌，基地位于灌溉区上游，可沿松花江全程进行地表水灌溉。这里受海洋暖湿气流影响，四季分明，光照充足，雨量充沛，生态环境良好，森林覆盖率在 31%，雨热同季，年平均气温 3.3℃，全年日照总时数 2 700 小时，无霜期 136 天左右，降水均匀，年降水量 600 毫米左右，有利于水稻的大面积种植。

根据地域生态条件和无公害食品水稻对品种的要求，阿城大米生产通常选择优质、高产、抗病、抗逆性强、分蘖力强、熟期适宜的优良品种，早、中、晚熟品种合理搭配，并且坚持无公害农产品投入品管理制度、无公害农产品质量追溯制度、无公害农产品技术服务体系管理制度、无公害农产品生产培训制度、无公害农产品档案管理制度、无公害农产品"十户联保"制度，确保产品天然纯净。

巴彦猪肉

登记证书编号：AGI00040

地域范围

巴彦县位于黑龙江省中部偏南，地处松嫩平原、松花江中游北岸。巴彦猪肉的地理标志保护的区域范围在巴彦县内的18个行政乡镇，即巴彦镇、松花江乡、富江乡、巴彦港镇、西集镇、丰乐乡、兴隆镇、红光乡、万发镇、德祥乡、天增镇、山后乡、黑山镇、龙泉镇、华山乡、龙庙镇、洼兴镇、镇东乡。保护区面积为31.33万公顷，地理坐标为东经126°45′53″~127°42′16″，北纬45°54′28″~46°40′18″。

品质特色

巴彦猪肉品质好、色泽鲜艳、肉体有弹性、瘦肉率高、表皮光润。猪肉瘦肉中脂肪含量3%以下，适量食用不会发胖；亚油酸含量9%以上，猪肉口感香而不腻，嫩而不滑；猪肉蛋白质含量大于20%，猪肉中氨基酸大于15%，营养丰富；还含有丰富的人体所需的铁、钙、锌等微量元素，每百克含钙大于2毫克、含锌大于2毫克。

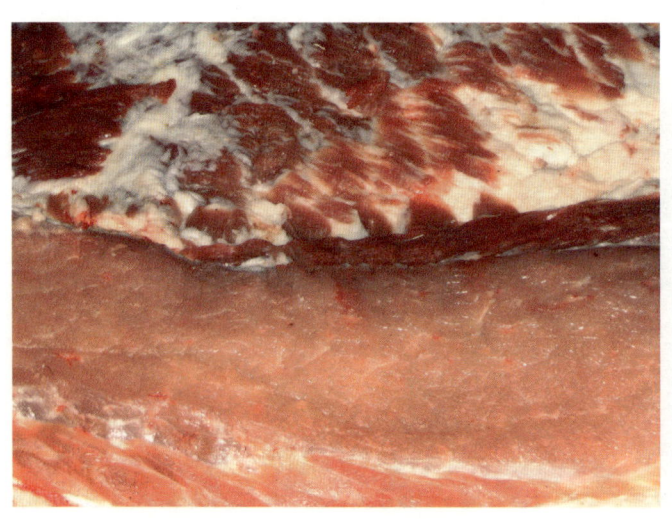

人文历史

据1917年《巴彦县志》记载："巴彦汉晋时期为夫余之地。"据张向凌《建议学点黑龙江省历史》所述，夫余约建国于公元前3世纪即战国末期。《后汉书·夫余传》记载："国有君王，皆以六畜名官，有马加、牛加、猪加、狗加、大使者、大使、使

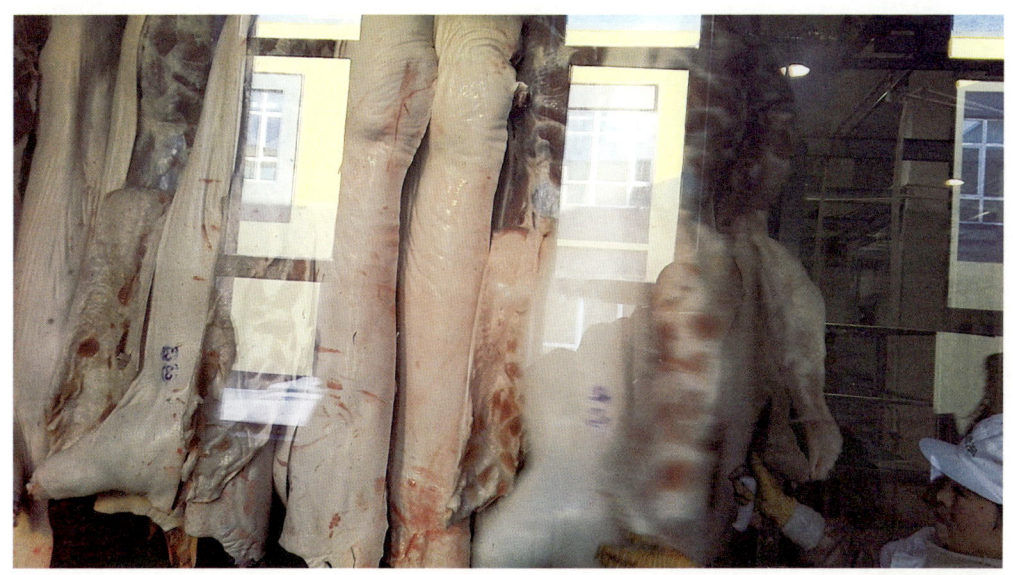

者。"可见，巴彦县养猪业历史悠久，清代咸丰十年（1860年）黑龙江将军特普钦在此处设立开垦行局，进行土地的大量放垦，养殖的猪以当地品种为主。进入20世纪50年代，巴彦县引进长白猪与本地猪杂交，生产出优质杂交猪，瘦肉率明显提高；到80年代随着引进猪种的增多，开始繁殖二元杂交猪，猪肉的质量明显提高；到20世纪末，巴彦县采用引进的杜洛克、英系长白、比系长白、大约克夏与当地猪等三元、四元杂交，生产出高瘦肉率的优质种猪。

生产特点

巴彦县地势东高西低、北岗南平、中部多丘陵，耕地中黑土、黑钙土、草甸土等肥力较高的土壤约占90%以上。县内有较大河流14条，河道总长475.7千米，地下水资源存储量丰富。巴彦县地处中高纬度，属中温带大陆季风气候。夏季盛行东南风，湿润多雨；冬季盛行西北风，干燥严寒。当地年平均气温为3.1℃，历年平均降水量为582.2毫米，年平均日照为2 669.4小时，全年结冻期为145天左右，适于巴彦猪的生长和繁殖。

巴彦县生猪有独特的生猪品质，为巴彦猪肉的发展奠定了质量优势。此外，巴彦猪肉选择三四元九交猪进行加工生产，并注重生产过程中的饲料调配、疾病预防、卫生处理等步骤的管理，不断提升猪肉产品质量。

阿城大蒜

登记证书编号：AGI00041

地域范围

黑龙江省哈尔滨市阿城区东部。阿城大蒜的地理标志保护的区域范围为阿城区的阿什河街南城村、白城村、东环村，双丰镇双兰村，地域保护范围面积10 607公顷，地理坐标为东经126°40′~127°40′，北纬45°10′~46°00′。

品质特色

阿城大蒜有紫皮和白皮两种，以紫蒜著称。紫皮蒜鳞茎外皮紫色，大瓣种，瓣少而个体肥大，紫皮蒜蒜汁稠黏，蒜味辛辣，品质好，宜久存；白皮蒜鳞茎外皮白色，瓣种较小。

阿城大蒜富含蛋白质和碳水化合物，产生的热量很高。大蒜中含有抗坏血酸、烟酸、硫胺素等营养物质及人体所需要的钠、磷、钙、铁等矿质元素，阿城大蒜含的大蒜素具有抗癌、抗菌、解毒杀菌、健脾开胃、消食去积和预防疾病的作用，并对预防心脏病及血液循环系统疾病有良好效果。

人文历史

在黑龙江民间有句话流传："呼兰的大葱、阿城的蒜、双城的菇娘不用看！"由此可见，阿城大蒜在东北人生活里的重要地位。阿城区大蒜生产早在1115年就已经开始，女真族首领完颜阿骨打建立大金帝国，定都今阿什河畔白城村，史称"金上京会宁府"，历经38年，种植的作物品种就以大蒜为主，至今有900年的历史。阿城大蒜浸满了厚重的金代文化，尤其是金上京遗址中种植的大蒜，更是充满了历史的传奇。据说当地流传

阿城大蒜可以当杀菌药用,当年金太祖每天都要吃几头紫皮大蒜,甚至曾有一百姓进贡一麻袋大蒜换回来了一麻袋金子。阿城蒜的历史文化氛围浓郁,1996年被中国特产协会命名为"中国北方大蒜之乡",加深了阿城大蒜的文化色彩。

生产特点

阿城属广阔的农田区,环境容量大,区域环境质量较好。该地区土地资源丰富,以黑土为主,土壤肥沃,土质疏松,耕性良好,保水保肥力强,适合大蒜生长。阿城区范围内的河流属松花江水系,水量集中。灌溉水源为地下水,灌溉多井灌,水质良好,生产的大蒜为纯天然农产品。阿城区属于寒温带湿润季风气候区,气候特征明显,年平均气温3.3℃,年平均降水量542毫米,全年日照总时数2 700小时,是大蒜的理想产地。

阿城大蒜生产基地选择在生态环境良好,空气清晰,土质肥沃,降水均匀的地区。此外,选用以阿城紫皮蒜为主的品种,为防止大蒜在生产中的退化,还要与高纬度的地区串换种子,保持产品优异的品质。

呼兰大葱

登记证书编号：AGI00042

地域范围

哈尔滨市呼兰区位于黑龙江省南部，松花江北岸，呼兰河下游。呼兰大葱划定的地域保护范围是呼兰区内包括双井镇、孟家乡、长岭镇、腰堡街道、利民街道、呼兰街道、兰河街道7个乡镇（街道）所辖48个村，地域保护范围面积11 896公顷，地理坐标为东经126°11′~127°19′，北纬45°49′~46°25′。

品质特色

呼兰大葱素有"葱王"之称。一般株高1.5米，白长0.6米，茎粗0.03~0.04米，单株重0.5千克左右；丰产单株重的可达1.5千克，株高2米，白长0.8米。其葱叶色鲜绿，质地脆嫩，落地即断，甘甜多汁，嚼之无丝，品质极上，最宜生食，熟食也佳。

人文历史

呼兰农业发展的历史悠久。呼兰大葱生产距今已有上百年历史，特别是1958年后，一直种鸡腿葱，垧[①]产20~30吨，1974年后，引进海洋葱，经本地改造、选种，成为高产品种。海洋葱的特点是白高叶嫩，粗茎味纯，垧产高达70~100吨，因独

[①] 东北地区1垧折合1公顷，全书同

特的黑黏土赋予了它"辣味浓,葱秆粗,不怕冻"等众多优点,取名呼兰大葱,有"呼兰的大葱、阿城的蒜、双城的菇娘不用看"之誉,成为呼兰蔬菜的主打产品之一。

生产特点

呼兰区地处松嫩平原中部,地势平坦,东北略高,西南略低。"一江四河"形成呼兰肥沃的堆积和冲积平原。这里地域辽阔、土壤肥沃、资源丰富,有黑土、黑钙土、草甸土等8种土壤,土壤肥力较高,有机质量良好,适于旱田、水田作物生长。呼兰区境内江河纵横,湖泡沟渠密布,拥有同属松花江水系的"一江四河",水质优良,可用于呼兰大葱的灌溉。呼兰处在中纬度地带,属于北温带大陆性季风气候区,气候特征明显。当地年平均降水量为500~550毫米,大多集中在6—8月;全年平均日照2 732.2小时,5—9月日照集中,强度大,时间长,有利于呼兰大葱的生长。

呼兰大葱产地要具有可持续生产的能力,空气、水源、土壤等条件优异,常选用黑土、黑钙土地块种植。一般选用适应当地生态条件且经审定推广的优质、抗逆性强的高产品种优质品种,如章丘大葱、黑牛腿、海洋葱等。生产过程注意选茬、整地、施肥、播种、田间管理等环节,确保产品质量。

嘉荫大豆

登记证书编号：AGI00043

地域范围

黑龙江省伊春市嘉荫县以黑龙江为界，北与俄罗斯隔江相望。嘉荫大豆产地位于嘉荫县所辖3镇63乡，包括乌云镇、朝阳镇、乌拉嘎镇、常胜乡、沪嘉乡、向阳乡、红光乡、青山乡、保兴乡等。区域保护面积150 000公顷，地理坐标为东经129°09′~130°45′，北纬48°07′~49°25′。

品质特色

嘉荫大豆籽粒为椭圆形黄色籽粒，籽粒大小在0.5~0.8毫米。大豆品质优越，蛋白质含量为40.57%，脂肪含量为20.20%。

人文历史

嘉荫县是黑龙江省北部主要粮豆产区之一，地处黑龙江冲积小平原，土质肥沃、山清水秀、空气清新，尤其是大豆成熟季节，风和日丽，光照充足，昼夜温差大，使嘉荫大豆颗粒圆润饱满、皮薄色黄、质量上乘，素有"大豆之乡"的美誉。

随着市场需求不断增大，种植大豆收益逐年攀升，嘉荫大豆种植面积快速增加，2010年全县大豆面积达到峰值，播种面积达到99万亩，占全县粮食播种面积的82%。由于单一的大豆种植模式造成重茬、迎茬严重，降低了大豆的品质和产量，单产一直在90千克/亩左右徘徊。2010年以后，随着玉米种植面积的逐步增加，大豆种植面积逐步下调，种植结构得到很好的调整，2015年全县种植大豆面积为59万亩，大豆总产量6万吨，大豆平均单产达到100多千克。

生产特点

嘉荫县地势走向西南高、东北低，沟壑纵横、丘陵起伏、漫岗平原相间，土壤肥沃，多为黑钙土、沙壤土，耕性良好，适宜大豆种植。嘉荫县水资源丰富，以黑龙江水、地下水为主要水源，水质良好，是嘉荫大豆重要的水源保障。嘉荫县地处北温带季风大陆气候区，由于地势和地形的变化，使嘉荫县气候差异很大。全县平均无霜期115天、年降水量588毫米，年日照时数2 377小时，有利于大豆的生长。

嘉荫大豆产地选择土壤肥沃、耕性良好的土壤，耕层土壤细碎、疏松，地面平整。同时，选用适应当地生态条件且经审定推广的优质、抗逆性强的高产品种，并进行专品种生产，常见高脂肪品种有黑河38号、黑河30号、东农44号。此外，在生产过程中加强选茬、整地、田间管理等环节的把握，从而确保产品的质量。

巴彦玉米

登记证书编号：AGI00070

地域范围

巴彦县位于黑龙江省中部偏南，地处松嫩平原、松花江中游北岸。巴彦玉米的地理标志保护的区域范围在巴彦县内的18个乡镇，即巴彦镇、松花江乡、富江乡、巴彦港镇、西集镇、丰乐乡、兴隆镇、红光乡、万发镇、德祥乡、天增镇、山后乡、黑山镇、龙泉镇、华山乡、龙庙镇、洼兴镇、镇东乡。地理坐标为东经126°45′53″~127°42′16″，北纬45°54′28″~46°40′18″。

品质特色

巴彦玉米粒比较大，饱满，呈黄色，无杂色，扁圆形，椭圆直径为5~12毫米，表面光滑。巴彦玉米脂肪含量3.5%以上，淀粉含量69%以上，氨基酸总量大于

10%，其中谷氨酸含量大于2%，是非转基因玉米。巴彦玉米富含人体所需的多种维生素，还含有丰富的碘、硒、铁、钙、锌等对人体有益的微量元素，每百克含钙大于8毫克、含锌大于1.5毫克。

人文历史

据《巴彦土壤志》记载："巴彦苏苏，周秦之际为肃慎居住的地方，以后为夫余、勿吉，辽金时代为女真部落居住，在少凌河出土的铧子证明金代已有农业种植。清朝放禁后，随着移民迁入，播种面积日益增加，清咸丰十一年（1861年）巴彦苏苏大面积开荒。"据《巴彦志》记载，巴彦农作物以大豆、谷子、小麦、高粱、玉米、大麦等为主。巴彦县玉米栽培历史悠久，分布广泛，种植面积、产量、商品量历来居黑龙江省前列。巴彦县有自己的当家玉米品种，是用巴彦县当地的牛尾黄与高产品种杂交而成的丰产高淀粉高营养品种。

生产特点

巴彦县地势东高西低、北岗南平、中部多丘陵，总土地面积31.33万公顷，耕地面积22.67万公顷。耕地中黑土、黑钙土、草甸土等肥力较高的土壤约占90%以上，腐殖质层厚度达20~70厘米，土壤有机质含量3.72%，适宜玉米大面积生产。巴彦县全县水资源总量为5.73亿立方米，水质优良，为巴彦玉米的种植提供了丰富的水源。巴彦县地处中高纬度，属中温带大陆季风气候，年平均气温为3.1℃，年平均降水量为582.2毫米，年平均日照为2 669.4小时。这些季风、温度、湿度、日照和降水等特殊气候条件，形成了玉米的理想生长环境。

巴彦县具有得天独厚的气候、土壤等优势，境内的黑土地中所含有的玉米生长的元素比例均衡，天然降水量适中，促进了巴彦玉米独特品质的形成。巴彦玉米常选用高淀粉专用型的品种，以当地品种巴单系列为主，以标准化生产保持其优良品质。

克山马铃薯

登记证书编号：AGI00103

地域范围

克山县位于黑龙江省西北部，齐齐哈尔东北部，为小兴安岭伸向松嫩平原的过渡地带。农产品地理标志保护范围克山县范围内15个乡镇中的10个乡镇，分别为古城镇、双河乡、河南乡、河北乡、向华乡、古北乡、北联镇、曙光乡、北兴镇、克山镇，共辖80个行政村，保护面积20万公顷。地理坐标为东经125°10′57″~126°08′18″、北纬47°50′51″~48°33′47″。

品质特色

克山马铃薯薯形圆形或椭圆形，表皮麻纹、黄皮黄肉或白皮白肉，芽眼较浅，适宜鲜食菜用。煮食时，香味四溢，口感香而滑润，风味独特，烹菜时香味散于屋内，口感较好，不易断裂。克山马铃薯中淀粉、蛋白质、铁、维生素C、维生素B_1和维生素B_2含量丰富，淀粉含量一般在17%左右，干物质量一般为21.5%左右。2 500克鲜马铃薯含有蛋白质42克、脂肪15.5克、糖类615克、粗纤维31克、矿物质1 586.5克、维生素452.05毫克。

人文历史

克山县马铃薯生产始于清末，大约有100年历史，当地农村家家有种植土豆的经验。由于自然条件优越，种植面积不断扩大，特别是新中国成立后经过3次品种大更换，面积和产量大幅度增长，因而自20世纪60年代以来，始终是全国土豆种薯生产基地和商品薯集散地。2005年，中国马铃薯年会克山县是唯一的参观现场，位于克山境内的"黑龙江

省马铃薯改良中心"也晋升为"国家马铃薯改良中心"。近年来克山县不断加大土地流转工作力度,形成以林带网格为单位的连片规模种植,形成统种分收的栽培模式,栽培水平大大提高。

生产特点

克山县地貌类型主要地形为丘陵漫岗平原。克山县土壤为淋溶黑钙土,松软肥沃,腐殖质层深厚,富含有机质,素有"黑土明珠"之称,非常适合马铃薯生长。境内地表径流与地下水总量4.11亿立方米,可利用水量2.44亿立方米,有利于开发为灌溉用水,用于马铃薯生产灌溉。克山县地处中寒温带大陆性季风气候,年均日照时数2 709.9小时,全年无霜期125天,年均降水量550毫米,集中在6—8月,正值马铃薯块茎膨大需水多的时期。这里气候特点适宜马铃薯喜冷凉、长日照、膨大块茎水肥需求量大的生理特性。

克山马铃薯种植实行3茬以上轮作,以豆类、麦类、玉米等为前茬,选择有深翻基础、土质疏松、排水良好的地块,接着为大豆、杂粮茬,忌用甜菜茬,禁忌与茄科作物连作。同时选择具有代表性的当地主栽品种,在选用脱毒种薯的基础上,根据用途进行选择品种。在严格的地块、品种选择的基础上,普遍推广应用脱毒种薯、土壤深耕深松技术,普遍实施测土配方施肥技术,普遍应用大垄栽培技术;普遍使用无公害肥料,农家肥要经过无公害处理,种、管、收实现全程机械化。

呼兰韭菜

登记证书编号：AGI00104

地域范围

哈尔滨市呼兰区位于黑龙江省南部，松花江北岸，呼兰河下游。呼兰韭菜划定的地域保护范围是呼兰区内康金镇、许堡乡、孟家乡、长岭镇、双井镇、腰堡街道、沈家镇、方台镇、二八镇所属各村（共9个乡镇、街道，107个村）。地域保护范围面积45 460公顷，地理坐标为东经126°11′~127°19′，北纬45°49′~46°25′。

品质特色

呼兰韭菜品质分一等品、二等品、三等品3个等级，每等级按株长分为长、中、短3个规格。一等品整齐度在80%以上，二等品整齐度70%以上，三等品整齐度60%以上。菜质柔嫩味香辛，而且还含有丰富的营养物质，每百克鲜韭菜中含胡萝卜素3.12毫克、维生素B_2 0.09毫克、维生素C 39毫克、钙84毫克、磷43毫克、铁8.9毫克、膳食纤维1.2克，此外还含有较多的脂肪、蛋白质、辛香挥发物——硫化丙烯。呼兰韭菜不仅有丰富的营养价值，同时还有一定的药用效果，韭菜中的硫化物具有降血脂的作用，适用于治疗心脑血管病和高血压。

人文历史

古人对于春韭的认知已经很久了，《诗经·豳风》曰：四之日献羔祭韭；《礼记》也说，庶人春荐韭，配以"卵"，大有用鸡蛋炒韭黄祭祖宗之意。据《山家清供》记载，南北朝的周颙，清贫寡欲，终年常蔬食。文惠太子问他蔬

食何味最胜？他答："春初早韭，秋末晚菘"，这可以说是对于韭菜最具有理解性的评价了。韭菜又名懒人菜，因为只要种一次，就可以割了又长，长了又割。呼兰韭菜生产较早，至今已有50多年历史，开始时是在房前屋后的小园内种植，逐渐发展到大田大面积种植。随着棚室化蔬菜的相继兴起，双井镇新兴村和振兴村成为韭菜专业村，两村90%农户从事韭菜生产，呼兰韭菜主产区逐步扩大到全区。

生产特点

呼兰区地处松嫩平原中部，地势平坦，"一江四河"形成呼兰肥沃的堆积和冲积平原。呼兰区地域辽阔、土壤肥沃、资源丰富，有黑土、黑钙土、草甸土等8种土壤，土壤肥力较高，有机质量达3%左右，适于旱田、水田作物生长。区境内江河纵横，湖泡沟渠密布，水质良好，利于呼兰韭菜的栽植。呼兰区处在中纬度地带，属于北温带大陆性季风气候区，年平均降水量为500~550毫米，全年平均日照2 732.2小时，5—9月日照集中、强度大、时间长，为韭菜生产提供了特有的自然条件。

呼兰韭菜生产基地远离污染源，自然环境未受到破坏，具有可持续生产的能力，空气、水源、土壤等条件优良，同时选用抗病虫、抗寒、耐热、分株力强、外观和内在品质好的品种。在生产过程中，注意选茬整地、施肥、田间管理等细节，使得生产的韭菜产品更加品质优良。

嘉荫水稻

登记证书编号：AGI00105

地域范围

黑龙江省伊春市嘉荫县以黑龙江为界，北与俄罗斯隔江相望。嘉荫水稻产地位于嘉荫县所辖3镇6乡——乌云镇、朝阳镇、乌拉嘎镇、常胜乡、沪嘉乡、向阳乡、红光乡、青山乡、保兴乡。区域保护面积150 000公顷，地理坐标为东经129°09′~130°45′，北纬48°07′~49°25′。

品质特色

嘉荫水稻所生产的大米，形状纵长，长度约为0.8毫米，宽度为0.3毫米左右，芳香爽口，是百姓餐桌上的佳品。嘉荫水稻生产的大米营养丰富，含蛋白质、糖类、钙、磷、铁、葡萄糖、果糖、麦芽糖、维生素B_1、维生素B_2等。

人文历史

嘉荫县发展水稻的历史很短，20世纪80年代初水稻开始试验性生产，但后来由于当地农民习惯种植旱田而没有推广开来。1999年，县委、县政府重新确定水稻生产计划，在红光乡燎源村引进铁力市水稻生产户进行示范性生产获得成功。2001年，

县委、县政府把绿色水稻确定为主导产业之一,大力扶持和壮大水稻产业,不断加强农田水利建设,满足水田灌溉用水需要,补贴建设水稻育秧大棚,以基层农技推广体系改革与建设为重点,建立了县、乡、村三级农技推广服务网络,大力开展农民科技培训,向农民推广先进栽培技术和优良品种,使水稻产量、品质逐年提高,大棚育秧面积100%,优良品种覆盖率达到95%以上,取得了良好的社会和经济效益,袁隆平先生亲自为嘉荫县水稻种植基地题词,水稻种植成为嘉荫县种植业的三驾马车之一。

生产特点

嘉荫县地势走向西南高、东北低,小兴安岭余脉呈鸡爪状向黑龙江边延伸,沟壑纵横、丘陵起伏、漫岗平原相间。当地土壤肥沃,多为黑钙土、沙壤土,耕性良好,适宜水稻大面积种植。嘉荫县水资源丰富,以黑龙江、地下水为主要水源,是嘉荫水稻灌溉的保障。嘉荫县地处北温带季风大陆气候区,由于地势和地形的变化,使嘉荫县气候差异很大,全县平均无霜期115天、年降水量588毫米,年日照时数2 377小时,有利于水稻的生长。

嘉荫县水稻种植常选择土质肥沃、耕性良好的土壤,并选用通过国家或地方审定并在当地示范成功的优质、高产品种。生产过程中,提倡合理稀植、平衡施肥、合理灌溉、使用有害生物控制技术,不断提升水稻产品的质量。

伊春红松籽

登记证书编号：AGI00124

地域范围

伊春市位于黑龙江省东北部，小兴安岭纵贯全境。伊春红松籽地理标志保护区域范围包括铁力市、嘉荫县、伊春区、友好区、上甘岭区、五营区、红星区、新青区、汤旺河区、乌伊岭区、乌马河区、翠峦区、带岭区、南岔区、美溪区、西林区、金山屯区、铁力局、双丰局、桃山局、朗乡局21个县（市）、区、局。地理坐标为东经127°42′~130°14′，北纬46°28′~49°21′。

品质特色

伊春红松籽外观呈棕褐色，籽粒饱满；红松籽仁为乳白色、黄色，果仁味道鲜美，回味绵长。伊春的红松籽含有丰富的脂肪、蛋白质、碳水化合物、维生素A、维生素E，以及人体必需的脂肪酸、油酸、亚油酸和亚麻酸，还含有其他植物所没有的皮诺敛酸。伊春红松籽仁粗脂肪不少于60%，酸价0.30毫克/克，不饱和脂肪酸含量90.3%，钙含量203.2毫克/千克，铁含量36.6毫克/千克。

人文历史

伊春红松籽产于黑龙江省伊春市。红松属国家一级濒危物种，我国最大面积的红松原始林在伊春林区。松籽为红松的种子，野生红松需生长50年后方开始结籽，成熟期约两年，因此极为珍贵。而伊春被誉为"红松故乡"，出产的松籽自然地道正宗。松籽是重要的中药，久食健身心，滋润皮肤，延年益寿。明朝李时珍对松籽的药用曾给予很高的评价，他在《本草纲目》中写道："松子，释名新罗松籽，气味甘小无毒；主治骨节风、头眩、去死肌、变白、散水气、润五脏、逐风痹寒气，虚羸少气补不足，肥五脏，散诸风、湿肠胃，久服身轻，延年不老。"

生产特点

伊春市地貌特征为"八山半水半草一分田"，现有林地近300万公顷，森林覆盖率为80.6%，是我国重要的国有林区。全市耕地土壤主要是黑土、草甸土和白浆土，林地土壤主要是山地暗棕壤和棕色针叶林土，土地自然肥力高，有机质含量高，表层腐殖质含量高，有利于伊春红松生长。伊春市境内沟谷密布，水系发达，总蓄水量102亿立方米，为伊春红松提供了重要的水源保障。伊春市属寒温带大陆性季风气候，冬季寒冷漫长，春秋季节分明，夏季短暂，年积温1 990~2 550℃，年降水量550~650毫米，全市日照时数平均为2 390.8小时，年无霜期90~125天，适合北方大部分农作物的生长，特别是对红松籽的生长极为有利。

红松籽9月中旬成熟，利用人工采摘松果，9月下旬开始用机器脱粒、晾晒、贮藏。如用于果仁加工，一般10月初开始。通常用烘干室进行烘干或晾晒，使含水量降到10%以下，接着进行筛选，按颗粒大小分成6个等级，最后破壳、吹风、包装、出售，可以充分保证产品质量。

拜泉芸豆

登记证书编号：AGI00138

地域范围

拜泉县地处黑龙江省中部偏西，嫩江地区东部。拜泉芸豆地域保护区包括拜泉镇、丰产乡、长春镇、大众乡、兴农镇、兴华乡、上升乡、国富镇、新生乡、三道镇、兴国乡、爱农乡、富强镇、龙泉镇、永勤乡、时中乡，保护面积25万公顷，地理坐标为东经125°30′13″~126°33′04″，北纬47°17′51″~47°52′52″。

品质特色

拜泉芸豆色泽光亮、颗粒饱满。产品营养含量高，蛋白质含量大于19%，脂肪含量大于1%，含有多种矿物质，钙含量大于90毫克/100克、铁含量大于6毫克/100克，锌含量大于27毫克/100克，氨基酸总量大于为20%。

人文历史

芸豆原产于我国中原一带，先民栽培至今已有5 000年以上的历史。《黄帝》"树艺五谷"，《周礼》曰"谷宜五种"，《诗经》云"执之荏菽"，我国传统农作物"黍、稷、菽、麦、稻"五谷中的"菽"就是以芸豆为主体的豆类总称。随着近代东北黑土地垦殖的迅速展开，芸豆大约在110年前开始在拜泉境内引种，并很快成为当地居民尤其是农民的主要食品，被誉为"黑土地上的宝石""农民的细粮"，因此拜泉县被中国特产之乡组委会命名为"中国芸豆之乡"。每逢芸豆收获，当地人都会将其加水煮烂，捣成泥状或干磨成粉，加糖制成豆沙，用做各种主食和点心的馅，用黄米面、小麦粉、玉米

面、糯米面乃至土豆淀粉制作外皮，包出的各种豆包类食品香美可口，诱人食欲，而且抗饿，在温饱难以解决的困难生存条件下属硬干粮。在城里人心目中，以芸豆为原料的黏豆包是比细粮还要珍贵的佳食美餐。

生产特点

拜泉县耕地土壤主要是黑土、草甸土和黑钙土，土地肥力强，有机质含量丰富，适宜拜泉芸豆的种植。拜泉县境内有通肯河、双阳河、润津河，水系发达，总蓄水量129亿立方米，兴修水库和塘坝30多座，为农田灌溉提供了有利条件。拜泉属中温带大陆性季风气候，年积温2 441℃，年降水量325.7毫米，全县日照时数平均为2 544.6小时，年无霜期120天，适合北方大部分农作物的生长，特别是对种植芸豆极为有利。

拜泉芸豆产地要选择地势高燥，排灌方便，地下水位较低，土层深厚、疏松、肥沃的土壤的地块，并选用抗病、优质、高产、商品性好、符合目前市场消费习惯的品种。播种前要做好种子的纯度、净度、千粒重、发芽率、水分和病虫害等检验。选地之后，适时播种、施肥，加强田间管理，从而确保产品质量。

富锦大豆

登记证书编号：AGI00139

地域范围

富锦市位于黑龙江省东北部，三江平原腹地松花江下游南岸，土地集中连片，辖10镇1区，266个行政村。富锦大豆地理标志区域保护范围包括大榆树镇、向阳川镇、二龙山镇、砚山镇、头林镇、兴隆镇、宏胜镇、长安镇、上街基镇、锦山镇和城关社区等地，保护面积共320 000公顷，地理坐标为东经131°49′48″~133°09′40″，北纬46°42′40″~47°13′40″。

品质特色

富锦大豆成熟粒呈圆形和椭圆形，色泽光滑、微黄或黄色，粒大，粒圆，饱满，皮薄，脐色淡黄白。大豆脂肪含量大于23%，高于普通大豆的2%~3%。

人文历史

富锦大豆久负盛名，种植历史比较悠久。在清光绪十六年（1890年），清政府开始在无人垦殖的北大荒招民引佃，拓荒农耕。1912年，闯关东的人们积聚在北大荒的松花江下游南岸富锦区域跑马占荒，开垦土地，种植大豆，使大豆种植面积逐渐增多。现在已成为黑龙江大豆主要生产基地和富锦市粮食的主导产业之一，是农民经济收入的一项主要来源。富锦市政府连续3年在金秋收获时期组织"金豆节"专题宣传和大豆交易推介等活动，全力打造"中国大豆之乡""富锦大豆"品牌。

生产特点

富锦大豆地理标志区域保护范围的土壤以草甸土、黑土为主，开垦晚，肥力高，土壤结构好，耕层较深厚，保水保肥，易于耕作。由于此地纬度值较高，大豆脂肪含量又是随着纬度的升高而增加，所以富锦市正是适合高油大豆栽培的最佳区域。这里地下水资源丰富，净贮量264万立方米，可开采量为168万立方米，河流夏季蓄水充足，具备良好的灌溉大豆种植用水条件。富锦地区日照时数2 600小时左右，光照充足，年降水量565毫米，年有效积温2 300~2 500℃，生育日数135天左右，无霜期130~140天，雨热同季，有利于大豆的生长发育。

富锦大豆品种选用脂肪含量22%以上或蛋白质含量42%以上，适宜富锦市种植的熟期适宜、抗病、抗逆性很强的合丰41、垦农19、垦农18、合丰47、绥农20、黑农35等。

兰岗西瓜

登记证书编号：AGI00140

地域范围

宁安市位于黑龙江省东南部，属于长白山之脉的张广才岭和老爷岭之间的牡丹江上游谷地。兰岗西瓜生产保护地域为12个行政村，包括兰岗村、军马场、牡丹村、民和村、永政村、新中村、依兰村、自兴村、文化村、东升村、新农村、河南村。地理坐标为东经128°07′54″~130°00′44″，北纬43°31′24″~44°27′40″。

品质特色

兰岗西瓜多为椭圆形或圆形，表面光滑，质地味甜，细腻可口；果实折光含糖量高，口感好，品质佳。中心含糖13度以上，维生素C含量大于8毫克/100克，固形物大于10%，含水量在87%左右，还含有蛋白质及多种微量元素。

人文历史

宁安市兰岗西瓜积聚了几代瓜人的勤劳智慧，至今已有150年历史，随着种植水平的不断提高，种植面积的逐步扩大，逐渐形成了以其产自寒地黑土、绿色的栽培方式，造就的品质好、口味甜、营养高。黑龙江省宁安市素有"西瓜之乡"的美誉，近年来，政府重视扶持宁安市兰岗镇西瓜协会、明君瓜类专业合作社等西瓜产业发展，把发展棚室西香瓜生产作为牵动农村经济又好又快发展的重点产业、转变农业发展方式的绿色工厂和促进农民增收致富的重要渠道。2012年，当地投入资金530万元辟建了兰岗果蔬庄园，建设果蔬大棚130栋，并通过经营规模升级、绿色食品栽培技术推广和建立农产品质量安全可追溯体系，打开了西香瓜销售的平台和窗口，将兰岗西瓜销售到全国20多个大中型城市。

生产特点

兰岗西瓜保护区范围内生态环境优越，土壤农用灌溉水和空气质量好，是西瓜种植的理想地区。耕地以黑土、黑钙土、草甸土等肥力较高的土壤为主，pH值5~7，有机质平均含量为3.34左右。境内有桦树川、卧龙湖水库，牡丹江年过境水29.53亿立方米，水源充足，水质良好，有利于西瓜成长发育。兰岗地处属中温带大陆性季风气候区，年不低于10℃活动积温为2 634.7℃，能满足农作物对热量的需求。历年平均降水量为511.2毫米，年平均日照为2 672.8小时，无霜期145天，特别适合西瓜的生长。

兰岗西瓜产地应以通风透气、排水良好、交通便利、土质肥沃的玉米茬、谷茬、糜茬为主，其次是葱蒜茬，做到与葫芦科作物实行年年轮作。同时选用抗病、抗旱、优质、丰产、耐贮运、商品性好的品种，如188、182等优良品种。

伊春黑木耳

登记证书编号：AGI00141

地域范围

伊春市位于黑龙江省东北部，小兴安岭纵贯全境。黑木耳地理标志保护的区域范围包括铁力市、嘉荫县、伊春区、友好区、上甘岭区、五营区、红星区、新青区、汤旺河区、乌伊岭区、乌马河区、翠峦区、带岭区、南岔区、美溪区、西林区、金山屯区、铁力局、双丰局、桃山局、朗乡局21个县（市）、区、局。地理坐标为东经$127°42'\sim130°14'$，北纬$46°28'\sim49°21'$。

品质特色

伊春黑木耳外观呈浅棕色至黑褐色，背面浅灰色，有光亮感，自然卷曲状，大小基本均匀一致，干时肉厚色正；泡开有弹性，富光泽；食用时圆润、细腻，气味清香。伊春黑木耳营养丰富，含蛋白质大于12%，粗脂肪大于0.1%，粗纤维大于5%，钙大于4 800毫克/千克，铁大于160毫克/千克，此外还含有碳水化合物、磷、胡萝卜素、维生素以及钾、镁和钠等，其中，维生素B_2含量是一般米、面和大白菜以及肉类的4~10倍。

人文历史

历史上有"南菇北耳"之说，伊春市气候冷凉，昼夜温差大，有利于干物质积累；黑木耳又属木腐菌，伊春的黑木耳均用柞椴等阔叶锯末为原料生产，符合它的自然属性，在全国黑木耳产品中属上品。伊春市黑木耳生产起步较早、规模大。20世纪60—70年代即开始野生采摘，进入20世纪80年代从事椴木生产，20世纪90年代从事袋料栽培，2014年开始立体栽培，2015年全市黑木耳生产规模达到4.9亿袋，居黑龙江省之首。全市已有12家企业的黑木耳产品获有机食品、绿色食品认证。初步形成了以黑木耳栽培为核心，辐射菌种生产、机械制造、生产资料供应、技术推广、产品销售的黑色经济产业群。

生产特点

伊春市地貌特征为"八山半水半草一分田"。全市耕地土壤主要是黑土、草甸土和白浆土，林地土壤主要是山地暗棕壤和棕色针叶林土，土地自然肥力高，有机质含量高，表层腐殖质含量高，有利于黑木耳的生长。伊春市境内沟谷密布，水系发达，为伊春黑木耳的生长提供了重要的水源。伊春属寒温带大陆性季风气候，冬季寒冷漫长，春秋季节分明，夏季短暂，年积温1 990~2 550℃，年降水量550~650毫米，日照时数平均为2 390.8小时，年无霜期90~125天，适合北方大部分农作物的生长，特别是对栽培黑木耳极为有利。

伊春黑木耳主要采用林下栽培，栽培场地交通便利，远离污染源，地势较高，水源方便，水质优良，自然整枝良好，林下杂灌木稀少，通风、透光、保湿性能良好。当地选用抗逆性强、抗杂菌力强、菌丝生长健壮、原基产生整齐、子实体生长快、速生高产、商品性好的品种，有利于提升产品的质量。

伊春榛蘑

登记证书编号：AGI00142

地域范围

伊春市位于黑龙江省东北部，小兴安岭纵贯全境。榛蘑地理标志保护的区域范围包括铁力市、嘉荫县、伊春区、友好区、上甘岭区、五营区、红星区、新青区、汤旺河区、乌伊岭区、乌马河区、翠峦区、带岭区、南岔区、美溪区、西林区、金山屯区、铁力局、双丰局、桃山局、朗乡局21个县（市）、区、局。地理坐标为东经127°42′~130°14′，北纬46°28′~49°21′。

品质特色

伊春榛蘑呈伞形，淡土黄色，老熟后棕褐色。盖顶中部有平伏或直立的小鳞片，老熟后近光滑，盖的边缘有放射状排列的条纹。撕开菌盖可见蘑肉白色。菌柄细长，圆柱形，基部稍粗，柄多弯，高5~13厘米，有纵条纹，内部松软至空心。伊春榛蘑粗蛋白含量大于16%，粗脂肪含量大于2%，粗纤维含量大于8%，总糖含量大于28%，钙含量大于500毫克/千克，铁含量大于400毫克/千克，含有人体必需的多种氨基酸和维生素，营养成分是一般蔬菜的十几倍。

人文历史

伊春榛蘑采自于小兴安岭原始森林，贵在野生，一般多生在浅山区的榛柴岗上，故而得名"榛蘑"。伊春榛蘑采摘历史较早，有人烟时就开始采摘。伊春榛蘑是东北特有的山珍之一，同时也是极少数不

能人工培育的食用菌之一，它生长在土质肥沃的东北深山老林中的榛材林里，不受任何污染，营养成分极丰富。伊春当地人都知道，野生榛蘑对高血脂、高血压、动脉硬化，有明显疗效，长期食用具有明显抗癌作用，增强肌体免疫力。由于无法人工繁殖，榛蘑一直是供不应求。

生产特点

伊春市地貌特征为"八山半水半草一分田"。全市耕地土壤主要是黑土、草甸土和白浆土，林地土壤主要是山地暗棕壤和棕色针叶林土，土地自然肥力高，有机质含量高，表层腐殖质含量高，有利于榛蘑的生长。伊春市境内沟谷密布，水系发达，是榛蘑生长的重要水源保障。伊春属寒温带大陆性季风气候，冬季寒冷漫长，春秋季节分明，夏季短暂，年积温1 990~2 550℃，年降水量550~650毫米，全市日照时数平均为2 390.8小时，年无霜期90~125天，适合榛蘑菌类作物的栽植。

伊春榛蘑7—8月生长在针阔叶树的干基部、代根、倒木及埋在土中的枝条上，8—9月开始人工采摘。采摘后经过粗选清除干净蘑菇中碎末及杂质，再精选出优良的产品，并将其分成不同的等级，进行烘干保存，确保其优良品质。

肇源大米

登记证书编号：AGI00143

地域范围

肇源县位于黑龙江省西南部，松嫩两江左岸。肇源大米生产地域位于张广才岭西麓，松花江南岸的蚂蜒河中游，地理标志区域包括延寿镇（部分）、六团镇、中和镇、加信镇、安山乡、寿山乡（部分）、玉河乡、延河镇8个乡镇70个行政村的水稻田。地理坐标为东经123°57′~125°45′，北纬45°23′~45°59′。

品质特色

肇源大米米粒整齐，光洁度高，不含杂质。做出的米饭洁白光润，晶莹透明，营养丰富，胶质含量高，品味香醇，不回生，口感极佳。肇源大米富含蛋白质、糖类、钙、磷、铁、葡萄糖、果糖、麦芽糖，以及多种维生素和微量元素。经检测，其粗蛋白含量大于5%，直链淀粉含量大于17%，胶稠度大于80毫米，食味品质86分。

人文历史

肇源县历史悠久，文化底蕴丰富，早在新石器时代就有肃慎族及扶余族在这里生息繁衍，留有著名的"白金宝文化""望海屯遗址"等百余处丰富的遗存。早在清朝时期就种植过水稻，1983年水稻栽培初具规模，种植面积10 527亩，平均亩产147千克。近年来，由于采用先

进科学的栽培管理技术，现在水稻常年亩产600千克以上，栽培面积达34 700公顷。肇源是全国粮食生产先进县，全国绿色食品原料水稻标准化生产基地县，素有"塞北江南、鱼米之乡"的美称。这里肥沃的土质，适宜的气温，丰足的松嫩江水，独特的光热条件，优良的自然生态环境和悠久的人文历史因素造就了品质优良的"肇源大米"。

生产特点

肇源县多为低地平原，多沼泽、泡泊、河川，地域大体是"水、草、田"三分天下，土质肥沃，水源丰沛，农业生态环境优良，素有"塞北江南"之美誉。境内土壤以黑钙土、草甸土为主，土层深厚，蓄水能力强，有机质含量在3%左右，耕性良好，适宜水稻大面积种植。肇源县水资源丰富，可引松、嫩两江水灌溉，确保这里生产出优质的绿色食品大米。肇源县气候属于北温带大陆性气候，四季分明，光照条件好，年均降水量在600毫米左右，年有效积温2 900~3 100℃，无霜期可达165天，这些自然条件为水稻生长提供了良好的健康发育环境，造就了品质优良的肇源水稻。

肇源大米产地选择土壤肥沃、耕性良好的土壤，同时选用高产、优质、抗逆性强的优良品种，如松粳3号、松粳7号、松粳8号。生产过程中，加强管理，增施农家肥；在水稻生育期，要进行人工挠根、人工薅草和人工除草，活土活水，提高水温地温，消灭杂草，促进水稻生育，充分确保肇源大米产品质量。

延寿大米

登记证书编号：AGI00144

地域范围

延寿大米生产地域位于黑龙江省东南部，张广才岭西麓，松花江南岸的蚂蜒河中游。地理标志保护区域包括延寿镇（部分）、六团镇、中和镇、加信镇、安山乡、寿山乡（部分）、玉河乡、延河镇8个乡镇70个行政村的水稻田。地理坐标为东经127°54′20″~129°04′30″，北纬45°10′10″~45°45′25″。

品质特色

延寿大米米粒粗长饱满，晶莹剔透，蒸饭口感醇香，千粒重50克。其营养丰富，富含锌和硒营养元素，经检测含粗蛋白大于5%，直链淀粉大于18%，胶稠度大于76毫米，食味品质85分。

人文历史

延寿县种植水稻的历史悠久，具有100多年的历史，早在民国二年（1912年）郭高丽等几户朝鲜族农民来种植水稻，揭开了延寿县种植水稻的历史篇章。据《延寿县志》记载，民国十二年（1923年）以后，延寿县的常家油坊（延河镇）、严家烧锅（平安乡）、西张油坊（加信镇）、李家店（六团镇）、黄家烧锅（青川乡）等地，多处开发大甸子种植水稻。到1934年，全县水稻面积达到148 380亩，出现了水稻发展的第一次高峰。从2002年开始，水稻面积逐年增加，到2007年水稻面积发展到66.3万亩，产量33万吨。延寿县全面整合水稻品种，按区域布局

和积温区划,良种化率达到98%以上;全面推广水稻旱育稀植技术、大中棚育苗技术、机械插秧技术。

生产特点

延寿大米生产地域地势平坦,远离市中心,无工业"三废"污染,地净田洁,土质肥沃,为黑黏土、沙壤土质,地势低洼,土壤有机质含量3%~6%,自然肥力较高,特别适合水稻生长。延寿县境内蚂蜒河、亮珠河、部分地下水可以保障充足的水源浇灌水田,促进水稻生长。延寿县地处中纬度亚洲大陆东侧,属中温带大陆性季风气候,气候温和,光照充足,雨量充沛,生态环境良好。全县年平均降水量为570.9毫米,年平均日照时数为2 490.1小时,这些自然条件造就了品质优良的延寿大米。

延寿大米产地通常选择草甸土、冲击土和水稻土,并选用通过审定的、抗逆性强的中晚熟的优质品种,如五优稻3号、松粳10号、龙粳14、绥粳7号和垦稻12号5个核心品种。此外,生产过程中加强管理,使生产的水稻整精米率高、垩白率低、胶稠度高、米质口感好。

穆棱晒烟

登记证书编号：AGI00145

地域范围

穆棱市位于黑龙江省东南部。全市辖6镇3乡141个行政村，穆棱晒烟保护总面积84 250公顷。地理坐标为东经129°45′09″~130°08′30″，北纬44°15′00″~45°07′16″。

品质特色

穆棱晒烟晒后为红黄色、油分足、叶片较薄、填充力强、弹性好、香气较足、烟劲中等、刺激性小、产量中等。烟叶具有化学指标波动性小、内在质量稳定、燃烧性好、阴燃时间长、配伍性好、可用性强、安全性高的特点，是生产复合型卷烟的可靠烟叶。穆棱晒烟中，晒烟烟碱含量2.5%、还原糖含量5.36克/100克、粗蛋白含量19.88%、总糖含量6.06克/100克、氯含量0.5%、磷含量0.23%、氮含量3.18%，钾含量18 409毫克/千克。

人文历史

穆棱烟叶色泽纯正，香味浓郁，烟劲适中，蜚声国内。早在清末始有种植，从自给性生产发展到商品性生产，经历过发展—跌落—高峰3个阶段。晒烟的商品效益占全县经济作物主导地位，

1985年，穆棱市的晒烟产量居省首位，畅销国内外。1983年9月，穆棱晒烟被国家列为名晒烟，成为黑龙江省晒烟商品基地。20世纪80年代初，以穆棱晒烟为主原料，成立了穆棱县卷烟厂。

生产特点

穆棱市土地共分为7个土类，以暗棕壤土为主，土层厚度20~40厘米的有2.1万公顷，超过40厘米有7.5万公顷，有机质含量在4%~6%的有8.5万公顷，76%以上的耕地均可种烟。这些土地中因花岗岩的长石和水云母黏土矿物钾的含量高，生产的烟叶燃烧性好，阴燃时间长。穆棱市内水利工程建设供水能力达到1.45亿立方米，水源充足，水质好，无工业排水污染，有利于晒烟生长发育。穆棱市气候属于温凉半湿润类型，酷热气候较少，烟叶的蒸腾作用小；历年5—9月的平均降水量为400~450毫米，能满足烟草生长的需要；穆棱市光照时间长又不强烈，无霜期110~135天，有利于烟草的生长。

穆棱晒烟的种植选择土壤疏松、通透性强、排水良好、肥力中上等的暗棕壤、河淤土地块，前茬最好是谷类作物或玉米茬。主栽品种为龙烟二号、龙烟四号、穆棱大护脖香、腰岭烟、柳毛烟、红岩烟、杨木村大叶黄、富强烟、梨树沟烟等。当地推广工厂化育苗，提升了晒烟的质量整体水平。

兰西西瓜

登记证书编号：AGI00162

地域范围

兰西县位于黑龙江省省城哈尔滨略偏西北部，地处松嫩平原南部，小兴安岭余脉拉哈岗沿呼兰河西岸纵贯县境南北。兰西西瓜地理标志保护的区域范围包括临江镇、北安乡、兰西镇、榆林镇、康荣乡、红光乡、奋斗乡、远大乡、长岗乡、兰河乡、燎原乡11个乡镇。地理坐标为东经125°42′10″~126°38′10″，北纬46°02′05″~46°38′20″。

品质特色

兰西西瓜大小均匀，整齐一致，圆整端正，外观果面光滑，瓜皮色泽新鲜，花纹条带清晰。西瓜切开后，果实剖面无空心、白筋、黄块等；果皮薄而有韧性；西瓜瓤色鲜红一致，有沙感；果肉水多、质脆，软硬适中，肉质细，纤维少，爽口香甜。果实折光含糖量高，中心含糖13°以上，固形物大于10%，含水量87%左右，维生素C含量大于8毫克/100克，含有蛋白质、粗纤维，以及钙、磷、铁等微量元素，此外，还含有瓜氨酸、精氨酸、丙氨酸、氨基丁酸、谷氨酸等多种氨基酸，以及磷酸、苹果酸、乙二醇。

人文历史

兰西西瓜的种植距今有150多年历史，20世纪80年代后引进地膜覆盖技术。自90年代以来，涌现出很多种瓜能手，其中，张栢臣在人民大会堂受到前总书记胡锦涛的亲切接见。在全国各地举办的"西瓜王"大奖赛上，兰西西瓜多次摘金夺银，1997年，李志国培育的特大西瓜被前国务院副总理田纪云誉为

"西瓜之冠",兰西县也被誉称为"西瓜之乡"。兰西西瓜良种的培育和种植,不但带动兰西当地地方经济的发展,随着良种的外销和栽培技术的推广也带动全国多个地方西瓜产业的发展。

生产特点

兰西县地势呈西北高、东南低倾斜平原地貌。兰西西瓜保护区范围内耕地以黑土、黑钙土、草甸土等肥力较高的土壤为主,有机质平均含量为3.45%左右,适宜西瓜种植。境内水利工程建设供水能力达到1.32亿立方米,水源充足,水质好,无工业排水污染,有利于西瓜生长发育。兰西县地处中高纬度,属中温带大陆性季风气候区。夏季盛行东南风,湿润多雨;冬季盛行西北风,干燥严寒。年不少于10℃活动积温为2 711℃,平均降水量为456毫米,平均日照为2 738小时,平均无霜期为132天。由于独特的地形和气候特征,兰西西瓜生产才有了自己独特的品质。

兰西瓜地常选择在通风透气、排水良好、交通便利、土质肥沃的玉米茬地、谷茬地、糜茬地,其次是葱蒜茬地,做到与葫芦科作物实行7年以上轮作。而且选用抗病、抗旱、优质、丰产、耐贮运、商品性好的品种,例如,早熟品种京欣一号、志国三号等,中晚熟品种选用志国二号、绿隆宝、庆发13号等。此外加强生产管理的重要环节,确保兰西西瓜的品质。

五大连池鲤鱼

登记证书编号：AGI00163

地域范围

五大连池是"世界地质公园"，国家重点"风景名胜区""自然保护区"，五大连池矿泉水是世界三大冷矿泉之一，是我国唯一的冷矿泉疗养区。五大连池鲤鱼自然保护区位于黑龙江省五大连池市，地处小兴安岭西侧，包括一池子、二池子、三池子、四池子、五池子、南月牙泡、北月牙泡、药泉湖8个天然池，保护面积为2 200公顷。地理坐标为东经126°00′~126°26′，北纬48°34′~48°48′。

品质特色

五大连池鲤鱼体型细长，背部发黄色，体表全鳞，口感极佳，腥味淡而鲜味浓，肉质鲜嫩，营养丰富，平均每尾重达1千克以上。五大连池鲤鱼在含有多种微量元素的矿泉水中生长，微量元素尤其是钙和镁含量高，每千克含钙108.3毫克，镁290.5毫克，铁29.3毫克，锌25.2毫克，粗蛋白含量为18.46%，粗脂肪含量为3.30%，不饱和脂肪酸含量高，对人体健康非常有益。

人文历史

五大连池火山有60多万年前的早期火山,30多万年前后的中期火山,还有在1719—1721年喷发的仅有280多年的近期火山。五大连池湖泊是我国第二大火山堰塞湖,湖泊水源主要来源于地下冷矿泉,水质优良,含有多种矿物质,所生产的水产品被消费者誉为矿泉水产品。五大连池风景区自1984年开发至今,渔业经过十几年发展,目前已发展现在的养殖面积达3.4万亩,养殖品种达到10余种,养殖产量达800吨。五大连池生产的鱼类以其肉质鲜嫩,营养丰富,口感极佳,而且具有保健功能,深受消费者的青睐,产品供不应求。随着五大连池矿泉产品的开发,渔业被列为矿泉产品开发的重点。

生产特点

五大连池保护区保存着完整的熔岩台地和火山地貌,是我国火山最集中的区域。土壤pH值一般为7.0~7.5,土壤肥力优良。区内水资源丰富,讷漠尔河的支流白河,连着5个湖泊,容量为10 439万立方米。区内多矿泉,药泉山下有南泉北泉、翻花泉,是我国极其宝贵的矿泉水资源,十分有利于养殖鲤鱼。五大连池属富营养湖,湖内生长着丰富的浮游生物,其中最大的三池子面积8.2平方千米,是鲤鱼生长的理想环境。矿泉鲤鱼养殖区域为天然池底泥,底泥元素位于背景值正常区域,水质清洁,确保产品的纯天然性。

五大连池鲤鱼养殖从苗种运输、投放、养殖管理、捕捞,到运输销售等各环节的把控十分严格,可确保生产出来的是纯天然无公害产品。

兰西香瓜

登记证书编号：AGI00183

地域范围

兰西县位于黑龙江省哈尔滨市略偏西北部，地处松嫩平原南部，小兴安岭余脉拉哈岗沿呼兰河西岸纵贯县境南北。香瓜地理标志保护的区域范围包括榆林镇、红光乡、兰西镇、奋斗乡和康荣乡5个乡镇，地理坐标为东经126°39′20″~126°41′10″，北纬46°02′08″~46°20′20″。

品质特色

兰西香瓜多为卵圆形，表面光滑，果肉厚约2厘米，质脆味甜，清香味好。果实折光含糖量高，口感好，品质佳。富含蛋白质、脂肪、碳水化合物、钙、磷、铁、胡萝卜素、硫胺素、核黄素、烟酸、抗坏血酸等多种营养物质，经测定，每100克含糖（以还原糖计）7.46克，高于一般的香瓜。

人文历史

香瓜别名甜瓜，19世纪中叶由关内移民传入黑龙江省种植，兰西县种植香瓜距今有150多年的历史。1896年，由俄国传入厚皮香瓜，民国时期和东北沦陷时期，香瓜在农村普遍种植。20世纪80年代后引进地膜覆盖技术，应用的品种主要有龙甜系列、齐甜系列。21世纪后，发展到用大中棚育苗，地膜加小拱棚双膜栽培，采用的品种主要有甜金刚、金妃、景甜1号等早熟优良品种。香瓜种植面积也逐年扩大，经过近20年的快速发展，兰西香瓜逐渐形成了自己的品质特性，在省内外比较畅销。自20世纪90年代以来，兰西县涌现出很多种瓜能手，种植香瓜已经成为农民致富的一个重要途径。

生产特点

兰西县地势呈西北高、东南低倾斜平原地貌。兰西香瓜保护区范围内耕地以黑土、黑钙土、草甸土等肥力较高的土壤为主，有机质平均含量丰富，适宜种植兰西香瓜。兰西县境内水利工程建设供水能力达到1.32亿立方米，水源充足，水质良好，有利于香瓜生长发育。兰西县属中温带大陆性季风气候区，夏季盛行东南风，湿润多雨；冬季盛行西北风，干燥严寒。年不低于10℃活动积温为2 711℃，能满足农作物对热量的需求。历年平均降水量为456毫米，年平均日照为2 738小时，年平均无霜期为132天，特别适合香瓜的生长。

兰西瓜种植于通风透气、排水良好、交通便利、土质肥沃的地块，前茬以玉米茬、谷茬、糜茬为主，其次是葱蒜茬，与葫芦科作物实行5年以上轮作。同时，选用抗病、抗旱、优质、丰产、耐贮运、商品性好的品种，通常用金妃、景甜1号等早熟优良品种。在香瓜生产过程中，应时刻留心种子处理、育苗移栽、病虫害防治等关键环节，从而进一步提升香瓜的品质。

方正银鲫

登记证书编号：AGI00184

地域范围

方正县位于黑龙江省中南部，松花江中游南岸，长白山支脉张广才岭北段西麓，蚂蚁河下游。方正银鲫地域保护范围包括方正银鲫原种场、方正县双凤水库、双龙水库，地域保护总面积1 446.7公顷。地理坐标为东经128°13′37″~129°33′24″，北纬45°32′47″~46°08′53″。

品质特色

方正银鲫体型短，侧扁而高，头小，吻钝，全侧深银白色，每个鳞片的边缘颜色稍深。背鳍条多数为17条，臀鳍5条，脊椎骨数30~31块；腹膜灰黑色或黑色；肝脏肥大，柔软，褐红色，几乎覆盖整个肠脏，重量占体重的6.5%~7.4%。方正银鲫鲜肉中富含蛋白质，因此肉味鲜美，是淡水食用鱼中的上品，是水产品市场中最受欢迎的鱼类之一，粗蛋白含量大于17%，不饱和脂肪酸含量大于45%，每千克含钙量大于3 500毫克。

人文历史

方正银鲫原产于黑龙江省方正县双凤水库，因其生长快速、抗病力强、适口性好等特点，方正银鲫深受全国各地特别是南方养殖单位的欢迎，方正县拥有全国唯一的一家国家级银鲫原种场，从1975年开始，现该品种已推广至全国20多个省市，产生显著的经济效益和社会效益。近年来方正县委、县政府把方正银鲫养殖生产作为发展方正经济的重要产业，大力建设方正银鲫养殖基地。方正银鲫基地的建设拉动方正县的相关产业快速发展，为农民增收，振兴县域经济做出极大的贡献。

生产特点

方正县地势由东西分水岭向中部蚂蚁河谷平原倾斜，地势平坦，县内双凤水库上游消落区较大，有较多的荒草和灌木，春汛后水面可增加50%以上，草木被淹没，为方正银鲫提供良好的场所，水库冰封期和明水期各半，水温超过14℃以上天数在100~130天。方正县属寒温带大陆性季风气候，春季风大少雨，夏季炎热多雨，秋季早霜，冬季寒冷

干燥，平原地区无霜期在110~128天，多年平均降水量为594.1毫米，有利于鲫鱼的生长。

方正银鲫养殖生产须对原产地（双凤水库）的环境进行水质、水量、种群结构、水生动植物、水体理化因子进行监控，改善不适条件。当地从种质库采集方正银鲫，利用人工池进行提纯、复壮，然后再放回种质库以确保种质不发生改变，从而确保方正银鲫的品质纯正。

梅里斯油豆角

登记证书编号：AGI00189

地域范围

梅里斯油豆角主要分布在齐齐哈尔市梅里斯达斡尔族区的达呼店镇与共和镇，地域保护范围面积4 000公顷。地理坐标为东经123°31′~124°19′，北纬47°13′~47°53′。

品质特色

梅里斯油豆角蔓长2.0~2.5米，叶片大，深绿色，花冠紫色。6叶时开始结荚，嫩荚长15~18厘米、宽2.8~3.2厘米，整齐，绿色，荚尖紫红，扁条形，肥大肉厚，纤维少，味佳，品质好，耐贮运，商品性好。梅里斯油豆角含有丰富的维生素和矿物质，每100克油豆角产品中，含有维生素A 27毫克，维生素C 11毫克，蛋白质

2.4 克，脂肪 0.3 克。此外油豆角有平衡膳食的作用，坚持食用可以减少脂肪含量，增加免疫力。

人文历史

油豆角作为梅里斯区传统产业，有着悠久的历史，从庭院中走来，逐步走向市场，渐渐做大做强，成为梅里斯区的一村一品的主导产业。早在 20 世纪 80 年代前，梅里斯达斡尔族区的油豆角，只是松散种植，没有形成规模，主要分布在该区的各个村屯。由于梅里斯油豆角的销售市场广阔，油豆角产业逐渐做大做强，如今已成为梅里斯区主导产业之一。

生产特点

梅里斯达斡尔族区水草丰盛纯净，空气清新，作为齐齐哈尔市最大的副食品生产基地，主水源的嫩江干流源于大兴安岭，无污染源，水质好，水量充沛，适合油豆角的大面积种植。油豆角种植区属中温带半湿润大陆性季风气候，年平均降水量为 415 毫米，日照时数为 2 861.9 小时，无霜期为 136 天，有效积温为 2 718℃，昼夜温差大，利于农作物碳水化合物和蛋白质的合成，光热资源充足，是黑龙江省热量最好的地区之一，为油豆角的生长提供了良好的环境。

龙江小米

登记证书编号：AGI00376

地域范围

龙江县位于黑龙江省西部，地处大兴安岭与松嫩平原过渡地带。龙江小米农产品地理标志区域保护范围包括哈拉海乡、七棵树镇、鲁河乡、龙兴镇、济沁河乡、山泉镇、龙江镇、杏山乡、景星镇等，保护总面积为 227 000 公顷，地理位置为东经 122°24′28″~123°37′19″，北纬 46°23′21″~47°40′27″。

品质特色

龙江小米籽粒饱满，粒大、粒圆、色泽鲜黄、浅亮。蒸制后产品黏着力强，具有较好的黏聚性，不易散，口感醇香。煮制后产品表现出黏度高，颗粒状态好，香味扑鼻。龙江小米营养丰富，其中粗蛋白含量大于10%，粗脂肪含量大于1.8%，直链淀粉（占脱脂样品）含量大于22%，胶稠度大于115毫米，碱消值大于2.5级，每100克龙江小米维生素 B_1 含量大于0.35毫克、钙含量大于4毫克、铁含量大于2克。

人文历史

龙江小米久负盛名，谷子种植历史悠久。据史料记载，在 1927—1929

年,龙江地区谷子的种植面积年均已达到50万亩。随着新技术的推广,龙江县已成为黑龙江省西部杂粮产销集散地、全国粮食生产百强县。

长期以来,小米就受到龙江人的青睐,同时也是人们的主食之一。现在,龙江小米已经走出了黑龙江,在北京、上海等大城市受到广大市民的欢迎。尤其在全国防沙治沙农业产品博览会上,龙江小米获得了前总理温家宝的好评,航天英雄翟志刚也对龙江小米赞不绝口。从2002年开始,龙江小米多次在中国(齐齐哈尔)绿色食品博览会上获得畅销产品奖和包装创新奖,得到了消费者和经销商的认可。

生产特点

龙江县地势特点为西高东低、北高南低,自西向东地貌单元依次构成低山、丘陵、平洼3种自然类型。土壤类型以草甸土分布最广,暗棕壤和黑钙土次之,土壤肥力中等偏上,特别适合谷子的生长。龙江县地下水非常丰富,水层深、厚度大、颗粒粗、水量大、水质好、易开采,具备良好的灌溉水条件。龙江县属温带大陆性季风气候,年平均降水量为446.1毫米,年平均日照时数为2 678小时,无霜期为127~135天,昼夜温差大,有利于农作物碳水化合物和蛋白质的合成。全县土地资源丰富,空气清洁,光照充足,降水集中,雨热同季,为谷子的生长发育提供了极其有利的条件。

龙江小米选用审定推广后经生产实际认可的,高产优质、抗逆性强的龙谷25作为主栽品种。生产中实行"六统一",即统一优良品种、统一生产操作规程、统一投入品供应和使用、统一田间管理、统一标准质量、统一收获,充分保证产品质量。

新立胡萝卜

登记证书编号：AGI00377

地域范围

新立镇位于哈尔滨东部，松花江南岸。新立胡萝卜地域保护范围辖新立村、光明村、庆丰村 3 个行政村，9 个自然屯，地域保护范围面积 1 334 公顷。地理坐标为东经 126°48′50″~126°51′03″，北纬 45°49′15″~45°50′36″。

品质特色

新立胡萝卜外观呈圆柱形，表皮光滑，形状整齐，心柱小，肉厚不糠；长度为 18 厘米左右、直径为 5 厘米左右；皮红、肉红、芯红，性状良好，肉质细密，色泽红润，质地脆嫩，有特殊的甜味；品质好，耐贮运，商品性好。新立胡萝卜含有丰富的维生素和矿物质，每 100 克胡萝卜产品中，含有 β-胡萝卜素不低于 6 毫克、维生素 C 不低于 140 毫克，钙不低于 34 毫克、铁不低于 0.8 毫克，粗蛋白含量不低于 0.9%，粗纤维含量不低于 0.8%，水分含量不低于 90%，总糖含量不低于 5%，可溶性固形物含量大于 7%。

人文历史

新立胡萝卜作为当地的传统产业，有着悠久的历史，从小面积种植逐步走向市场，渐渐做大做强，成为一村一品的主导产业。早在 20 世纪 80 年代前，新立胡萝卜只是松散种植，面积不足 1 000 亩，没有形成规模，主要集中在新立村、庆丰村的各个村屯。1999 年年底，随着国家产业结构调整政策的落实，政府组织广大村民对胡萝卜和玉米生产成本效益进行分析，通过认真研究分析表明，每亩胡萝卜的平均效益等于3亩地的玉米效益，广大农户对胡萝卜的生产带来的巨大效益产生了浓厚的兴趣。随着种植面积的增加，产量的提高，产品逐渐销售到国内各地，产品知名度逐渐提高。

生产特点

新立县地处松嫩平原，地势开阔平坦，地貌属于岗上阶地，适于机械化作业。土壤主要是黑质土，土质黑松肥沃，土壤发育良好，适合于胡萝卜、大葱、马铃薯等蔬菜作物的生长。这里属阿什河与松花江交汇地区，江水、河水对地下水的补给量很大，地下水为低矿化淡水，适宜灌溉，是发展种植业的良好基地。胡萝卜种植区属寒温带大陆性季风气候，年平均降水量为550毫米，日照时数为2 700小时，无霜期为130天，有效积温为2 800℃，光热资源充足，昼夜温差大，利于农作物碳水化合物和蛋白质的合成，为胡萝卜的生长发育提供了极其有利的条件。

新立胡萝卜的品种主要选择适合本地条件的高产、质佳、熟期不同的胡萝卜品种，如新黑田系列的益农、太极红等。在生产过程管理中，对胡萝卜种子实行"统一采购、统一消毒"，保证质量。

阿城大白菜

登记证书编号：AGI00378

地域范围

阿城区位于黑龙江省哈尔滨市东南部。阿城大白菜的地理标志保护的区域范围为阿城区阿什河街的南城村、白城村、东环村，双丰街的双兰村、胜祥村、爱民村、椴树村，料甸乡的新发村、海沟村，地域保护范围的面积为7 295.8公顷。地理坐标为东经126°40′~127°40′，北纬45°10′~46°00′。

品质特色

阿城大白菜株型半直立，株高属中型，外叶色较深，叶面稍皱，叶柄绿色，结球坚实，叶色深绿有光泽，中桩叠抱，单株净菜重4千克左右，叶球重量占整株80%以上。阿城大白菜的营养价值很高，其中可溶性总糖的含量在3.7%以上，可溶性固形物的含量大于4.9%、维生素C的含量大于240毫克/千克，粗纤维的含量在0.6%以上、谷氨酸的含量在0.2%以上，脯氨酸的含量大于等于0.09%，17种氨基酸的总量大于0.8%。

人文历史

阿城大白菜种植历史较长，发展也较快，早在1934年阿城人开始种植大白菜。改革开放后，农村实行了家庭联产承包经济体制改革，当地政府通过帮助农民打机电井，使大白菜产区的耕地100%变为水浇地，激发了农民种植白菜的热情。再加上农民不断增施粪肥，改进栽培技术，采用了间种、复种等多种栽培模式，增加了单位面积的保苗数，加强了田间管理，使大白菜产量和质量

有了显著提高,阿城大白菜以其独特的品质赢得了广大消费者的喜爱,窖贮白菜量逐年增加。阿城大白菜由于抗病害,口感佳,品质优,耐贮运,在黑龙江省比较畅销,还远销到辽宁、吉林、深圳等地。

生产特点

阿城大白菜的生产地域生态环境良好,土地资源丰富,以黑土为主,土壤肥沃,土质疏松,耕性良好,保水保肥力强,适合大白菜生长。该地区范围内的河流属松花江水系,水源为地下水,灌溉多井灌,灌溉水水质良好。阿城区气候温和,光照充足,雨量充沛,雨热同季,年降水量600毫米左右,全年平均日照数2 658小时,年积温达3 730℃以上,无霜期136天左右,有利于大白菜种植。

阿城大白菜的地理标志保护的区域空气清晰,土质肥沃,降水均匀,年有效积温适宜,日照充足,是生产大白菜的好地方。当地选择适宜阿城区种植并通过国家审定的北京新3号优良品种,其他品种只能进行试验,不允许大面积种植,同时,加强生产过程管理,注重细节把握,确保大白菜的品质。

甘南葵花籽

登记证书编号：AGI00379

地域范围

齐齐哈尔市甘南县位于黑龙江省西部。甘南葵花籽主要分布在甘南县甘南镇、中兴乡、长山乡、音河镇、兴隆乡、宝山乡、平阳镇、东阳镇、巨宝镇、查哈阳乡，地域保护范围面积35 000公顷。地理坐标为东经122°54′06″~124°28′12″，北纬47°25′07″~48°32′05″。

品质特色

甘南葵花籽为食用型葵花籽，百粒重130克以上、籽仁率53%以上。籽实长锥形、色泽明亮、饱满性好，空壳少，种皮多为白黑条纹，管状花脱落部位有空隙便于嗑食，嗑食时果皮容易开裂为长条形，不易破碎。熟制后口感酥脆、香气纯正，籽实外观均匀一致，是做炒货的优质原料。甘南葵花籽含有丰富的粗脂肪、粗蛋白质、粗纤维、矿物质和维生素E。其中粗脂肪和粗蛋白质含量配比适中，既保障了营养平衡配比，同时也保障了休闲食品的良好口感。葵花籽实产品中，粗脂肪含量大于42%、粗蛋白含量大于23%、粗纤维含量大于1%、矿物质含量大于1%。

人文历史

向日葵是甘南县的特产。古籍记载向日葵约在明朝时引入中国，如今所知最早记载向日葵的文献为明朝人王象晋所著《群芳谱》，该书中尚无"向日葵"一名，只在"花谱三

菊"中有"丈菊"之称。"向日"之名见于文震亨《长物志》。早在19世纪50年代甘南县已有了向日葵的种植,到20世纪50—60年代开始了大面积种植。2005年总播种面积达到了80万亩,占全省食用向日葵种植面积的1/3,占全国食用向日葵种植面积的1/10,总产达12万吨,销售收入4.8亿元,是全国最大的食用向日葵生产基地和销售集散地。2000年8月,甘南县被中国特产之乡组委会命名为"中国向日葵之乡"。

生产特点

甘南县地势北部、西部为丘陵漫岗区,以黑土为主,东部及南部为平原区,土壤以中性黏土和沙壤质草甸土为主,有机质含量相对丰富,肥力中等偏上,适宜向日葵的种植。甘南县属嫩江和阿音河谷冲积平原,地表与地下水资源丰富,是发展种植业和牧业的水源保障。葵花种植区属中温带大陆性季风气候,年平均降水量为455毫米,日照时数为2 600~2 900小时,无霜期为125~145天。有效积温为2 682.8℃,光热资源充足,昼夜温差大,利于农作物碳水化合物和蛋白质的合成,为葵花的生长发育提供了极其有利的条件。

葵花种植区产地应选择耕层深厚、肥力较高、保水保肥及排水良好的地块。优先选择小麦、玉米、马铃薯茬,轮作期限5~7年。通常选用甘葵二号作为种植品种,播前10天进行发芽试验,然后人工精选种子,并晒种2~3天。播种以后,加强施肥、田间管理和病虫害防治等环节,确保葵花籽的质量。

东宁黑木耳

登记证书编号：AGI00380

地域范围

东宁县位于黑龙江省东南部，属长白山脉的低山丘陵地带。东宁黑木耳地理标志保护的区域范围为全县境内，主产区域以绥阳镇、道河镇、大肚川镇、东宁镇、老黑山镇、三岔口镇和绥阳林业局为主，地域保护区面积713 700公顷，地理坐标为东经130°19′40″~131°18′06″，北纬43°25′24″~44°49′40″。

品质特色

东宁黑木耳色泽好、口感佳且具有菌香味，耳片无根有弹性，耳面呈黑褐色，耳背呈暗灰色，反正面明显；干品直径在2~4厘米、厚度超过0.8毫米，对称度较好，易于复水；复水后耳片外轮廓呈椭圆形，外形美观、光泽度好、耳片完整。东宁黑木耳粗蛋白含量高于13%、粗纤维含量高于5%、总糖含量高于55%、钙含量高于220毫克/100克、磷含量高于23毫克/100克，粗蛋白、粗纤维和糖含量均较高。

人文历史

东宁黑木耳生产历史悠久、源远流长。早在1860年前后，东宁域内就开始伐木采耳。伪满时期，东宁黑木耳输往日本。新中国成立后，黑木耳生产作为东宁人的传统副业，继续发展。1971年，

建立了东北三省第一个黑木耳菌种厂——东宁食用菌试验站，此后20年，逐步发展成为人工段木栽黑木耳的主产基地县，段栽木耳发展至鼎盛，段存量及产量在全国遥遥领先。20世纪90年代中后期，国家"天保工程"实施，段栽木耳发展道路走到了尽头。东宁人历尽艰辛，苦苦探索，终于摸索出了一套袋料栽培技术。21世纪初，东宁人又相继研发了小孔栽培技术、棚室挂袋栽培技术、春耳栽培技术、秋耳栽培技术和春耳秋管技术等多项世界领先的黑木耳栽培新技术。

生产特点

东宁县地貌呈"九山半水半分田"特征，平均海拔高度400~600米，境内森林覆盖率88%，柞树、桦树等阔叶林面积分布较广，生态环境优越，特别适合黑木耳生长。东宁县境内有大小河流160余条，自然降水量丰富，年平均降水量530毫米，为黑木耳生产提供了充足的水源。东宁县属大陆性季风气候，气候湿润，四季分明，雨热同季，阳光充足，非常适合黑木耳生长，为东宁黑木耳卓优的品质奠定了坚实的基础。

东宁黑木耳出耳场地要求周围环境清洁，光线适宜，通风良好，保温保湿性能好。当地选用抗病性强的菌种，如9809、草优等。生产过程中，注意培养基配制、装袋、灭菌，以及出耳管理等，从而提升东宁黑木耳的产品质量。

克山大豆

登记证书编号：AGI00381

地域范围

克山县位于黑龙江省齐齐哈尔市的东北部，为小兴安岭伸向松嫩平原的过渡地带。克山大豆地理标志保护范围为克山县范围内15个乡镇，即古城镇、双河乡、河南乡、河北乡、向华乡、古北乡、北联镇、曙光乡、北兴镇、克山镇、西联乡、西建乡、发展乡、西河镇、西城镇，地域保护面积31.4万公顷，地理坐标为东经125°10′57″~126°08′18″，北纬47°50′51″~48°33′47″。

品质特色

克山大豆籽粒饱满均匀，粒椭圆形，直径4~9毫米，呈淡黄色，有光泽，脐淡黄色，与种皮颜色接近，百粒重18~20克，手感较硬，豆堆可散发出清新香味。克山大豆为非转基因大豆，脂肪和蛋白质含量适中，脂肪含量在19%~22%，蛋白质含量在37%~40%，粗纤维、维生素E、钙、铁、锌、硒等含量丰富。

人文历史

克山县是从清末开始大面积种植大豆，到新中国成立种植面积已达到3万公顷，目前克山大豆种植面积已达到13万公顷以上。由于克山地处世界三大黑土地之一的亚洲东北黑土区，非常适合大豆的生长，具有得天独厚的气候、土壤、日照等优势，克山县的黑土地中所含有的大豆生长的元素比例均衡，天然降水适中，促进了克山大豆独特品质的形成，享誉海内外。

生产特点

克山县地貌类型主要地形为丘陵漫岗平原,县内土壤为淋溶黑钙土,松软肥沃,腐殖质层深厚,富含有机质,素有"黑土明珠"之称,有机质含量达到4.0%以上,利于高油大豆品质的形成。全境地表径流与地下水总量4.11亿立方米,可利用水量2.44亿立方米,蓄水量充足,水质良好,适宜大豆生长。克山县地处中寒温带大陆性季风气候,年均日照时数2 709.9小时,不低于10℃的有效积温2 500℃,昼夜温差大,全年无霜期125天,年均降水量550毫米,是生产高品质大豆的理想地域。

克山大豆产地实行三茬以上轮作,以薯类、麦类、玉米等为前茬,选择有深翻基础、土质疏松、排水良好的地块。目前,克山大豆推广品种有丰收25、克山1号等,以标准化生产保持其优良品质。此外,当地采用"垄三"栽培、45厘米垄上双行密植栽培技术,同时,深松整地、机械化生产,提升了克山大豆的品质。

延寿大豆

登记证书编号：AGI00382

地域范围

延寿县位于黑龙江省东南部，张广才岭西麓，松花江南岸的蚂蜒河中游。延寿大豆地理标志保护区域包括延寿镇、六团镇、安山乡、寿山乡、玉河乡、延河镇、青川乡7个乡镇的旱田大豆主产区，保护面积94 600公顷。地理坐标为东经127°54′20″~129°04′30″，北纬45°10′10″~45°45′25″。

品质特色

延寿大豆多为扁圆和长椭圆形，表面光滑，硬度好，粒形较小，籽粒饱满，百粒重19~21克，粒色一般为黄色、淡黄色，脐色为淡黄色。延寿大豆粗蛋白（干基）

含量大于 40%，粗脂肪含量大于 20%，粗纤维含量大于 9%，每 100 克延寿大豆含钙大于 140 毫克、含铁大于 8 毫克，每千克大豆含锌大于 43 毫克、含硒大于 0.01 毫克，17 种氨基酸含量大于 35%，非常适合加工优质豆瓣酱。

人文历史

延寿县种植大豆至今已有近 100 年的历史。据《延寿县志》记载，延寿县建县（1903 年）开始农民就种植大豆，到民国二十年（1931 年），大豆面积已达 53.6 万亩。延寿县从 1981 年开始试验示范并推广东农 26 大豆新品种及高产栽培技术，逐步结束大豆人工掩种、扣种的传统种植技术，实行起垄合理密植栽培技术。大豆产量由原来的亩产 50~75 千克，一跃提升到 150~175 千克，实现翻番增产。2007 年，延寿县大豆面积发展到 60 万亩，产量 9 万吨。

生产特点

延寿大豆生产地域地势平坦，地净田洁，土质肥沃，为黑黏土、沙壤土质，地势低洼，土壤有机质含量 3%~6%，自然肥力较高，特别适合大豆生长。境内有蚂蜒河、亮珠河两大水系，中型水库 2 座，小型水库 25 座，万亩以上灌区 10 处，为大豆种植提供了重要的水源。延寿县属中温带大陆性季风气候，气候温和，光照充足，雨量充沛，生态环境良好，年平均降水量为 570.9 毫米，年平均日照时数为 2 490.1 小时，有利于大豆的生产种植。

延寿大豆选择地势平坦、耕层深厚、土壤肥力较高、经过伏翻、秋翻或耙茬深松整地的地块，前茬以玉米、马铃薯为主，不重茬，不迎茬。根据当地生态条件，选用优质高产、熟期适宜、喜肥水、抗逆性强的品种或专用品种。全县主推五黑农 54、黑农 48、黑农 38、黑农 44 和合丰 45 等核心品种，良种化率达到 95% 以上。通过种子精选、播种、施肥，田间管理等生产过程，产出优质的延寿大豆。

虎林椴树蜜

登记证书编号：AGI00383

地域范围

虎林市是黑龙江省重要的养蜂基地和主要蜂产品产区之一。虎林椴树蜜产地为虎林市东方红镇、迎春镇、珍宝岛乡、阿北乡4个乡镇辖区，受保护范围355 000公顷。地理坐标为东经132°09′~133°56′，北纬45°23′~46°36′。

品质特色

虎林椴树蜜呈浅琥珀色，液态时半透明，有光泽；鼻嗅气味芬芳，有浓郁的薄荷香味；口尝味道醇厚甘甜，清香适口。椴树蜜结晶后呈典型的细腻雪白油脂状，如白雪、如油脂、如奶酪，素有白蜜之称。蜜质纯度好，葡萄糖、果糖的含量较高，是纯天然的原生态蜂蜜。

人文历史

虎林市的养蜂历史很悠久，据《虎林县志》记载，早在清朝光绪年间，就有人

土法饲养野生蜜蜂取蜜，距今已有100多年的历史了。当时虎林地处极边之地，交通不便，虽资源丰富，但地广人稀，最初的养蜂也是伴随着山东农民、河北农民闯关东垦荒种地而形成的。清朝光绪二十年（1894年），现虎林市虎头镇一带设呢吗口山海税务局，兼理民间放荒，从此山东、河北一带闯关东的农民，结伴来此安家垦荒种地。山东牟平人杨志大，也辗转来到此地，以挖人参、打松籽为生，后来又开始饲养野生蜜蜂。1913年，虎林建县，接着中东铁路修建，

俄罗斯的黑色西方蜜蜂和活框养蜂技术逐渐传入当地，随着蜂种和养蜂技术的改进，蜜蜂饲养发生了本质的变化。新中国成立之后，特别是1958年，王震将军带领10万转业官兵开发北大荒，也发展了养蜂业。

生产特点

虎林市地处穆棱河—兴凯湖低平原，是三江平原的组成部分，地形变化复杂，可分为低山丘陵、山前漫岗、河谷平原、平原、低平原等地貌类型，山林里全部是自然植被，土质肥沃。境内地表水有乌苏里江水系的一江五河、上百个自然泡沼和5座水库，水资源丰富。椴树蜜生产区域70%为自然山林，基本依靠自然降水灌溉。虎林属寒温带大陆性季风气候，全年日照为2 274.0小时，大于等于10℃积温为2 577.0℃，无霜期为141天，有利于椴树的生长和花蜜分泌。

虎林椴树蜜的生产基地要求环境条件良好，同时应加强蜂群的饲养管理，选择抗病品种，及时淘汰清除病弱蜂群，定期消毒，对蜜蜂病虫害的防治，以"预防为主、治疗为辅"。养蜂人员在采收椴树蜜前，必须对采收用具清洗整理，并进行沸水或酒精灭菌处理等，确保产品品质优良。

兴凯湖大白鱼

登记证书编号：AGI00384

地域范围

兴凯湖位于黑龙江省密山市东南，属中俄界湖。兴凯湖大白鱼地域保护范围包括我国境内大兴凯湖、小兴凯湖，面积 122 700 公顷。地理位置为东经 130°59′~132°51′，北纬 44°44′~45°24′。

品质特色

兴凯湖大白鱼位列我国四大淡水名鱼之首，是水产品市场中最受欢迎的鱼类之一，一贯被视为上等经济鱼类。大白鱼体长 25~72 厘米，体色银白，体长侧扁，翘嘴，大眼，背部和两侧浅棕色或青灰色，肉质洁白细嫩，味美而不腥，味道鲜美，特别在清蒸后品尝有一种蟹香味。鱼肉可食部分含蛋白质不低于 18%，粗脂肪不低于 3%，不饱和脂肪酸不低于 70%，镁不低于 220 毫克/千克，锌不低于 9 毫克/千克，钙不低于 1 000 毫克/千克，铁不低于 10 毫克/千克，磷不低于 1 600 毫克/千克。

人文历史

密山市以境内蜂蜜山得名，素有"鱼米之乡"的美誉。密山市是北大荒的发源地，文化底蕴厚，6 000 多年前，满族祖先肃慎人在兴凯湖繁衍生息，创造了独特的渔猎文明。史书记载，兴凯湖在唐代称为湄沱湖，以盛产"湄沱之鲫"驰誉。又因湖形

如"月琴",故辽金代有"北琴海"之称,清代改为兴凯湖。兴凯湖作为满族的龙兴之地,清初曾被"禁封"200多年。清末解禁后,陆续有垦荒者来到这里。兴凯湖水域辽阔,湿地广袤,是三江平原生物多样性最为丰富、保存最为完整的自然生态系统,是东北亚最大的鸟类迁徙通道和停歇繁殖地,是我国重要的商品粮基地。1986年,黑龙江省政府批准在兴凯湖建立省级自然保护区。1994年,经国务院批准晋升为国家级自然保护区。

生产特点

密山市属于低山丘陵平原区,南部是兴凯湖积低平原,这里地势宽广平坦,河流纵横,泡沼和浅水洼地密布。密山市水域辽阔,干流穆棱河流经两岸12个乡镇,支流沟壑纵横交错,泡沼水库星罗棋布,盛产鲤鱼、鲫鱼、鲶鱼、狗鱼等20多种鱼类。穆棱河两岸,地势低洼、泡沼众多,且杂草丛生,富含营养物质,浮游生物繁殖量大,天然饵料丰富,是鱼类摄食洄游、繁衍生息的良好场所。

兴凯湖大白鱼人工养殖多采捕兴凯湖大白鱼自然原种,依托已有的兴凯湖大白鱼人工繁育养殖试验科研成果,采取人工产孵、驯化饲养等综合技术措施,按照无公害水产品生产技术规程培育,利用人工增殖措施和生物措施保持兴凯湖大白鱼种质和种群。

五大连池鲢鱼

登记证书编号：AGI00385

地域范围

五大连池自然保护区位于黑龙江省，地处小兴安岭西侧，是"世界地质公园"，国家重点"风景名胜区""自然保护区"，五大连池矿泉水是世界三大冷矿泉之一，是我国唯一的冷矿泉疗养区。五大连池鲢鱼保护区包括一池子、二池子、三池子、四池子、五池子、南月牙泡、北月牙泡、药泉湖8个天然池，保护面积为2 200公顷。地理坐标为东经126°00′~126°26′，北纬48°34′~48°48′。

品质特色

五大连池鲢鱼体侧扁，头极肥大；口大，端位，下颌稍向上倾斜；鳃耙细密呈页状，但不联合；口咽腔上部有螺形的鳃上器官，眼小，位置偏低，无须，下咽齿勺形，齿面平滑；鳞小，腹面仅腹鳍甚至肛门具皮质腹棱；胸鳍长，末端远超过腹鳍基部；体侧上半部灰黑色，腹部灰白，两侧杂有许多浅黄色及黑色的不规则小斑点。鲢鱼肉质软嫩，含水量高，刺多、刺硬，腹部富含脂肪，肉质软滑。五大连池

鲢鱼是在含有多种微量元素的矿泉水中生长，微量元素尤其是钙和磷含量高，每千克含钙大于 8 000 毫克，含磷大于 3 500 毫克，含镁大于 200 毫克，含铁大于 60 毫克，含锌大于 6 毫克，粗蛋白含量大于 18%，粗脂肪小于 4%，不饱和脂肪酸含量高，大于 70%，对人体健康非常有益。

人文历史

　　五大连池火山有 60 多万年前的早期火山，30 多万年前后的中期火山，还有在 1719—1721 年间喷发的仅有 280 多年的近期火山。五大连池湖泊是我国第二大火山堰塞湖，湖泊水源主要来源于地下冷矿泉，水质优良，含有多种矿物质，所生产的水产品被消费者誉为矿泉水产品。五大连池风景区自 1984 年开发至今，渔业经过十几年发展，目前养殖面积达 3.4 万亩，养殖品种达到 10 余种，养殖产量达 800 吨。五大连池生产的鱼类是在含有多种微量元素的矿泉水中生长，鱼肉含有大量的蛋白质、脂肪、维生素等，肉质鲜嫩，营养丰富，口感极佳，而且具有保健功能，深受消费者的青睐。

生产特点

　　五大连池保护区保存着完整的熔岩台地和火山地貌，是我国火山最集中的区域。土壤是熔岩表面风化后形成的，具有母岩石龙岩的特点，土壤肥力优良。区内水资源丰富，讷漠尔河的支流白河，连接的 5 个湖容量为 10 439 万立方米，此外区内多矿泉，是我国极其宝贵的矿泉水资源。五大连池属富营养湖，湖内生长着丰富的浮游生物，水质清洁，是矿泉鲢鱼养殖的理想区域。这里年有效积温 2 200 ℃，年平均光照 2 624 小时，年降水量 476.3 毫米，无霜期 119 天，最大冻深 2.47 米，可满足鲢鱼养殖生产。

　　五大连池鲢鱼养殖地区要求生态环境、空气质量、水质优良，底泥周围没有金属或非金属矿心，无农田残留污染，具有较高土壤肥力。苗种除选择高产、高效益的品种外，考虑到对病害的抗御能力，也要尽量选择适应当地生态条件的优良品种，选择苗种应大小一致，体质健壮，无伤，活动力强，品种纯，生长速度快。同时加强苗种检疫、苗种运输、投放、养殖管理、捕捞、运输销售等环节的管理，以确保鲢鱼产品质量。

连环湖鳙鱼

登记证书编号：AGI00386

地域范围

连环湖位于黑龙江省西部杜尔伯特蒙古族自治县境内，西与泰来接壤，水域连接嫩江。连环湖经过40多年的建设，既保留了原始自然风貌，又合理地修建了很多人为设施，素有"北国小江南"之称。连环湖纵横百十里，是黑龙江省最大的内陆淡水湖之一，总面积55 608公顷，养殖水域面积37 333公顷，地理坐标为东经123°59′~124°15′，北纬46°30′~47°03′。

品质特色

连环湖鳙鱼体侧扁，头极肥大；口大，端位，下颌稍向上倾斜；鳃耙细密呈页状，但不联合；口咽腔上部有螺形的鳃上器官，眼小，位置偏低，无须，下咽齿勺形，齿面平滑；鳞小，腹面仅腹鳍甚至肛门具皮质腹棱；胸鳍长，末端远超过腹鳍基部；体侧上半部灰黑色，腹部灰白，两侧杂有许多浅黄色及黑色的不规则小斑点。鳙鱼肉质肥嫩，皮若海参，黏糯腻滑，肉色雪白细嫩。连环湖鳙鱼肌肉粗蛋白含量不低于16%，粗脂肪含量不低于5%，不饱和脂肪酸含量大于70%，钙含量不低于330毫克/千克、铁含量不低于120毫克/千克、磷含量不低于1 100毫克/千克、锌含量不低于8毫克/千克、镁含量不低于150毫克/千克，钙、磷含量比较突出。

人文历史

第四纪冰期过后，形成连环湖水域。据史料记载,早在4 000多年以前北方少数民族就在这里繁衍生息,以渔猎为主要生活方式。白金宝古人类遗址中发现的鱼骨、骨鱼鳔等已证明了远古时期松嫩平原上的人类渔事活动。相传成吉思汗之弟游牧于嫩江东岸,乌裕尔河南,以其分牧次序为"四",自称"杜尔伯特部"("杜尔伯特"为蒙语,即"四"),自称"青石投鱼,以供其餐",说的就是连环湖一带游牧的蒙古族用石块击鱼,用鞭打鱼的事。到民国,当地鱼产品"行销东三省及日俄两国"成为出口产品。近年来场职工在捕鱼作业时在他拉红光发现大量古铜钱,经鉴定以宋以来古钱为多。

生产特点

连环湖水域由18个湖、2条沟、3条人工引水渠组成,湖内库容12亿立方米。这里水域宽广,水质优良,适宜水生动植物生长。湖内水生动植物丰富,浮游植物有7门85属,藻类蕴含量丰富,漂游动物有25属,这些丰富的水生物植物为淡水鱼繁衍生息创造了得天独厚的条件,又由于湖岸线长,雨水入湖带进大量有机质,为水生动植物生长带来源源不断的养料,水生漂游动物又成为鱼虾的天然饵料,湖内生态呈良性循环态势,为鳙鱼生长提供了优越的自然环境条件。连环湖水域属北温带大陆性季风气候,无霜期148天左右,年平均降水量400毫米,年平均日照2 852.3小时,是黑龙江省热量最好的地区之一,有利于鳙鱼的生长和繁殖。

红星水库鲢鱼

登记证书编号：AGI00455

地域范围

红星水库地处哈尔滨阿城区东 15 千米红星乡振兴村王家店屯，库容区 366 公顷。地理坐标为东经 127°05′~127°20′，北纬 45°21′~45°47′。

品质特色

红星水库鲢鱼体型呈长纺锤形，略侧扁，头部接近体长的 1/3 左右，鳞片细小，腹部近白色，无异味，口感甘而有质感，腥味淡而鲜味浓，肉质细嫩，商品鱼每尾平均重达 2 千克左右。红星水库鲢鱼肉中蛋白质含量丰富，粗蛋白含量大于 16%，还含有丰富的矿物质，每 100 克鲢鱼肉中钙含量不低于 120 毫克，铁含量不低于 1 毫克，磷含量不低于 200 毫克，锌含量不低于 3 毫克，镁含量不低于 25 毫克，粗脂肪含量不低于 1 毫克，此外，鲢鱼的肝脏中还含有大量的维生素 A 和维生素 D。

人文历史

自古以来阿城的人民就以打猎捕鱼为生，在当地老百姓流传着"棒打狍子瓢舀鱼"这样一句顺口溜。红星水库位于冒溪河中游，1958 年全国各地兴修水利，当时阿城县决定修建红星水库，由水利部门设计，于 1975 年 10 月竣工。水库的建成不仅使下游万亩良田免受洪水威胁，而且保证了灌溉与阿

城人民的饮用水。水库位于阿城东部,是目前哈尔滨周边最近的山水特色鲜明、文化底蕴浓厚、生态保护完好的大型旅游度假风景区。库内水资源储量极为丰富,库区水的来源基本为天然降水自然形成的径流入库,无任何污染,优质的水体环境非常适合鲢鱼品质的形成。红星水库鲢鱼一直供不应求,成为哈尔滨市阿城区标志性特色美食产品。

生产特点

红星水库位于阿城东部,水资源储量极为丰富,库区位于丘陵区,植被良好,地下水非常丰富,矿化度低,水库周围岩性为安山岩,沟谷向库区流水。库区水的来源基本为天然降水自然形成的径流入库,优质的水体环境非常适合鲢鱼品质的形成。库区土壤为淤泥土壤中粗沙,和砂卵石主要成分分布在一级阶地上,结构松散,透水性强,土壤肥力优良,为鲢鱼生产提供了优质的底泥。

红星水库鲢鱼产地利用水库水源和孵化池自行生产鲢鱼种,使鲢鱼种适应原生态环境,以保证水库商品鲢鱼优良化。水库鲢鱼鱼种通过90天的生长期达到平均100克之后,选择体质健壮、规格整齐鱼种投放水库,使其自然生长。除了在商品鲢鱼越冬季节,水库水位低,库容小可能造成缺氧,采取生物增养技术措施外,禁止任何农产品投入。为了保证鲢鱼的自然生长状态,养殖基地采取不同的技术管理措施对水质进行监测和分析。

兰西民猪

登记证书编号：AGI00456

地域范围

兰西县位于黑龙江省省城哈尔滨略偏西北部，地处松嫩平原南部，小兴安岭余脉拉哈岗沿呼兰河西岸纵贯县境南北。兰西民猪地理标志保护的区域范围包括奋斗乡、红星乡、平山镇、燎原乡、远大乡、星火乡、红光乡、北安乡、兰西镇、榆林镇、康荣乡、长江乡、长岗乡、兰河乡、临江镇15个乡镇，地域保护总面积为144 000公顷，地理坐标为东经125°42′10″~126°38′10″，北纬46°02′05″~46°38′20″。

品质特色

兰西民猪全身被毛黑色，鬃长毛密，冬季密生棕色绒毛；头中等大，颜面直长，有纵行皱纹，耳大下垂；单脊扁身，背腰微凹；腹大下垂，但不拖地；臀稍斜，尾粗长；四肢粗壮；飞节上部和腋侧部有皱褶。民猪肉类产品色泽鲜红，肉质坚实，肥瘦分布均匀，层次分明，肥膘晶莹剔透，脂肪含量适中，横切面呈大理石花纹分布，切面光滑，口感细腻多汁、肥而不腻，可谓色、香、味俱佳。民猪猪肉嫩度适宜，肌肉含水分少而干物质多，肌纤维束细，肌内脂肪含量适中。

人文历史

兰西县在秦汉时期属夫馀地，先后受汉玄菟郡、辽东郡管辖，隋唐时期归黑水靺鞨、黑水都督府管辖，辽时期属完颜部。1905年1月29日设置兰西县，因县址位于呼兰河西岸而得名。民猪是兰西一项特色产业，在民众增收和县域经济发展中发挥了重要作用。民猪起源于东北三省的一个古老的地方猪种，是我国华北型地方猪种的主要代表。民猪原称"东北民猪",1982年在山东兖州召开的《中国北方猪种资源讨论会》上确定统称民猪。早期民猪分大、中、小3个类型,至20世纪中期,大型和小型民猪几乎绝迹,现存的民猪主要是中型民猪。以民猪为亲本先后分别培育形成的新金猪(包括吉林黑猪和宁安黑猪)、哈尔滨白猪(简称哈白猪)、东北花猪(包括吉林花猪、沈阳花猪和黑花猪)和我国第一个瘦肉型新品种三江白猪,为我国北方养猪生产的发展做出了卓越的贡献。

生产特点

兰西县地势呈西北高、东南低倾斜平原地貌,耕地以黑土、黑钙土、草甸土等肥力较高的土壤为主,土壤有机质平均含量丰富,非常适宜玉米、大豆、蔬菜等农作物生长,为民猪生产提供了优良品质的饲料原料,造就民猪的特有品质。境内水源充足,水质良好,现在水利工程建设供水能力达到1.32亿立方米,为农作物生长提供了重要的水源保障,直接支持了民猪养殖。兰西县属中温带大陆性季风气候区,年不低于10℃活动积温为2 711℃,历年平均降水量为456毫米,年平均日照为2 738小时,能满足农作物生长的需求,也有利于民猪的生长和繁殖。

兰西民猪猪舍选址应在地势高、干燥、采光充足和排水良好、隔离条件好的区域。猪舍应能保温隔热,地面和墙壁应便于清洗,并能耐酸、碱等消毒药液清洗消毒。兰西民猪实行小区化饲养,实施"全进全出制"饲养方法,并在引种、饲料、兽药、免疫、消毒、饲养管理、废弃物处理等涉及饲养管理的各环节遵循相关准则。

扎龙鲫鱼

登记证书编号：AGI00603

地域范围

扎龙自然保护区属湿地生态保护区，是世界第四大、亚洲第一大的国际重要湿地，中国六大最美沼泽之一，中国最大的鹤类保护基地。这里天然饵料极为丰富，野生鱼类40余种，是鱼类最佳的生长、繁育天然乐园。扎龙鲫鱼地域保护范围包括扎龙自然保护区内的龙湖、天鹅湖、仙鹤湖，总面积为2 066.67公顷，地理坐标为东经124°06″，北纬47°10″。

品质特色

扎龙鲫鱼一般体长分别为10~15厘米。体侧扁而高，体较厚，腹部圆，体态肥厚、光泽明亮。扎龙鲫鱼富含蛋白质和十几种维生素，每100克鲫鱼肉含粗蛋白含量大于17%，粗脂肪含量大于0.25%，其中不饱和脂肪酸含量大于72%，另外，还含有糖、核黄素等。鲫鱼肉质鲜嫩、味道鲜美、营养丰富，具有滋补健身的功效。鲫鱼药用价值极高，性味甘、性平、性温，具有健脾开胃、止咳平喘、清热解毒、利水消肿、补中益气、祛除湿邪、祛毒除痔、消肿护肝等功效。

人文历史

扎龙是中国著名的珍贵水禽自然保护区，位于齐齐哈尔市区东南30千米处，地处我国东北松嫩平原外围的栎林草原地区。1979年黑龙江省人民政府批准建立黑龙江省扎龙自然保护区并成立扎龙自然保护区管理局。1987年4月国务院批准扎龙自然保护区为国家级自然保护区。1992年中国加入《关于特别是作为水禽栖息地的国际重要湿地公约》，扎龙自然保护区被列入国际重要湿地名录。扎龙自然保护区总面积21万公顷，区内地势低洼，河流漫溢，苇草丛生，湖泡星罗棋布，是适于水禽鸟类栖息繁衍的天然乐园。1983年8月，邓小平同志亲自来扎龙自然保护区视察，国际友人也曾多次参观扎龙自然保护区。

生产特点

扎龙自然保护区地处松嫩低平原中部地带,属嫩江低漫滩,地势平坦,土壤主要为暗棕壤草甸土、沼泽土、草甸碱土,肥力中等偏上。保护区内主要有乌裕尔河及引嫩六支干渠、翁海排水干渠、克钦排水干渠,水域面积21平方千米,多年平均水资源总量为0.37亿立方米,水质优良。该区气候属中温带大陆性季风气候,四季冷暖分明,气温变化大,降水时空分布不均,多年平均降水量389~477毫米,多集中在7—9月,10℃以上有效积温2 800℃,日照时数2 280小时,无霜期131天,适于鲫鱼的生长。

扎龙鲫鱼产地水源来自于纯天然乌裕尔河水系,水质清洁无污染,水源充足,保证养殖期供给量;扎龙鲫鱼均选用体质健壮、活动力强、品种纯正、生长速度快的优良苗种进行养殖。生产过程中,加强投放、养殖、捕捞等环节的管理,并利用靠近国道交通便利的优势,提高水产品苗种及产品的运输效率,确保扎龙鲫鱼产品品质。

阿城粘玉米

登记证书编号：AGI00604

地域范围

阿城粘玉米产区位于阿城区西北部，地处松嫩平原、松花江上游。产区分布在9个乡镇16个村，包括双丰街胜祥村、民兴村、三阳村，杨树乡翻身村，新利街新农村、延川村，舍利街新合村、舍利村，料甸乡北红村，蜚克图镇蜚克图村，大岭乡岭西村，亚沟镇亚站村、吉祥村，交界镇沙河村、博碾村、交界村，地域保护范围面积48 411公顷，地理坐标为东经126°40′~127°40′，北纬45°10′~46°00′。

品质特色

阿城粘玉米穗大，颗粒饱满，米质晶莹。粒有金黄色、浅白色、白色，还有彩色的。阿城粘玉米口感清甜、香黏可口，玉米支链淀粉（占淀粉）含量达到99%以上，适合作鲜食玉米，适合加工特色食品。将粘玉米籽粒煮成粥，粒如珍珠，黏软稠糊，营养丰富，配以红小豆、桂圆等，可制成珍珠百宝粥，激发食欲，易于消化。还可将粘玉米加工成粉，用作主食可以改善时下主食品种单一化的局面。阿城粘玉米中的镁、钙含量比一般谷物和普通黏玉米含量要高，能有效舒张血管，防治高血压和心血管病，清除自由基，防皱纹，抗衰老；其含有17种氨基酸，是提高人体免疫力的健康食品。

人文历史

粘玉米主产于东北，人们到市场上总是愿意买上几穗粘玉米回到家里煮着吃，香甜可口。在阿城老百姓的眼中，粘玉米更

是能够充分吸收"天地日月的精华"、由大自然"精雕细琢"的精品。阿城粘玉米早在民国十七年（1928年）就进行生产，至今有近百年的种植历史，到目前粘玉米生产在品种选择、栽培技术、经营手段、生产效益、生产规模上都发生了质的改变，1996年，亚沟镇因生产的以粘玉米为原料的粘豆包被农业部特色产业委员会授予了"中国粘豆包第一镇"荣誉称号。

生产特点

阿城黏玉米种植基地地势平坦，地净田洁，土质肥沃，为黑黏土、沙壤土，土势低洼，土壤有机质含量3%~6%，全氮0.2%~0.3%，全磷0.044%~0.065%，自然肥力较高，特别适合粘玉米生长。阿城黏玉米生产基地气候温和，光照充足，生态环境良好，森林覆盖率在31%，雨热同季，无霜期136天左右，降水均匀，年降水量600毫米左右，全年平均日照数2 658小时，年积温达3 730℃以上，年活动积温2 700℃以上，适宜黏玉米种植。

阿城粘玉米产地要求环境条件良好，同时应选用审定推广的优质、抗逆性强、高产、生育期所需活动积温比当地常年活动积温少100℃的优良品种，根据当地的生态条件，一般采用垦粘1号、京科糯等优良品种。生产过程管理中，严格控制种子来源、种子检疫等多项环节，加强产品质量管理。

梧桐河大米

登记证书编号：AGI00605

地域范围

梧桐河农场位于黑龙江省东部，场址东至嘟噜河，与普阳农场接壤，南至松花江北岸，西与新华农场毗邻。梧桐河大米产于黑龙江省梧桐河农场，土地面积32 067公顷。地理坐标130°31′~131°59′，北纬47°12′~47°20′。

品质特色

梧桐河大米颗粒饱满，晶莹透亮，表皮黄色，脱皮后呈白色，质地松软，口感适宜。梧桐河大米含蛋白质、糖类、钙、磷、铁、葡萄糖、果糖、维生素B_1、维生素B_2等，其中直链淀粉含量大于15%，胶稠度大于66毫米，蛋白质含量不低于6%，食味品质大于80分。

人文历史

梧桐河农场是三面环水的沼泽地，耕地绝大部分为草碳土，是理想的水稻种植土壤。农场水稻种植经历了3个阶段。第一阶段为20世纪20年代初，朝鲜族移民因发现该地土质肥沃，地势平坦，适于种植水稻，便开始小规模种植水稻。抗战前期日本开拓团又在此种植水稻，在朝鲜人开荒的基础上，兴修水利，扩大种植面积，并成立水稻公司。第二阶段为20世纪50年代农场建场后开始大规模的种植水稻，并且培育出了自己的品种梧农

七一、合江19,水稻种植逐步形成规模化、规范化。由于得天独厚的自然条件,梧桐河生产的大米以口味芳香名贯三江,梧桐河被誉为三江平原的"鱼米之乡"。第三阶段为20世纪90年代中期农场开展水稻大开发,扩大水稻种植面积,大力推广水稻寒地栽培技术,使水稻产量由建场初期的50千克/亩达到640千克/亩,经济效益显著提高。进入21世纪,梧桐河农场结合自身优势,提出"引自然水、施农家肥、种有机稻、产优质米"的发展思路,力争把梧桐河水稻产业做大、做强、做实。

生产特点

梧桐河农场土壤可分成草甸土、沼泽土、棕壤土、水稻土、白浆土五大类,土壤pH值6.0~6.5,土壤肥力良好,有机质含量3.5%~4.0%,适宜水稻栽植。梧桐河农场境内主要有梧桐河、松花江、嘟噜河、鹤立河,还有一座小型水库,水质清澈、纯净、水温高,是理想的农业生产用水。梧桐河农场属于亚热带季风气候,四季分明,气候平均积温在2 520℃,年平均降水量554毫米左右,集中降水一般在6—8月,年平均日照时数2 500小时,平均无霜期132天,作物生长季节日照充沛,雨量适中,热量条件可满足水稻生长。

梧桐河大米选用经审订推广的,生育期适宜的,抗逆性强的高产品种,主要选用空育131。大米生产过程中,等到水稻穗黄、叶落时,按不同品种单独收割、单独运输、单独脱粒、单独贮藏、单独加工、单独包装,防止与普通大米混杂,确保大米的优良品质。

尚志红树莓

登记证书编号：AGI00655

地域范围

尚志市位于黑龙江省东南部，张广才岭西麓。尚志红树莓地理标志地域保护范围主要是尚志境内石头河子、亮河、庆阳、亚布力、帽儿山、长寿、黑龙宫、元宝、一面坡、尚志、乌吉密、鱼池、河东、马延、老街基、苇河、珍珠山17个乡镇，地域保护范围面积891 000公顷。地理坐标为东经127°17'~129°12'，北纬44°29'~45°34'。

品质特色

尚志红树莓的果实呈半球形，成熟的红树莓果为红色或暗红色，果粒大小均匀，由55~80个小核果聚合组成，单果重3~5克，果实横径为18~24毫米，纵径16~22毫米。果面洁净，色彩艳丽美观，果实酸甜适口，适合鲜食和加工。尚志红树莓维生素C含量不低于37毫克/100克，可溶性固形物不低于7毫克/100克，粗纤维含量不低于3%，可滴定酸含量不少于0.2%，蛋白质含量不低于1.0%，果糖含量不低于0.3%。

人文历史

尚志市区域性小气候非常适合小浆果生长，早在1898年俄罗斯人建设中东铁路时，把红树莓等小浆果带到中国，从那时起，尚志石头河子开始种植浆果，主要品种是红树莓、草莓和黑莓，简称"三莓"，是全国种植浆果最早的地区。据传，红树莓原产于小亚细亚和北美洲。公元前希腊艾达山脚下的特洛伊人就采集野生的树莓。一个罗马农艺师著作中记载，树莓的驯养开始于4世纪，一些种子在不列颠的罗马城堡发现。在中世纪的欧洲，野生浆果被认为兼有药用和食用价值，其汁被用于绘画和书写彩色手稿。在那个时期，树莓是只有富人才能够享用的美味。18世纪，浆果种植已遍布欧洲，19世纪，树莓被带到了中国尚志石头河子。经过100多年的发展，石头河子成为了浆果生产专业乡镇。1982年，石头河子镇被黑龙江省政府命名为"黑龙江省三莓生产繁育基地"。1987年，石头河子镇被国家列为全国百家名乡之"三莓之乡"。

生产特点

尚志市地势复杂，山岭连绵，是一个山地、丘陵、河谷相间的山区县市。全市四周环山，丘陵起伏，土壤主要以暗棕壤和白浆土为主，土层厚度一般为10~30厘米，表层有机质含量为2.5%~6.1%，适宜红树莓生产。尚志境内河网密布，地表水资源丰富，水质优良，以蚂蜒河、阿什河、牤牛河三大水系为主，为红树莓生长提供重要水源。尚志市属温带大陆性季风气候，全年日照时数在2 450~2 600小时，不低于10℃年积温2 300~2 600℃，年平均降水量为660.9毫米，无霜期105~125天，光能利用率约为0.5%，平均相对湿度73%，独特的自然生态环境和区域性小气候非常适合红树莓生长。

尚志红树莓的种植主要选择地面平整、灌排方便、光照充足、保水力强、通气性好的肥沃地块，通常选用欧洲红、费尔杜德、威拉米特、秋福等优良品种进行生产。生产中加强育苗、定植、杂草控制、肥水管理、病虫害防治、采收等环节的管理，加强产品质量控制。

古龙小米

登记证书编号：AGI00656

地域范围

肇源县位于黑龙江省西南部，松嫩两江左岸。古龙小米农产品地理标志地域保护范围包括肇源县的古龙镇、新站镇、民意乡、茂兴乡、义顺乡、大兴乡、头台镇7个乡镇，地域保护面积20 000公顷。地理坐标为东经123°57′~125°45′，北纬45°23′~45°59′。

品质特色

古龙小米籽粒饱满，粒圆，平均籽径0.8毫米左右，色泽深黄、感官适口性好，蒸制后产品黏着力强，具有较好的黏聚性，不易散。煮制后产品表现出黏度高，颗粒状态好。古龙小米营养丰富，含多种人体必需的氨基酸，粗蛋白含量大于10%，粗脂肪含量大于2%，淀粉含量大于60%，胶稠度大于115毫米，碱消值2.0级，每100克肇源小米维生素B_1含量大于0.35毫克、钙含量大于7毫克、铁含量大于3毫克。

人文历史

古龙镇种植谷子的历史源远流长，清朝康熙四年（1665年），古龙小米沿驿站传至宫廷，成为皇家贡米——古龙贡米，几百年来，在全国各地盛名不衰。特别是近些年，古龙贡米更是广为人知，南北闻名。古龙小米具有显著的典型性优质地方产品特色，色泽金黄、粒型完美，蒸制或熬粥后香味浓郁、口感糯软、风味独特、营养丰富。《本草纲目》称小

米"治反胃热痢，煮粥食，益丹田，补虚损，开肠胃"。小米粥是养生食品，有"代参汤"之称，并且具有生津止渴、降低血压、抗衰老、美容驻颜、延年益寿的功效。

生产特点

肇源县大体是"水、草、田"三分天下，土质肥沃，水源丰沛，农业生态环境优良，素有"塞北江南"之美誉。土壤类型为黑钙土、黄沙土为主，土层深厚，有机质含量在3%左右，极适宜种植谷子。肇源县水资源非常丰富，松嫩两江流经县境，农田引水灌溉，可满足小米生产用水。肇源县处于黑龙江省第一积温带上限，年有效积温2 600~3 000℃，无霜期在120~135天，年降水量在450~650毫米，作物生长季节日照总数达1 295.6小时。这里始终保持着"天蓝、水清、土黑、林茂、空气新"的良好生态，是生产优质小米的理想佳境。

古龙小米生产基地环境质量良好，并以古龙特产优质谷子为主要品种。谷子忌重茬和照茬，每年进行合理的轮作倒茬，同时精细整地、科学施肥、适期播种、合理密植，增强田间管理、病虫害防治，以确保小米的优良品质。

尚志黑木耳

登记证书编号：AGI00657

地域范围

尚志市位于黑龙江省东南部，张广才岭西麓。尚志黑木耳地理标志地域保护范围主要包括尚志市的珍珠山乡、苇河镇、亚布力镇、石头河子镇、鱼池乡、庆阳镇、亮河镇、一面坡镇、老街基乡、马延乡、河东乡、长寿乡、元宝镇、黑龙宫镇、尚志镇、帽儿山镇、乌吉密乡17个乡镇，保护范围面积为891 000公顷。地理坐标为东经127°17′~129°12′，北纬44°29′~45°34′。

品质特色

尚志黑木耳耳片胶质厚，富弹性、半透明，耳片背面略呈灰黑色，水发性好，泡发率高，朵大适度、均匀，耳瓣舒展少卷曲。尚志黑木耳营养丰富，含蛋白质、脂肪、碳水化合物、钙、磷、铁、胡萝卜素、纤维素、钾、镁、钠等。其中，蛋白质含量不低于13%、粗纤维含量不低于5%、总糖含量不低于52%、钙含量不低于3 900毫克/千克、铁含量不低于115毫克/千克、磷含量不低于2 600毫克/千克。

人文历史

据史料记载，我国食用菌的食用和药用可追溯到隋唐年间。尚志黑木耳的栽培自20世纪30年代初就已经开始，至今已有80多年的历史。新中国成立初期至改革开放前，国家实行计划经济，农业以粮为纲，黑木耳只在个别人民公社有计划地种植或采集野生菌，其产品大都由国家统购统销，用于纺织工保健，或由当地供销社组织收购，用于外贸出口或特供。应该说这时期食用菌发展以计划为主，规模不大。尚志黑木耳的真正兴起，是在20世纪70年代末到80年代初，特别是在1984年前后，广大山区农民把黑木耳生产作为发展商品经济的重要内容，被一些地方列入增收增效的优势产业，予以支持和推广。随着产区的扩大，产量的增加，尚志黑木耳的市场占有率越来越高。2009年7月和9月，中国食用菌协会先后授予尚志市"全国黑木耳主产基地市""中国黑木耳之乡"称号。

生产特点

尚志市地势复杂，山岭连绵，是一个山地、丘陵、河谷相间的山区市。全市四周环山，丘陵起伏，土壤主要以暗棕壤和白浆土为主，土层厚度一般为10~30厘米，表层有机质含量为2.5%~6.1%，有利于黑木耳生长。尚志境内河网密布，地表水资源丰富，水质

优良，以蚂蜒河、阿什河、牤牛河三大水系为主，为黑木耳生长提供了重要的水源保障。尚志市属温带大陆性季风气候，生态环境极为优良，全年日照时数在2 450~2 600小时，不低于10℃年积温2 300~2 600℃，年平均降水量660.9毫米，平均相对湿度73%，昼夜温差大，有利于黑木耳的栽培。

尚志黑木耳栽培方式主要是棚栽和地栽两种，棚栽占30%、地栽占70%。栽植场地要求周围环境清洁，光线适宜，通风良好，保温保湿性能好。通常选用抗病性强的菌种，例如，目前主推的春耳品种为黑旺、黑莲和龙江碗，秋耳品种为小秋碗、秋元宝和秋旺等。

兰西亚麻

登记证书编号：AGI00658

地域范围

兰西县位于黑龙江省省城哈尔滨市略偏西北部，地处松嫩平原南部，小兴安岭余脉拉哈岗沿呼兰河西岸纵贯县境南北。兰西亚麻地理标志保护的区域范围包括临江镇、北安乡、兰西镇、榆林镇、康荣乡、红光乡、奋斗乡、远大乡、长岗乡、兰河乡、燎原乡、红星乡、平山镇、星火乡、长江乡15个乡镇，保护总面积为150 000公顷。地理坐标为东经125°42′10″~126°38′10″，北纬46°02′05″~46°38′20″。

品质特色

兰西亚麻原茎工艺长度70厘米以上，茎粗细1~2毫米，粗细均匀，颜色呈杏黄色、光泽好。长纤维含量15%~17%，短纤维含量15%~16%，纤维拉力强度18~22千克，可挠度50~65毫米，麻纤维长、柔软度好、透气性高、品质好。

人文历史

亚麻是兰西县主要经济作物。1937年，日本人在兰西县城东刘家窝堡屯东路南建起了亚麻原料厂，称"满日亚麻株式会社兰西亚麻工厂"，生产亚麻纤维运往日本或外地纺织用。兰西亚麻产业开发历史悠久，经过70多年的积累，现已形成了亚麻良种繁育、亚麻种植、原料加工、纺纱织布、针织编织、精深加工等系列产业，产品远销东南亚、欧美、中东等国家和地区，年交易额10多亿元。1996年中国特产之

乡命名组委会授予兰西县"中国亚麻之乡"称号，2005年中国纺织工业协会和中国亚麻纺织行业协会授予兰西"中国亚麻纺编织名城"称号。

生产特点

兰西县地势呈西北高、东南低倾斜平原地貌，耕地土壤均是具有深厚耕层稳定的小团粒结构棕壤土和轻壤土，有机质平均含量为3.45%左右，非常适宜种植亚麻。县内有较大河流2条，沟泡7处，现在水利工程建设供水能力达到1.32亿立方米，水利资源丰厚，为种植亚麻灌溉提供了条件。兰西县属大陆性季风气候、寒温带半湿润气候，年平均降水量在456.7毫米左右，历年平均无霜期为132天，光照强度较小，长日照时间长，年平均日照为2 738小时，适宜亚麻的生长。

兰西亚麻种植基地通常选择土层深厚、地势平坦、肥力上等、排水良好的黑土和黑钙土地，有机质含量3.6%以上。根据兰西县自然条件和生产水平，选用优质、高产、抗逆性强的黑亚号和双亚号为当家品种，搭配使用外国品种，如阿里亚娜、阿高丝、汉姆斯等。亚麻播种前进行种子精选，并加强生产过程的管理，确保产品质量。

抚远大马哈鱼

登记证书编号：AGI00659

地域范围

抚远县位于我国东北边陲，东、北两面与俄罗斯隔黑龙江、乌苏里江相望，南邻饶河，西接同江。抚远县的海青乡、抓吉镇、通江乡、抚远镇4个乡镇直辖水面26 753公顷，是大马哈鱼的重要孵化生长场所，年产大马哈鱼30吨以上。地理坐标处于东经133°40′08″~135°05′20″，北纬47°25′30″~48°27′40″。

品质特色

抚远大马哈鱼，略似纺锤形；头后至背鳍基部前渐次隆起，头侧扁，吻端突出，微弯；口裂大，形似鸟喙。肉质细腻，呈红色，洗净清蒸，颇有海味和江味兼得的奇妙口感，味道鲜美，过味留香，食后难忘。抚远大马哈鱼蛋白质含量不低于20%，含钙不低于50毫克/千克，含磷不低于1 500毫克/千克，含镁不低于200毫克/千克，不饱和脂肪酸含量占脂肪酸总量的80%以上。此外，还含有糖类和多种维生素。其卵晶莹透亮，粒粒如珍珠，富含磷酸盐、钙、维生素A、维生素D，被公认为宴席珍膳。

人文历史

抚远县被誉为"中国大马哈鱼之乡"。抚远地区渔业生产发展由来已久，据考古发掘证明，远在唐代以前，抚远地区就有渔业生产，其开创者当为乌苏里江流域的赫哲族及其他少数民族的先世。相传，唐王东征时来到黑龙江边，正逢白露时节，被敌人围困，外无援兵内无粮草，

正当唐王一筹莫展之时，一大臣奏道："何不奏请玉皇大帝，向东海龙王借鱼救饥？"玉帝便令东海龙王派一条黑龙带领鲑鱼前来镇守这条江，人马得到鱼吃，力量倍增，大获全胜。马原来是不吃鱼的，自此马便开始吃鱼了，但也只是吃鲑鱼，所以便把鲑鱼叫作"大马鱼"。许多

年后，又是白露时节，有一个叫什尔大如的部落首领所率人马被敌人追到乌苏里江边，前无进路，后有追兵，粮草又断，十分危机，此时一谋士便向什尔大如献策言道："何不仿照唐王东征时向东海龙王借鱼以解燃眉？"黑龙闻知，复率鲑鱼来到乌苏里江边，什尔大如得救，便率部在沿黑龙江、乌苏里江一带定居下来，这些人的后代便是今天的赫哲人，从此每到白露前后，便有大批的鲑鱼来到黑龙江和乌苏里江。赫哲人称"大马鱼"为"达乌依玛哈"，后经演变就把鲑鱼叫做"大马哈鱼"。

生产特点

抚远县地处三江平原东北部，黑龙江、乌苏里江汇流的三角地带，土壤以白浆土为主，地下水温4~7℃，pH值5.3~6.8，呈微酸性。县内已建成4个散养式鱼类养殖基地，包括大力加湖、乌龙湖、芦清河、双胜养殖基地，这些水源由浓江河、鸭绿河、黑鱼泡等河汇聚而成，水量充足，水量最大为3.3亿立方米，平均水深4米，非常有利于大马哈鱼生长和越冬。抚远属于温凉带湿润大陆性季风气候，降水充沛，光照充足。由于境内江河湖泊很多，四季温度变化显著，无霜期115~130天，年不低于10℃活动积温为2 300℃左右，年平均降水量641.4毫米，年平均日照时数2 304.3小时，有利于大马哈鱼生长繁殖。

抚远大马哈鱼养殖场必须建在四周无任何污染源，水质优良，水源充足、交通便利的区域。养殖中注重鱼苗选择、苗种鱼驯养、养成管理、养殖环境生态控制、收获与鱼病防治等环节的管理。此外，通过人为调控生态条件等技术手段，使养殖生态环境相对平衡，达到稳产高效、健康养殖的目的。

抚远鳇鱼

登记证书编号：AGI00660

地域范围

抚远县位于我国东北边陲，东、北两面与俄罗斯隔黑龙江、乌苏里江相望，南邻饶河，西接同江。抚远县包括海青乡、抓吉镇、通江乡、抚远镇4个乡镇，直辖水面26 753公顷，是鳇鱼的重要孵化生长场所，年产量30吨左右。地理坐标处于东经133°40′08″~135°05′20″，北纬47°25′30″~48°27′40″。

品质特色

抚远鳇鱼头略呈三角形，吻长而较尖锐。头部表面被有多数骨板。口下位，宽大，稍成弧形；口前方有吻须2对，内侧的须稍在前方，外侧的须较后。眼小，距吻端较近。左右鳃膜向腹面伸展，彼此愈合，骨板上有尖锐微弯的刺。身体其他部分光滑无鳞。尾鳍歪形，上叶长而尖。体表黑青色，两侧黄色，腹面灰白色；背部骨板黄色，侧骨板黄褐色。其鱼肉味道鲜美，脊椎骨、鼻骨等均为上等佳肴，鱼籽味道浓郁，特别是由鳇鱼鱼卵加工而成的黑鱼子酱，经济价值极高，不愧素有"黑珍珠"的美誉。

人文历史

中国鲟鳇鱼（鲟鱼和鳇鱼的总称）之乡——抚远县，地处黑龙江、乌苏里江两江交汇处，渔业资源得天独厚，是我国鲟鳇鱼的主产区。抚远当地民谣："季春风和，龙江百网喜捞黑金子；仲秋日丽，乌苏千帆乐采红珍珠。"鳇鱼学名为达氏鳇，被誉为"水中活化石"，是世界上迄今为止保存下来的最古老的脊椎动物，科研价值极高。其鱼肉味鲜美，营养丰富，"黑金子"——鳇鱼子酱在国际市场供不应求。抚远县鲟鳇鱼繁育养殖基地始建于1998年，先后被黑龙江省科学技术委员会列为黑龙江农业重大科研课题、黑龙江省农业开发多种经营项目基地。

几年来，抚远县向黑龙江、乌苏里江两江放流鲟鳇鱼苗45万尾，使珍贵的渔业资源得以永续利用。

生产特点

抚远县地处三江平原东北部，黑龙江、乌苏里江汇流的三角地带，土壤以白浆土为主，地下水温4~7℃，pH值5.3~6.8，呈微酸性。县内已建成4个散养式鱼类养殖基地，包括大力加湖、乌龙湖、芦清河、双胜养殖基地，这些水源由浓江河、鸭绿河、黑鱼泡等河汇聚而成，水量充足，水量最大为3.3亿立方米，平均水深4米，非常有利于鳇鱼生长和越冬。抚远属于温凉带湿润大陆性季风气候，降水充沛，光照充足。由于境内江河湖泊很多，四季温度变化显著，无霜期115~130天，年不低于10℃活动积温为2 300℃左右，年平均降水量641.4毫米，年平均日照时数2 304.3小时，有利于鳇鱼生长繁殖。

抚远鳇鱼养殖场必须建在四周无任何污染源、水质优良、水源充足、交通便利的区域。养殖中注重鱼苗选择、苗种鱼驯养、养成管理、养殖环境生态控制、收获与鱼病防治等环节的管理。此外，通过人为调控生态条件等技术手段，使养殖生态环境相对平衡，达到稳产高效、健康养殖的目的。

抚远鲤鱼

登记证书编号：AGI00661

地域范围

抚远县位于我国东北边陲，东、北两面与俄罗斯隔黑龙江、乌苏里江相望，南邻饶河，西接同江。抚远县包括海青乡、抓吉镇、通江乡、抚远镇4个乡镇，直辖水面26 753公顷，是鲤鱼的重要孵化生长场所。地理坐标处于东经133°40′08″~135°05′20″，北纬47°25′30″~48°27′40″。

品质特色

抚远鲤鱼体纺锤形，头后背部隆起。口亚下位，略呈马蹄形，须二对。一般鱼体为金黄色，背部为黑褐色，尾鳍的下叶为鲜红色，所谓"金鳞赤尾"。3年性成熟，体长为30厘米左右。肉洁白、细嫩而鲜美，无小刺。抚远鲤鱼微量元素尤其是钙和磷含量高，每千克含钙不低于160毫克，含磷不低于1 500毫克，含镁不低于260毫克，含锌不低于5毫克，粗蛋白含量不低于18%，粗脂肪不少于5%，不饱和脂肪酸含量占脂肪酸含量高于70%，对人体健康非常有益。

人文历史

抚远地区渔业生产发展由来已久，据考古发掘证明，远在唐代以前，抚远地区就有渔业生产，其开创者当为乌苏里江流域的赫哲族及其他少数民族的先世。时至今日，依托自然环境与资源的优势，渔业仍是抚远县的支柱产业之一。

生产特点

抚远县地处三江平原东北部，黑龙江、乌苏里江汇流的三角地带，土壤以白浆土为主，地下水温 4~7℃，pH 值 5.3~6.8，呈微酸性。县内已建成 4 个散养式鱼类养殖基地，主要包括大力加湖、乌龙湖、芦清河、双胜养殖基地，这些水源由浓江河、鸭绿河、黑鱼泡等河汇聚而成，水量充足，水量最大为 3.3 亿立方米，平均水深 4 米，非常有利于鲤鱼生长和越冬。抚远属于温凉带湿润大陆性季风气候，降水充沛，光照充足。由于境内江河湖泊很多，四季温度变化显著，无霜期 115~130 天，年不低于 10℃ 活动积温为 2 300℃ 左右，年平均降水量 641.4 毫米，年平均日照时数 2 304.3 小时，有利于鲤鱼生长繁殖。

抚远鲤鱼养殖场必须建在四周无任何污染源、水质良好、水源充足、交通便利的区域。养殖中注重鱼苗选择、苗种鱼驯养、养成管理、养殖环境生态控制，收获与鱼病防治等环节的管理。此外通过人为调控生态条件等技术手段，使养殖生态环境相对平衡，达到稳产高效、健康养殖的目的。

抚远鲟鱼

登记证书编号：AGI00662

地域范围

抚远县位于我国东北边陲，东、北两面与俄罗斯隔黑龙江、乌苏里江相望，南邻饶河，西接同江。抚远县包括海青乡、抓吉镇、通江乡、抚远镇4个乡镇，直辖水面26 753公顷，是鲟鱼的重要孵化生长场所。地理坐标处于东经133°40′08″~135°05′20″，北纬47°25′30″~48°27′40″。

品质特色

抚远鲟鱼体长无鳞，头似梨形，吻似矛头，尾似鞭子，身披5行骨板。体色背部棕灰或褐色、腹部银白。栖息生活在河道中，在水体底层游动，以水生昆虫幼虫、底栖生物及小型鱼类为食。鲟鱼是珍稀名贵的大型鱼类，其色泽红亮、肉质鲜美软嫩、肌间无细刺、鲜美可口。其卵更是珍贵，营养价值极为丰富，与鳇鱼籽统称为"黑鱼籽"，制作的鱼子酱是世界三大珍味之一，有"黑色黄金""黑珍珠"之称。

鲟鱼不仅在研究鱼类进化上具有重大意义，而且还有很高的经济价值，属高蛋白食品，粗蛋白含量不低于21%，粗脂肪含量不低于0.7%，含人体所必需的8种氨基酸及12种维生素，含微量元素钙不低于80毫克/千克，含锌不低于2.0毫克/千克，含镁不低于230毫克/千克，含磷不低于1 500毫克/千克，不饱和脂肪酸占脂肪酸含量的70%以上。

人文历史

抚远县地处黑龙江、乌苏里江交汇的三角地带，是我国太阳最早升起的地方，与俄罗斯远东最大城市哈巴罗夫斯克一江之隔，是发展名特优鱼的理想场所，是著名的"活化石"鲟鳇鱼（鲟鱼和鳇鱼的总称）的主产地，被国家授予"抚远中国鲟鳇鱼之乡"的称号。佳木斯市为了保护丰富的渔业资源，使特有的鲟鳇鱼等资源得到开发、利用和有效的保护，近年来在抚远县相继投资建设成全国最大的鲟鳇鱼种鱼繁育养殖基地，全面实施人工繁育技术并取得了巨大成功。每年都实施大规模的

人工放流，放流鱼苗在100万尾以上，并在大力加湖试验成功网箱繁殖和养殖鲟鳇鱼，使珍稀的鲟鳇鱼既得到了合理保护，又能发挥出最大的经济效益。目前，这里孵化的鲟鳇鱼鱼卵已经远销北京、广东、福建、湖北、江苏等省市。

生产特点

抚远县地处三江平原东北部，黑龙江、乌苏里江汇流的三角地带，土壤以白浆土为主，地下水温4~7℃，pH值5.3~6.8，呈微酸性。县内已建成4个散养式鱼类养殖基地，主要包括大力加湖、乌龙湖、芦清河、双胜养殖基地，这些水源由浓江河、鸭绿河、黑鱼泡等河汇聚而成，水量充足，水量最大为3.3亿立方米，平均水深4米，非常有利于鲟鱼生长和越冬。抚远属于温凉带湿润大陆性季风气候，降水充沛，光照充足，四季温度变化显著，无霜期115~130天，年不低于10℃活动积温为2 300℃左右，年平均降水量641.4毫米，年平均日照时数2 304.3小时，有利于鲟鱼生长繁殖。

抚远鲟鱼养殖场必须建在四周无任何污染源、水质良好、水源充足、交通便利的区域。养殖中注重鱼苗选择、苗种鱼驯养、养成管理、养殖环境生态控制、收获与鱼病防治等环节的管理。此外，通过人为调控生态条件等技术手段，使养殖生态环境相对平衡，达到稳产高效、健康养殖的目的。

一面坡酒花

登记证书编号：AGI00711

地域范围

尚志市位于黑龙江省东南部，张广才岭西麓。一面坡酒花地理标志地域保护范围包括尚志境内一面坡镇、老街基乡、亚布力镇、石头河子镇、亮河镇、庆阳镇、帽儿山镇、苇河镇、长寿乡、黑龙宫镇、元宝镇、尚志镇、乌吉密乡、鱼池乡、河东乡、马延乡、珍珠山乡17个乡镇，保护范围面积为891 000公顷。地理坐标为东经127°17′~129°12′，北纬44°29′~45°34′。

品质特色

一面坡酒花雌雄异株，雄花雌花在盛开后都成穗状，果穗呈球果状，长3~4厘米，直径1.5~2.5厘米，苞覆瓦状排列，约至45枚，多散落，广卵形或卵状披针形，基部包裹1枚果实，类球形，表面具纵横，顶端具短尖，外表面基部附着红色粉状颗粒，有黄色腺体，气芳香。啤酒花是啤酒生产的基本原料，一面坡酒花的蛋白质含量大于17%、脂肪含量大于11克/100克、粗纤维含量大于18%。

人文历史

尚志市一面坡镇，因镇主街中部有一段长约50米的漫坡而得名。自1897年中东铁路开始修筑，这里人口日渐增多，商贾云集，成为哈尔滨东部一大重镇。一面坡啤酒花场是我国历史最久的啤酒花种植园，也是我国啤酒花生产的发源地。据新编《尚志县志》记载，大约在1900年前后，俄国人最先在一面坡种植啤酒花。1904年俄国人在一面坡创办中东啤酒厂时所用酒花均出自一面坡。1921年，俄国人在一面坡建立"列巴花坊"，开始大面积种植和烘烤加工。新中国成立后，酒花种植面积不断扩

大，1956年改为一面坡酒花场，并被国家轻工业部列为啤酒花重点种植基地，逐步投资安装了烘干车间。20世纪60年代初，产品出口联邦德国，用1吨酒花（干花）换回36吨优质钢材。该场提供的苗木和生产技术，在新疆维吾尔自治区等地发展了啤酒花生产。1985年改为一面坡啤酒厂酒花车间，经营面积达700多亩。

生产特点

尚志市地处山区，境内群山连绵，森林茂密，河流纵横，风光秀丽，森林覆盖率63.9%，独特的自然生态环境和区域性小气候非常适合酒花生长。尚志市境内河网密布，地表水资源丰富，水质优良，以蚂蜒河、阿什河、牤牛河三大水系为主，全市水资源总量多年平均为24.63亿立方米，为一面坡酒花生长提供了重要的水源。尚志市属温带大陆性季风气候，生态环境极为优良，全年日照时数在2 450~2 600小时，不低于10℃年积温2 300~2 600℃，无霜期105~125天，光能利用率约为0.5%，是酒花生产的理想地区。

啤酒花是多年生作物，第一年主要培育根部发育，为第三年收获期做准备。其产地要选择土层深厚、疏松、肥沃、通气性良好的沙壤土，远离污染、通风开阔、阳光充足、土质疏松肥沃的地块。品种采用一面坡3号、青岛大花、小花等苦香型酒花，种植过程中增强生产控制，确保产品质量。

依安芸豆

登记证书编号：AGI00712

地域范围

依安县位于黑龙江省西部，小兴安岭南麓，松嫩平原北缘，齐北铁路中段。依安芸豆生产地主要分布在依安县境内的依龙镇、富饶乡、三兴镇、中心镇、新兴乡、新发乡、阳春乡、解放乡、双阳镇、依安镇、太东乡、上游乡、红星乡、先锋乡、新屯乡15个乡镇，地域保护范围面积为265 600公顷。地理位置为东经124°50'~125°42'，北纬47°16'~48°02'。

品质特色

依安芸豆籽粒饱满无瑕，大小均匀，籽粒黄底紫纹，浅凹陷肾形；种脐白色，椭圆；脐环褐色，适口性好，品质佳。依安芸豆营养丰富，富含有蛋白质、脂肪、碳水化合物、钙、磷、铁和纤维素等，其中蛋白质含量大于20%，粗纤维含量大于4.0毫克/千克，碳水化合物含量大于7克/100克，脂肪含量小于1%。

人文历史

依安芸豆种植历史悠久，有史料记载的是在1935年，种植面积在1.5万亩左右，当时亩产较低，公顷产量在600千克左右。在1987年开始规模生产，到1991年全县总产就超过了1万吨，并且当时新兴乡的兴福村就成了远近闻名的芸豆集散地。依安县耕地富含有机质，土壤中氮、磷、钾的含量适中，空气清新洁净，水质好等特有的资源禀

赋条件，使这里的奶花芸豆具有上乘品质，芸豆出口南非、古巴、科威特、印度尼西亚、巴基斯坦等国家，其外销价格大大高于其他县。

生产特点

依安县地势东北高，起伏较大，呈岗阜状向西南逐渐变低。局部有盐碱化和沼泽湿地，土壤类型丰富，以黑土、黑钙土、草甸土为主，土壤含有机质在3%~5%，适宜芸豆种植。依安县水资源丰富，有乌裕尔河、双阳河、泰溪河等15条沟河，大型水库1座，中型水库3座，小型水库8座，水质良好，适于灌溉用水，有利于芸豆生长。依安县属寒温带大陆性季风气候，四季分明，全年日照时数2 711.8小时，年平均气温2.4℃，有效积温为2 513.3℃，年平均降水量为472.2毫米，降水量年季变化差异较大，降水多集中在夏季，无霜期127天，是芸豆生长的理想环境。

依安芸豆产地为土质肥沃的黑土层，通常选用优质、高产、抗逆、适宜本地栽植的品种，主栽品种为品芸二号等。此外，种植时严格遵照施肥、播种等技术要求，加强生产管理，保证产品质量。

亚布力晒烟

登记证书编号：AGI00713

地域范围

尚志市位于黑龙江省东南部，张广才岭西麓。亚布力晒烟地理标志地域保护范围主要包括尚志境内亚布力镇、石头河子镇、亮河镇、庆阳镇、帽儿山镇、长寿乡、黑龙宫镇、元宝镇、一面坡镇、尚志镇、乌吉密乡、鱼池乡、河东乡、马延乡、老街基乡、苇河镇、珍珠山乡 17 个乡镇，地域保护范围面积为 891 000 公顷。地理坐标为东经 127°17′~129°12′，北纬 44°29′~45°34′。

品质特色

亚布力晒烟株高适中，株高 90~120 厘米，有效叶片多，烟叶儿大，肉厚，单叶较重。叶长 65~75 厘米，宽 25~35 厘米。外观颜色金黄至橘黄，黄中透红；色度饱和，厚薄适中，富油润；顶叶无拐，叶片结构疏松、柔软、填充力强、弹性好、香气足、回味绵长、刺激性小。亚布力晒烟内含成分协调，燃烧性好，阴燃时间长，配伍性好，可用性强，烟叶安全性高，是生产复合型卷烟的可靠原料。亚布力晒烟总糖含量大于 8 克/100 克、还原糖含量大于 3 克/100 克、粗蛋白含量大于 19%、钾含量大于 1.7%、磷含量大于 180 毫克/100 克、氮含量大于 3%、氯含量小于 1%，烟质好，杂气轻。

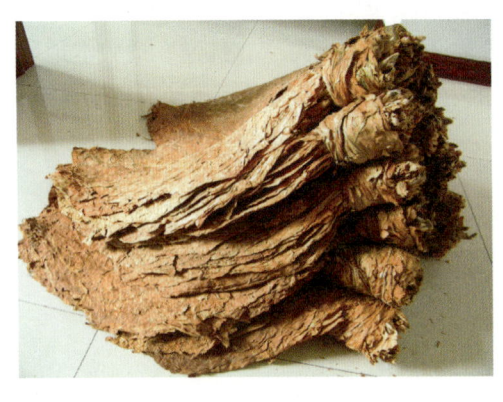

人文历史

亚布力晒烟的种植始于中东铁路建成时，是俄国人最先在亚布力一带种植的，故称亚布力晒烟。亚布力地区土地肥沃，晒烟长势茁壮，成色好，叶厚，味芬芳，回味绵长，不忌风，不弱火。亚布力晒烟与吉林省蛟河县和黑龙江省林口、穆棱等地的晒烟，被统称为"关东烟"。亚布力晒烟，又称黄烟（旱烟），其烟色泽黄中透红，抽起来有串味，沁人心脾，提神养气。它的烟灰是白色的，不截火，香味浓烈。亚布力晒烟曾是制作老巴夺牌香烟的主要原料。老巴夺烟香味醇美、独特，在众多香烟品牌中独具风格，产品除供国内市场外，还曾远销俄罗斯及欧洲市场。新中国成立后，随着运输畅通和大众消费的增加，烟草种植面积不断扩大。种植区域已不限于亚布力，亮河、庆阳、苇河、珍珠山、石头河子、鱼池、元宝、长寿等地亦有大面积种植。

生产特点

尚志市是一个山地、丘陵、河谷相间的山区市，地势东高西低。境内四周环山，丘陵起伏，丘陵、漫岗地区多为暗棕壤和白浆土，土壤表层有机质含量为2.5%~6.1%，适宜烟草种植。尚志境内河网密布，地表水资源丰富，水质优良，以蚂蜒河、阿什河、牤牛河三大水

系为主，水资源总量多年平均为24.63亿立方米，为晒烟生长提供了重要的水源保障。尚志市属温带大陆性季风气候，具有"春季少雨而低温，夏季温热而多雨，秋季霜早降温快，冬季寒冷而漫长"的特点。全年日照时数在2 450~2 600小时，不少于10℃年积温2 300~2 600℃，年平均降水量660.9毫米，无霜期105~125天，雨热同季，有利于晒烟生长。

亚布力晒烟产地要求选择坡度在15°以下、土壤疏松、通透性强、排水良好，肥力中上等地块种烟，前茬最好为谷类作物或玉米茬，周边环境生态良好。并且选用生长健壮、产量高、节间适度、叶片厚薄适度、大小整齐、叶脉细、耐旱、耐涝、抗病力强的烟株留种。种植过程中从土壤选择、种植时间和管理方式上严格要求，以提升产品质量。

呼玛黑木耳

登记证书编号：AGI00714

地域范围

呼玛黑木耳农产品地理标志地域保护范围包括呼玛镇、三卡乡、北疆乡、金山乡、兴华乡、白银纳乡、鸥浦乡、韩家园镇8个乡镇54个行政村，地域保护面积1 433 500公顷。地理坐标为东经125°03′20″~127°01′30″，北纬50°49′20″~52°53′59″。

品质特色

呼玛黑木耳子实体新鲜时，是胶质状，半透明，深褐色，有弹性。干燥后收缩成角质，腹面平滑漆黑色，硬而疏，背面灰黑色，有短绒毛。吸水后仍可恢复原状，富有弹性，复水性好，富光泽。食用时圆润、细腻、口感极佳。呼玛黑木耳营养丰富，富含蛋白质、脂肪、碳水化合物、钙、磷、铁、胡萝卜素、纤维素、钾、镁、钠等。其中，蛋白质含量不少于10.5%、粗纤维含量不少于9%、总糖含量不少于46%、钙含量不少于2 280毫克/千克、铁含量不少于215毫克/千克。

人文历史

呼玛县地处黑龙江省北部，大兴安岭东部，境内群山连绵，森林茂密，素有"祖国绿色宝库"和"落叶松故乡"之称。呼玛县栽培黑木耳有着近40年的种植历史。由于野生黑木耳满足不了市场需要，从20世纪70年代初，采用人工柞段木栽培，规模曾经发展到1 000万段，产木耳1 000吨，曾是全国知名的木耳之乡。在20世纪90年代初，在

"天保工程"实施后,为保持并发挥这一产业的优势,呼玛县委、县政府提出"木耳段改袋"工程,并把发展袋栽黑木耳生产作为县域经济特色产业来抓,使这一产业在呼玛县实现了跨越式发展。近年来,由于大兴安岭全面停止商业采伐,目前仅采用清林剩余物生产木屑,栽培规模仍保持在1 000万袋左右。

生产特点

呼玛县森林茂密,河流纵横,林地面积占80.1%,天然草场面积占15.8%。现有耕地112.9万亩,土壤大体分为山地棕壤土、黑土、草甸土和草甸沼泽土4个类型,土层深厚。境内主要河流有黑龙江、呼玛河、嫩江,水质清洁,适宜生产优质的黑木耳。这里年积温1 950℃,年降水量470.70毫米,雨季集中在6—8月,年日照2 600小时,雨热同季,光热资源充足,因此生产出的黑木耳耳片肉厚、颜色黑、口感好。

黑木耳种植基地选择地势平缓,坡度小于5°的黑土或棕壤土,排水良好,保湿性好,要靠近水源,环境清洁,作业方便,远离鸡舍、猪舍等污染源的地方。品种选用适合本地条件的黑威29号品种等,在制作原种和栽培种时,保证品种不混杂,菌丝体健壮,杂菌率控制在3%以内。

海林猴头菇

登记证书编号：AGI00715

地域范围

海林猴头菇地理标志地域保护范围包括横道、山市、新安、长汀、海林、三道、二道、柴河8个镇，地域保护范围面积871 100公顷。地理坐标为东经128°03'~129°57'，北纬44°02'~45°38'。

品质特色

海林猴头菇个体大，鲜品单体0.25千克以上。菌针及毛色均匀，菌针长1~1.5厘米，鲜品纯白色，形状好，酷似"猴头"，内部肉质肥厚、无筋，较其他地区猴头菇不仅个体大，且肉质鲜嫩、适口，干品为杏黄色或金黄色。海林猴头菇营养十分丰富，含有多种人体必需的营养物质，蛋白质含量大于10%，粗纤维含量大于7%，钙含量大于100毫克/千克，铁含量大于70毫克/千克，是一种名贵的食药兼用真菌。

人文历史

海林市位于黑龙江省东南部，地处东北亚经济圈腹地，素有"林海雪原""中国雪乡""东北虎之乡"称号。2005年，海林镇光荣村猴头菇小区被国家标准委员会评定为国家级猴头菇标准化示范区；2007年，海林市被中国食用菌协会评定为"中国猴头菇之乡"。猴头菇在海林市有悠久的栽培历史，茂密的森林，清洁的水源，温和湿润的气候，适宜猴头菇生长发育，也造就了海林猴头菇无与伦比的优良品质。

生产特点

海林市地貌特征"九山半水半分田",森林覆盖率71.3%,属寒温带大陆性季风气候,年日照2 300~2 600小时,无霜期85~130天,年平均降水量450~1 000毫米。这里具有气候冷凉、昼夜温差大、空气清新、日照充足的生态特点,十分适宜栽培猴头菇。

海林猴头菇的培育选用符合当地气候条件、菇体大、品质好、抗逆性强的地产菌种。生产过程中,注意养菌前期、中期、后期的室内温度和光照度,促使菌袋出菇,同时经常通风,保持空气清新流畅。在子实体生长期间,不随意移动菌袋位置。一般原基形成要经过15天左右即可成熟,采后经晾晒后密封,避免吸潮、虫蛀,确保产品品质。

桦川大米

登记证书编号：AGI00769

地域范围

桦川县地处黑龙江省，三江平原腹地。桦川大米农产品地理标志保护范围包括东河乡、新城镇、梨丰乡、苏家店镇、悦来镇、创业乡、星火乡、四马架乡、横头山镇9个乡镇，保护范围面积80 000公顷。地理坐标东经130°16′~131°34′，北纬46°37′~47°14′。

品质特色

桦川大米米粒整齐匀称、色泽洁白鲜亮、晶莹剔透、硬度大，外形呈短圆或椭圆形；蒸煮时饭香四溢，饭粒结构紧密，洁白、油亮，入口后滑爽、有黏性、不粘牙，且软硬适中，口味甜、香浓郁，口感细腻，可反复蒸煮米粒不破碎，冷饭不回生。桦川大米粗蛋白含量大于6%，直链淀粉含量大于18%，大米胶稠度好，大于70毫米，食味品质为80分。

人文历史

1921年，英格吐河、哈达密河、苏要河沿岸及火龙沟小河周围农民试种水稻成功。1948年，桦川县内朝鲜移民渐多，聚居在星火乡一带，以种植水稻为主业。1964年后，种植面积逐年扩大，星火乡、悦来镇、新城镇三大灌区，都以水稻为主要作物。

近年，桦川县委、县政府以科学发展观重新审视本地稻米种植的优势，

击响了"壮大稻米产业、打造大米品牌"的战鼓。在桦川县优越的招商引资条件下，全国各地客商纷纷直接在桦川投资建厂。桦川县年加工能力在10万吨以上的稻米加工企业有30余家，全县正在运行的具有国际先进水平的精米生产线180条。桦川县顺势整合大米加工企业，完善了桦川大米"企业+基地+农户"的封闭运行体制，实现了从种植到生产流程各个关键环节的统一。

生产特点

桦川县土壤可分成草甸土、冲积土和水稻土三大类，土层深厚，土质酥松、肥沃。土壤平均有机质含量不少于3%，富含硅、锌、铁、硒等微量元素，适宜水稻种植。桦川县境内主要有一江六河十三泡、还有1座小型水库，水资源约10.54亿立方米，水质清澈、纯净、水温高，是理想的农业生产用水。桦川县属大陆性寒温气候，温和半干型，春旱夏丰半湿润，典型的三江平原农业气候区，全年平均日照时数约2 600小时，年平均稳定通过10℃积温为2 500~2 700℃，无霜期年均为145天以上，7—8月高温多雨，雨热同季，利于水稻生长。

桦川大米选用经审订推广的，生育期适宜的，抗逆性强的高产品种，如空育131。在水稻籽粒的90%以上变黄成熟，穗轴有2/3黄熟，基部有很少一部分绿色籽粒存在时进行收获。收获采用人工或机械收割，割后捆成小捆进行自然晾晒，并经常翻动在晴天打场脱粒，以利于降低水分、保证纯度、提高商品质量。

长林岛金红苹果

登记证书编号：AGI00838

地域范围

长林岛金红苹果农产品地理标志地域保护范围包括五九七农场第六管理区的园艺场作业站、原种场作业站及鹿场居民组。保护面积6 600公顷，地理位置为东经131°57′~132°45′，北纬46°23′~47°47′。

品质特色

长林岛金红苹果果实广椭圆形，果面颜色基本均匀一致，果面鲜红80%以上，果品色泽鲜艳，果形端正，平均单果重不小于70克，果皮光滑，无果锈和伤口，带果梗。果去皮硬度达到8.5千克/平方厘米，果肉黄白色、细、脆、果汁多、香味浓，品质上等，风味浓厚，酸甜适口。金红苹果总酸度含量小于0.7%、维生素C含量大于140毫克/千克、可溶性固形物含量大于15%，可溶性糖含量大于13%。

人文历史

金红苹果又名"将军果"，早在抗日战争和开发北大荒初期，广大抗联战士、垦荒将士都以此果为食充饥，其中包括王震将军，"将军果"因此而得名。经历几代农垦人的改良嫁接，培育出了今天的长林岛金红苹果。五九七农场长林岛优质果品基地1995年被列入黑龙江省农垦总局农业综合开发万亩果树基地项目；2003年10月12日被中国市场学会授予"中国长林岛优质金红苹果系列果品生产加工之乡"称号；2003年被国家环保总局批准为国家级生态示范区，经过10余年的开发建设已形成规模。

生产特点

长林岛万亩果树基地位于山间盆地性质的陷落区，四面环山。土质为棕壤土，土层水分干燥，黑土层大约厚 18 厘米，有机质含量 4.14%，比较适合果树的生长。境内有黑瞎沟水库，西南部为完达山余脉，中部有大孤山、头道山、二道山、三道山等 5 座山冈环绕，南高北低，局部微地形复杂。这里水质清洁，适宜生产优质的金红苹果产品。长林岛金红苹果生产区属中温带半湿润大陆性季风气候，无霜期 134 天，年平均有效积温 2 625℃，日照 1 058 小时，年平均降水量 496 毫米，夏季多雨、秋季凉爽，昼夜温差大，利于农作物碳水化合物和蛋白质的合成，为金红苹果的生长发育提供了极其有利的条件。

长林岛金红苹果种植基地选择在海拔在 1 500 米左右的山坡地，山区小气候高温多雨，棕壤土通透力强，生产中全部采用农家肥，在这种特别环境作用下，成熟的果子糖酸度比较高，且营养丰富。长林岛金红苹果的生产均选择无检疫性病虫害、无病毒的砧木，主栽品种一致纯度 99% 以上，例如山丁子、黄海棠等。生产过程管理中注意各个环节把控，保证产品质量。

桦南白瓜

登记证书编号：AGI00839

地域范围

桦南县位于黑龙江省东部，松花江下游南岸，所辖桦南镇、土龙山镇、孟家岗镇、石头河子镇、闫家镇、驼腰子镇、梨树乡、大八浪乡、金沙乡、明义乡6个镇4个乡，全县192个行政村。桦南白瓜地域保护范围面积22.8万公顷，地理坐标为东经129°55′~131°16′，北纬45°51′~46°31′。

品质特色

桦南县白瓜株型为主蔓生，无侧叉，果实椭圆形，颜色为灰绿色。果肉呈淡黄色，味甜、微面。瓜籽为椭圆形，大板率（12.5毫米以上）为60%~80%，其外观洁白，板大皮薄，仁厚味醇，仁面覆一层绿色薄膜，内仁洁白如玉，口感纯正清新，味道香美。桦南白瓜的花、茎、叶均可入食。白瓜果肉部分维生素C含量大于95毫克/千克，可溶性固形物大于2.5%，总糖大于1.8%；白瓜籽仁蛋白质含量大于33%，粗脂肪含量大于35%，粗纤维含量大于20%，磷含量大于1 100毫克/千克。

人文历史

桦南县种植白瓜历史悠久，据桦南县志记载，1910年，人们在垦地上种植倭瓜（白瓜）。1976年，范春在孟家岗乡卡子后村（现富裕村）选育了无权倭瓜（白瓜），1990年11月30日，被黑龙江省科学技术委员会鉴定为"无权倭瓜"。这时桦南县的白瓜种植居全省之首。桦南县也先后被命名为"中国南瓜之乡""中国白瓜籽之乡"。现全县有2个市级白瓜龙头企业，6个白瓜种植专业合作社，10

个白瓜籽收购加工经营企业。桦南白瓜获得国家地理标志登记后,品牌知名度和产品附加值明显提升,白瓜籽价格平均高出同类产品0.5元/千克。

生产特点

桦南县地形由东向西北逐渐倾斜,东部山脉纵横,地势较高;中部丘陵漫岗,绵延起伏;西南部低缓,平原洼地交错。当地土壤肥沃,资源丰富,自然地貌可概括为"五山半水四分田,半分道路和庄园",适宜白瓜种植。桦南县水资源比较丰富,境内河流纵横,泡沼密布、河网纵横,水源无污染、水质好,为白瓜种植提供了水源保障。桦南县地处中高纬度,属中温带大陆性季风气候,四季分明,无霜期120天左右,年平均降水量550毫米,年平均日照时数2 342小时,不少于10℃积温为2 500℃,有利于白瓜生长。

桦南白瓜产地远离城区、工厂、污染源,生产过程严格按照绿色食品白瓜生产技术操作规程要求进行,肥料以农家肥和有机肥为主,病虫害防治以预防为主,充分保障产品质量。

五大连池草鱼

登记证书编号：AGI00840

地域范围

五大连池自然保护区位于黑龙江省，地处小兴安岭西侧，是"世界地质公园"，国家重点"风景名胜区""自然保护区"，我国唯一的冷矿泉疗养区。五大连池草鱼保护区包括一池子、二池子、三池子、四池子、五池子、南月牙泡、北月牙泡、药泉湖8个天然池，面积2 200公顷，地理坐标为东经126°00′~126°26′，北纬48°34′~48°48′。

品质特色

五大连池草鱼体表有光泽，鳞片完整，不易脱落；鳃色鲜红，鳃丝清晰；眼球饱满凸出，角膜透明；肌肉坚实，有弹性；鱼肉没有泥味和腥味，香而不肥、嫩而不腻，吃后余香满口，十分鲜美。五大连池草鱼是在含有多种微量元素的矿泉水中生长，微量元素尤其是钙和磷含量高，每千克含钙大于70毫克，含镁大于230毫克，含磷大于1 300毫克，粗蛋白含量大于17%，粗脂肪小于2%，不饱和脂肪酸含量占总脂肪酸含量大于69%，对人体健康非常有益。

人文历史

五大连池火山有60多万年前的早期火山，30多万年前后的中期火山，还有在1719—1721年间喷发的仅有280多年的近期火山。五大连池湖泊是我国第二大火山堰塞湖，湖泊水源主要来源于地下冷矿泉，水质优良，含有多种矿物质，所生产的水产品被消费者誉为矿泉水产品，五大连池风景区自1984年开发至今，渔业经过10余年发展，目前养殖面积已达3.4万亩，养殖品种达到10余种，养殖产量达800吨。五大连池生产的鱼类是

在含有多种微量元素的矿泉水中生长，其肉质鲜嫩，营养丰富，口感极佳，而且具有保健功能，深受消费者的青睐，产品供不应求。

生产特点

五大连池保护区保存着完整的熔岩台地和火山地貌，是我国火山最集中的区域。土壤是熔岩表面风化后形成的，具有母岩石龙岩的特点，土壤肥力优良。区内水资源丰富，讷漠尔河的支流白河，连接的5个湖容量为10 439万立方米，此外区内多矿泉，是我国极其宝贵的矿泉水资源。五大连池属富营养湖，湖内生长着丰富的浮游生物，水质清洁，是矿泉草鱼养殖的理想区域。这里年有效积温2 200℃，年平均光照2 624小时，年降水量476.3毫米，无霜期119天，最大冻深2.47米，可满足草鱼养殖生产。

五大连池草鱼养殖地区要求生态环境，空气质量，淡水养殖水质优良，底泥周围没有金属或非金属矿心，无农田残留污染，具有较高土壤肥力。苗种除选择高产、高效益的品种外，考虑到对病害的抗御能力，也要尽量选择适应当地生态条件的优良品种，选择苗种应大小一致，体质健壮，活动力强，品种纯，生长速度快。同时，加强苗种检疫、苗种运输、投放、养殖管理、捕捞、运输销售等环节的管理，以确保草鱼产品质量。

石人沟鲤鱼

登记证书编号：AGI00841

地域范围

石人沟位于黑龙江省西部杜尔伯特蒙古族自治县境内，水域连接嫩江。这里的水域由3个自然放养场、3条人工水渠组成，面积8 000公顷，地理位置位于东经123°58′00″~124°06′17″，北纬46°15′20″~46°17′55″。

品质特色

石人沟鲤鱼体纺锤形，头后背部隆起，头小，须二对，口亚下位，略呈马蹄形，鲤鱼背部普遍发黑褐色，体侧和尾鳍下叶为黄色，腹部白色，鱼肉品质高，含水量较小，肉质细嫩而鲜美。石人沟鲤鱼粗蛋白含量大于17%，粗脂肪含量小于4%，钙含量大于150毫克/千克，磷含量大于3 500毫克/千克，不饱和脂肪酸占总脂肪酸含量的70%以上。

人文历史

据史料记载，早在4 000多年以前北方少数民族就在这里繁衍生息，以渔猎为主要生活方式。元代乌古滴烈部融于蒙古族中，遂为成吉思汗之弟斡赤斤封地。明永乐四年（1406年）又置温苏温河卫，辖今嫩江东，乌裕尔河南及支流双阳河流域。公元15世纪，爱纳嘎率部游牧于嫩江东岸、乌裕尔河南，自称"青石投鱼，以供其餐"，说的就是石人沟一带游牧的蒙古族用石块击鱼，用鞭打鱼的事，可见当时自然鱼类

之丰厚。杜尔伯特首届冬季捕鱼节于 2004 年 12 月 28 日在石人沟放养场冰面上隆重举行。渔民进行祭祀湖神仪式：杀乌猪一口、点燃篝火、设摆香案、敬奉供品、宣读祭文、磕头祭拜。祭祀结束，随着渔把头一声呼喊："起红网喽"，两趟冰下拉网徐徐拉动，只见各种活鱼带着水气相继涌出冰面，最大的活鱼足有 10 余千克。随着捕鱼网不断被拉出，数万斤活鱼在冰面上跳跃，场面十分壮观。

生产特点

石人沟水域属北温带大陆性季风气候，平均海拔 135~144 米。无霜期 148 天左右，年平均降水 400 毫米，年平均日照 2 852.3 小时，是黑龙江省热量最好的地区之一。石人沟水域由 3 个放养场、3 条人工引水渠组成，这里水域宽广，水质优良，湖内盛产 40 种淡水鱼类，尤以鲤、草、鲢、鳙、鲫、黑鱼、狗鱼、鲂鱼、泥鳅、麦穗鱼、柳根池等为多，其经济价值上乘。湖内水生动植物丰富，浮游植物有 7 门 85 属，藻类蕴含量丰富，漂游动物有 25 属，水生植物 40 余种。这些丰富的水生物植物为淡水鱼繁衍生息创造了得天独厚的条件，又由于湖岸线长，雨水入湖带进大量有机质，为水生动植物生长带来源源不断的养料，水生漂游动物又成为鱼虾的天然饵料，湖内生态呈良性循环态势。

石人沟鲤鱼产地周围没有大气污染源，上风口没有污染源。此外，底泥周边没有金属或非金属矿心，无农田残留污染，具有较高土壤肥力。石人沟水域水源充足，且池区注排水方便、水利设施齐全。道路平坦，交通便利，有利于水产品生产和运输。

抚远鳌花鱼

登记证书编号：AGI00880

地域范围

抚远县位于我国东北边陲，东、北两面与俄罗斯隔黑龙江、乌苏里江相望，南邻饶河，西接同江，包括海青乡、抓吉镇、通江乡、抚远镇4个乡镇直辖水面26 753公顷，是鱼类的重要孵化生长场所。地理标志保护区域地理坐标为东经133°40′08″~135°05′20″，北纬47°25′30″~48°27′40″。

品质特色

抚远鳌花鱼体较高而侧扁，背部隆起；口大，下颌明显长于上颌；上下颌、犁骨、口盖骨上都有大小不等的小齿，前鳃盖骨后缘呈锯齿状，下缘有4个大棘，后鳃盖骨后缘有2个大棘；头部具鳞，鳞细小；侧线沿背弧向上弯曲；背鳍分两部分，彼此连接，前部为硬刺，后部为软鳍条；体黄绿色，腹部灰白色，体侧具有不规则的暗棕色斑点及斑块；自吻端穿过眼眶至背鳍前下方有一条狭长的黑色带纹；肉洁白、细嫩而鲜美，无小刺。抚远鳌花鱼含蛋白质不少于19%，粗脂肪不少于3%。不饱和脂肪酸含量不少于80%。每千克鱼肉钙含量不少于120毫克、磷含量不少于1 100毫克、锌含量不少于3毫克、镁含量不少于190毫克。

人文历史

鳌花鱼自古就被列为

名贵鱼类之一。鳌花鱼学名鳜鱼,是我国特产,民间也称桂花鱼,此种鱼虽产量不多,但分布甚广,除青藏高原外,我国各地河流、湖泊水域中都有出产,独以松花江出产的鳌花鱼最佳。黑龙江鳌花鱼因水质清澈甘冽、无污染且冬季漫长,生长较为缓慢,肉质细白鲜嫩,味美适口,红焖、清炖、煎炸均清香爽口,尤以"松籽鳜鱼"驰誉省内外,与鳊花鱼、鲫花鱼合称为"三花",为渔民招待上宾之稀有鱼类。清蒸鳌花鱼是黑龙江省传统风味名菜,以鱼肉鲜嫩、汤汁清美而闻名。

生产特点

抚远县地处三江平原东北部,黑龙江、乌苏里江汇流的三角地带,土壤以白浆土为主,地下水温4~7℃,pH值5.3~6.8,呈微酸性。抚远县内已建成4个散养式鱼类养殖基地,主要包括大力加湖、乌龙湖、芦清河、双胜养殖基地,这些水源由浓江河、鸭绿河、黑鱼泡等河汇聚而成,水量充足,水量最大为3.3亿立方米,平均水深4米,非常有利于鳌花鱼生长和越冬。抚远属于温凉带湿润大陆性季风气候,降水充沛,光照充足,四季温度变化显著,无霜期115~130天,年不低于10℃活动积温为2 300℃左右,年平均降水量641.4毫米,年平均日照时数2 304.3小时,有利于鳌花鱼生长繁殖。

抚远鳌花鱼养殖场必须建在四周无任何污染源、水质良好、水源充足、交通便利的区域。养殖中注重鱼苗选择、苗种鱼驯养、养成管理、养殖环境生态控制、收获与鱼病防治等环节的管理。此外,通过人为调控生态条件等技术手段,使养殖生态环境相对平衡,达到稳产高效、健康养殖的目的。

抚远哲罗鱼

登记证书编号：AGI00881

地域范围

抚远县位于祖国东北边陲，东、北两面与俄罗斯隔黑龙江、乌苏里江相望，南邻饶河，西接同江，包括海青乡、抓吉镇、通江乡、抚远镇4个乡镇直辖水面26 753公顷，是哲罗鱼的重要孵化生长场所，地理位置处于东经133°40′08″~135°05′20″，北纬47°25′30″~48°27′40″。

品质特色

抚远哲罗鱼体长而丰厚，呈流线形；头部扁平，吻尖，口端位，口裂大，上颌较下颌突出，向后延伸超越眼的后缘，齿小而锐；尾鳍分叉较浅；背部为青褐色，体侧和腹部为银白色；头部背侧布有许多暗黑的小斑点。

抚远哲罗鱼肉味鲜美、细嫩，清香可口，营养价值极高，富含蛋白质，粗蛋白含量不少于20%，粗脂肪含量不少于0.9%，含微量元素钙不少于110毫克/千克，含锌不少于4毫克/千克，含镁不少于290毫克/千克，不饱和脂肪酸含量不少于80%。

人文历史

哲罗鱼是黑龙江、乌苏里江特有冷水鱼种,也是"三花五罗"之一,"五罗"的第一罗,也叫哲罗鲑。哲罗鱼是冷水鲑鱼中的大型肉食鱼,世界稀有冷水鱼种之一。抚远哲罗鱼没有新疆维吾尔自治区的大,大的也就体长1米多,30千克重,长得圆滚滚的。抚远地区渔业生产发展由来已久。据考古发掘证明,远在唐代以前,抚远地区就有渔业生产,其开创者当为乌苏里江流域的赫哲族及其他少数民族的先世。时至今日,依托自然环境与资源的优势,渔业仍是抚远县的支柱产业之一。

生产特点

抚远县地处三江平原东北部,黑龙江、乌苏里江汇流的三角地带,土壤以白浆土为主,地下水温4~7℃,pH值5.3~6.8,呈微酸性。县内已建成4个散养式鱼类养殖基地,主要包括大力加湖、乌龙湖、芦清河、双胜养殖基地,这些水源由浓江河、鸭绿河、黑鱼泡等河汇聚而成,水量充足,水量最大为3.3亿立方米,平均水深4米,非常有利于哲罗鱼生长和越冬。抚远属于温凉带湿润大陆性季风气候,降水充沛,光照充足,四季温度变化显著,无霜期115~130天,年不低于10℃活动积温为2 300℃左右,年平均降水量641.4毫米,年平均日照时数2 304.3小时,有利于哲罗鱼生长繁殖。

抚远哲罗鱼养殖场必须建在四周无任何污染源、水质良好、水源充足、交通便利的区域。养殖中注重鱼苗选择、苗种鱼驯养、养成管理、养殖环境生态控制、收获与鱼病防治等环节的管理。此外,通过人为调控生态条件等技术手段,使养殖生态环境相对平衡,达到稳产高效、健康养殖的目的。

海林黑木耳

登记证书编号：AGI00882

地域范围

海林黑木耳地理标志地域保护范围包括横道、山市、新安、长汀、海林、三道、二道、柴河8个镇，保护范围面积871 100公顷，地理坐标为北纬44°02′~45°38′，东经128°03′~129°57′。

品质特色

海林黑木耳干品肉厚色正，耳面黑褐色，有光亮感，背暗灰色，耳根小，形以单片和碗状为主，少数为半菊花状，酷似"元宝"。泡开有弹性，有光泽，复水性好。食用时圆润、细腻，口感极佳。海林黑木耳营养丰富，含蛋白质、粗纤维、碳水化合物、钙、磷、铁等，其中，蛋白质含量不少于12%、粗纤维含量不少于8%、总糖含

量不少于45%、钙含量不少于3 600毫克/千克、铁含量不少于2 000毫克/千克。

人文历史

海林市属山区和丘陵浅山区，黑木耳是海林市传统优势产业，产业基础非常深厚。北味集团成立了国家黑木耳产业技术联盟平台，引进、培育、扶持一批有规模、有水平、有驾驭市场能力的龙头企业，支持企业围绕精深加工产品开发进行技术改造，促进黑木耳产品转化增值，延伸产业链条。

生产特点

海林市地貌特征是"九山半水半分田"，森林覆盖率71.3%，属寒温带大陆性季风气候，年日照2 300~2 600小时，无霜期85~130天，年平均降水量450~1 000毫米。这里具有气候冷凉、昼夜温差大、空气清新、日照充足的生态特点，因此生产的黑木耳纤维生长密集，肉厚色正。

黑木耳栽培场地选择背风向阳、地势平坦、有水源、空气新鲜无污染、排水良好的自然地块。生产中选用抗逆性强、菌丝生长健壮、耳基产生整齐、单片或半菊花的黑木耳品种。生产过程管理中，注意对养菌、消毒、预防病虫害等环节的把控，此外，采收的黑木耳必须及时精选和修理，放到离地50厘米高的防雨晾晒架上晾晒或烘干，确保黑木耳的品质。

托古小米

登记证书编号：AGI00883

地域范围

托古小米农产品地理标志地域保护范围包括肇州县托古乡、朝阳乡、朝阳沟镇、丰乐镇、肇州镇、永胜乡、二井镇、双发乡8个乡镇，地域保护面积186 176公顷，地理坐标为东经124°48′45″~125°47′37″，北纬45°34′30″~46°15′30″。

品质特色

托古小米色泽深黄、米粒圆润口感极佳，饭香浓郁，风味独特，蒸制后产品黏着力强，具有较好的黏聚性。托古小米营养丰富，其中，粗蛋白含量大于10%，粗脂肪含量大于1.5%，淀粉含量大于71%，胶稠度大于125毫米，碱消值大于4.3级；每100克托古小米维生素B_1含量大于0.15毫克、铁含量大于3.5毫克，钙含量大于6.5毫克。托古小米维生素的含量亦较丰富，而且粗纤维的含量又是几种主要粮食作物中最低的，粗纤维含量不到1%。煮制后产品表现出黏度高，颗粒状态好，是老年人、儿童、孕产妇之营养佳品。

人文历史

托古小米因地质肥沃、品种独特、生态种植、光照充足、人工精选五大优势，铸就了其色泽深黄、米粒圆润、纯朴天然，成粥后色泽鲜亮、味醇清香、回味悠长的特有珍稀品质。特别是为进一步加快企业发展步代，本着"精益求精、铸就卓越"的企业精神,当地政府于2011年3月引进国际顶尖生产设备,具备谷糙精准分离、数控精细色选、16道低温磨制、日生产能力100吨等国际一流性能,所生产小米能够数控自动化区分谷穗顶端、中部与末端三个部位的原粮,从而为托古小米产品精细化、系列化打下良好基础,从而保证产品始终处于市场领先地位。正是由于具备自然环境、基地建设、种植管理、生产设备、科学运营等诸多优势,铸就了托古小米当前良好的市场认可与品牌效应。

生产特点

托古小米生产基地多为低地平原,土壤类型以黑钙土、黄沙土为主,土层深厚,有机质含量高,极适宜种植谷子。肇州县水资源非常丰富,农田主要引松花江和嫩江两江水灌溉,全县水资源总量23 448.8立方米,是托古小米种植重要的水源保障。这里属温和农业气候带,全年有效积温平均为2 800 ℃,无霜期较长,每年都在130天以上,日照时数平均为2 900小时,尤其是7—9月,光照充足,为小米的营养积累提供了良好的自然环境。

托古小米的基地实行专业化生产、专业化监督、产业化模式、社会化服务。小米生产基地环境质量良好,土质肥沃,并以托古特产御品红谷为主栽品种。生产中进行合理的轮作、精细整地、科学施肥、适期播种、合理密植,并加强田间管理和病虫害防治,确保产品的质量。

穆棱大豆

登记证书编号：AGI00884

地域范围

穆棱市自然条件优越，位于黑龙江省东南部。穆棱大豆地理标志保护范围为穆棱市的8个乡镇，包括八面通镇、河西乡、福禄乡、马桥河镇、下城镇、兴源镇、穆棱镇、共和乡，保护面积618 700公顷，地理坐标为东经129°45′19″~130°58′07″，北纬43°49′55″~45°07′16″。

品质特色

穆棱大豆籽粒饱满均匀，粒圆形，圆滑光亮，色泽金黄统一，干净，外观形象和商品质量良好。穆棱大豆蛋白质含量37%以上，粗纤维含量大于12%，维生素

E含量大于1 800毫克/千克，钙含量大于1 500毫克/千克。穆棱大豆豆浆白中透黄，豆香味浓，香甜可口，无豆腥味；穆棱豆腐更是鲜嫩可口，白中透黄。穆棱机械压榨大豆油，金黄营养丰富，富含亚油酸，有"健康油""延寿油"之称，是上等油脂。

人文历史

穆棱大豆种植水平较高，平均亩产150千克左右，最高年份1984年亩产达到218千克。1995年，由于穆棱大豆质量好、品质优、数量多，被国家有关部门授予"中国大豆之乡"荣誉称号。2000年开始，穆棱市以9个乡镇为主，创建了9个绿色食品大豆农业示范园区，全面推广了绿色食品大豆生产技术。2002年，0.27万公顷大豆获得绿色食品基地认证，填补了穆棱市绿色食品基地认证的空白。至2007年，穆棱大豆种植面积达10万公顷，年产量26万吨，产值近10亿元，产品畅销国内山东、浙江、广州、大连、上海、北京等省市，成为穆棱农民收入的重要来源和农民增收致富的支柱产业。

生产特点

穆棱市地貌类型为丘陵浅山区，地质构造属长白山系老爷岭山脉，全市境内山、丘、岗、川相间交错，土壤垂直分布比较明显，土壤肥力状况良好，土壤中含有丰富的有机质，有机质含量平均6.54%，微量元素丰富，具有良好团粒结构，非常适宜优质大豆生长发育。境内河流众多，有大小河流及山沟1 323条，绝大部分属于穆棱河水系，流域内没有任何污染源，天然水体水质良好，具有优质大豆种植的最佳地理位置和优质水源。穆棱市属中纬度温带大陆性季风气候，全年日照时数平均为2 632小时，不低于10℃的有效积温2 495℃，年降水量在500~550毫米，降水主要集中在6—8月，无霜期120~140天，有利于大豆富集营养。

穆棱大豆产地选择土壤肥沃、耕性良好的土壤进行大豆栽种，同时采用适合当地生态条件且经审定推广的优质、抗逆性强的高产品种，并进行专品种生产。生产过程中，注意选茬、整地、施肥、播种、田间管理、收获等多项环节的把控，确保大豆的品质。

五大连池鲫鱼

登记证书编号：AGI00885

地域范围

五大连池自然保护区位于黑龙江省，地处小兴安岭西侧，是"世界地质公园"，国家重点"风景名胜区""自然保护区"，我国唯一的冷矿泉疗养区。五大连池鲫鱼保护区包括一池子、二池子、三池子、四池子、五池子、南月牙泡、北月牙泡、药泉湖 8 个天然池，面积为 2 200 公顷。地理坐标为东经 $126°\ 00'\ \sim 126°\ 26'$，北纬 $48°\ 34'\ \sim 48°\ 48'$。

品质特色

五大连池鲫鱼体侧扁而高，体较厚，腹部圆；头短小，吻钝，无须；鳃耙长，鳃丝细长；下咽齿一行，扁片形；鳞片大，侧线微弯；背鳍长，外缘较平直，背鳍、臀鳍第三根硬刺较强，后缘有锯齿，胸鳍末端可达腹鳍起点，尾鳍深叉形；一般体背面灰黑色，腹面银灰色，各鳍条灰白色。鲫鱼肉质软嫩，肉味鲜美。

五大连鲫鱼是在含有多种微量元素的矿泉水中生长，微量元素尤其是钙和磷含量高，每千克钙含量大于 70 毫克，镁含量大于 260 毫克，铁含量大于 28 毫克，磷含量大于 1 000 毫克，粗蛋白含量大于 16%，粗脂肪含量小于 2%，不饱和脂肪酸含量占脂肪酸总量 70% 以上，对人体健康非常有益。

人文历史

五大连池火山有 60 多万年前的早期火山，30 多万年前后的中期火山，还有在 1719—1721 年间喷发的仅有 280 多年的近期火山。五大连池湖泊是我国第二大火山堰塞湖，湖泊水源主要来源于地下冷矿泉，水质优良，含有多种矿物质，所生产的水产品被消费者誉为矿泉水产品。五大连池风景区自 1984 年开发至今，渔业经过 10 余年发展，目前养殖面积达 3.4 万亩，养殖品种达到 10 余种，养殖产量达 800 吨。五大连池生产的鱼类是在含有多种微量元素的矿泉水中生长，使鱼类含有大量的蛋白质、脂肪、维生素等，其肉质鲜嫩，营养丰富，口感极佳，而且具有保健功能，

深受消费者的青睐,产品供不应求。

生产特点

五大连池保护区保存着完整的熔岩台地和火山地貌,是我国火山最集中的区域。土壤是熔岩表面风化后形成的,具有母岩石龙岩的特点,土壤肥力优良。区内水资源丰富,讷漠尔河的支流白河,连接的5个湖容量为10 439万立方米,此外,区内多矿泉,是我国极其宝贵的矿泉水资源。五大连池属富营养湖,湖内生长着丰富的浮游生物,水质清洁,是矿泉鲫鱼养殖的理想区域。这里年有效积温2 200℃,年平均光照2 624小时,年降水量476.3毫米,无霜期119天,最大冻深2.47米,可满足鲫鱼养殖生产。

五大连池鲫鱼养殖地区要求生态环境、空气质量、淡水养殖水质优良,底泥周围没有金属或非金属矿心,无农田残留污染,具有较高土壤肥力。苗种除选择高产、高效益的品种外,考虑到对病害的抗御能力,也要尽量选择适应当地生态条件的优良品种,选择苗种应大小一致,体质健壮,无伤,活动力强,品种纯,生长速度快。同时加强苗种检疫、苗种运输、投放、养殖管理、捕捞、运输销售等环节的管理,以确保鲫鱼产品质量。

伊春蓝莓

登记证书编号：AGI00886

地域范围

伊春市位于黑龙江省东北部。伊春蓝莓农产品地理标志地域保护范围为伊春市嘉荫县、乌伊岭区、汤旺河区、新青区、红星区、五营区、上甘岭区、友好区、伊春区、翠峦区、乌马河区、南岔区、带岭区、美溪区、西林区、金山屯区、铁力市、铁力局、双丰局、桃山林业局、朗乡林业局21个县（市）、区、局。保护区面积为100万公顷，地理坐标为东经127°42′~130°14′，北纬46°28′~49°21′。

品质特色

伊春蓝莓的果实呈蓝色并被一层白色果粉包裹，单果重为0.5~2.5克，果面洁净，果肉细腻，甜酸适口，且具有香爽宜人的香气，适合鲜食和加工。伊春蓝莓鲜

果中花青苷色素含量大于 150 毫克/100 克，果糖含量大于 3%，维生素 C 含量大于 300 毫克/100 克，可溶性固形物大于 7%，可滴定酸小于 3%。

人文历史

野生蓝莓学名为笃斯越橘。伊春是我国野生蓝莓原产地之一，伊春蓝莓是不可复制的品牌资源。20 世纪 80 年代，伊春林区野生蓝莓产量大，蓝莓果营养丰富、无污染。到 80 年代末，伊春市委、市政府就开始关注野生蓝莓的资源状况，委托科研部门立项进行专题研究，并取得了较好的科研成果，同时，积极筹备成立了伊春市笃斯越橘保护协会。2008 年市政府以政府令下发了《伊春市笃斯越橘等野生浆果资源保护管理暂行办法》，对野生笃斯越橘资源进行重点保护，各主产区通过采取协议或竞标的方式，对笃斯越橘实行承包管护经营，使资源得到了保护和有序利用。目前全市已建立笃斯越橘保护基地 8 个，总面积 2.4 万多公顷，并将每年的 8 月 2 日到 8 月 8 日定为伊春市兴安蓝莓节。长期以来，伊春市蓝莓产业以野生蓝莓采集加工为主，2006 年开始引进组培蓝莓种植，2010 年开始大规模种植，并确立了建设蓝莓产业"四个最大"的战略目标，即建设全国最大的蓝莓组培繁育基地、最大的蓝莓种植基地、最大的蓝莓加工基地和最大的蓝莓销售市场。

生产特点

伊春市整个地势西低东高，南低北高，呈狭长地形，地貌特征为"八山半水半草一分田"。全市土壤以暗棕壤为主，这种土壤成分偏酸、有机质含量多在 8% 以上，大大高于平原农田，适宜种植蓝莓。伊春市境内沟谷密布，水系发达，总蓄水量 102 亿立方米，为伊春蓝莓的生长提供了重要的水源。伊春属寒温带大陆性季风气候，冬季寒冷漫长，春秋季节分明，夏季短暂，年积温 1 990~2 550℃，年降水量 550~650 毫米，年日照时数平均为 2 390.8 小时，年无霜期 90~125 天，利于蓝莓果实营养积累，蓝莓品质好。

伊春蓝莓定植第二年即可结果，第四年进入盛果期，此后可丰产、稳产，丰产期 40 年左右，树体寿命可达 50 年。现在栽培的品种主要有美登、北陆、北蓝、北村、北空、圣云等，这些品种的生长习性较为相近，因此栽培技术措施也基本相同。

甘南小米

登记证书编号：AGI00887

地域范围

齐齐哈尔市甘南县位于黑龙江省西部，嫩江中游右岸。甘南小米地理标志地域保护范围包括甘南镇、中兴乡、长山乡、兴十四镇、兴隆乡、宝山乡、平阳镇、东阳镇、巨宝镇、查哈阳乡10个乡镇，保护范围面积35 000公顷，地理坐标为东经122°54′06″~124°28′12″，北纬47°25′07″~48°32′05″。

品质特色

甘南小米籽粒饱满，粒大、粒圆，色泽鲜黄。蒸制后产品黏着力强，具有较好的黏聚性，适口性好，不回生。煮粥后产品表现出黏度高，颗粒状态好，入口回味绵长。甘南小米营养丰富，其中粗蛋白含量大于10%，粗脂肪含量大于4%，直链淀粉含量不高于淀粉总量17%，支链淀粉含量大于淀粉总量的80%，胶稠度不少于115毫米。

人文历史

2009年，金星村依托与黑龙江省农业科学院齐齐哈尔分院进行院村共建的有利时机，投入120万元人民币在县工商局注册成立了甘南县红古杂粮种植专业合作社，主要从事谷子等杂粮种子的扩繁和农产品加工。2011年，合作社生产的红谷小米被全国第三届杂粮产业大会组委会评为优质品牌产品奖；在中国（齐齐哈尔）第十一届绿色食品博览会上，红谷小米被大会组委会指定为大会专用礼品；同年，红古杂粮种植专业合作社被甘南县委县政府评为2010—2011年度合作经济组织一等奖。

生产特点

甘南县地势北部、西部为丘陵漫岗区，以黑土为主，东部及南部为平原区，土壤主要有草甸土、暗棕壤、黑钙土，有机质含量相对丰富，肥力中等偏上，适宜小米的种植。甘南县属嫩江和阿音河谷冲积平原，地表水总量9.67亿立方米，地下总蓄水量7.1亿立方米，是发展种植业和牧业的水源保障。甘南小米区属中温带大陆性季风气候，年平均降水量为455毫米，年日照时数为2 600~2 900小时，年无霜期为125~145天，年有效积温为2 682.8℃，光热资源充足，昼夜温差大，利于农作物碳水化合物和蛋白质的合成，为谷子的生长发育提供了极其有利的条件。

甘南小米产地应选择具有较高的土壤肥力，耕性良好，土层深厚，理化性状良好，避免重、迎茬、排水良好的自然地块。同时，根据当地环境条件选用经生产实践认可的、高产优质抗逆性强的红谷嫩09-1、嫩选11等品种。播种后加强生产过程管理，确保小米的质量。

呼玛马铃薯

登记证书编号：AGI00888

地域范围

呼玛县位于黑龙江省大兴安岭东麓，黑龙江上游西岸。呼玛马铃薯农产品地理标志地域保护范围包括呼玛镇、三卡乡、北疆乡、金山乡、兴华乡、白银纳乡、鸥浦乡、韩家园镇8个乡镇54个行政村，保护面积为143.35万公顷，地理坐标为北纬50°49′20″~52°53′59″，东经125°03′20″~127°01′30″。

品质特色

呼玛马铃薯块茎圆形至桶圆形，白皮白肉，或黄皮、淡黄肉，表皮光滑，块茎大而整齐，芽眼深度中等，商品性好。块茎休眠期长，耐贮藏。鲜薯淀粉含量大于17%，蛋白质含量大于2%，维生素C含量大于6.0毫克/100克，钾含量920毫克/100克，钙含量24毫克/100克。与其他地区相比，同一品种在呼玛种植，较其他地区淀粉含量平均高出至少1个百分点。

人文历史

呼玛县是百年老县，种植马铃薯有近百年的历史，但大面积种植还是从1999年开始的。呼玛现有耕地112.9万亩，土地开发较晚，大部分为20世纪80年代后开垦，到了2002年，马铃薯种植面积已经达到5万亩，产量达6万吨。

生产特点

呼玛县地势呈西东低、中间高、南北低，境内群山连绵，森林茂密，河流纵横，林地面积占全县的80.1%，天然草场面积占全县15.8%。现有耕地112.9万亩，土地开发晚，土壤大体分为山地棕壤土、黑土、草甸土和草甸沼泽土4个类型，土壤肥沃，有机质含量高，适宜栽种马铃薯。境内主要河流有黑龙江、呼玛河、嫩江，水质清洁，有利于生产优质的马铃薯。呼玛县年积温1950℃，年降水量470.70毫米，雨季集中在6—8月，年日照2600小时。温度低使得马铃薯病虫害少；昼夜温差大，雨热同季，光热资源充足，利于农作物碳水化合物和蛋白质的合成，为生长出优质马铃薯供了极其有利的条件。

呼玛马铃薯生产基地应选择生态环境优良、土壤条件好、排水良好、土壤有机质含量高、无污染集中连片的农田。现在通常选用克新12号、克新16号、克新18号等高产、优质的马铃薯品种进行种植生产。生产过程中，依据绿色食品操作规程加强管理，同时，马铃薯不宜重茬或迎茬种植，也不与茄科作物或块根作物轮作，从而确保马铃薯的品质。

阿城香瓜

登记证书编号：AGI01014

地域范围

阿城香瓜产区位于黑龙江省哈尔滨市阿城区西北部，地处松嫩平原、松花江上游，包括杨树乡兰旗村、永康村、共和村、红旗村、富勤村、西发村、民主村、林场村、翻身村、幸福村，料甸乡南红村、西华村、新发村、万兴村，红星乡海兴村、振兴村3个乡镇16个村。区域保护范围面积4 000公顷，地理坐标为东经126°40′~127°40′，北纬45°10′~46°00′。

品质特色

阿城香瓜果实长圆形，单果重500克左右，成熟呈亮白色，微泛淡黄晕，果肉橘黄色、厚而细腻，香瓜味浓郁，食之肉质微沙甘甜，不裂果，耐贮藏，商品性强。阿城香瓜的营养价值很高，每千克香瓜含维生素C 93毫克以上，可溶性固形物含量10%以上，总糖8%以上。

人文历史

阿城香瓜生产最早可追溯到1115年。女真族首领完颜阿骨打建立大金帝国，定都阿城，史称"金上京会宁府"，历经四帝。传说金太祖完颜阿骨打带金兵行军打仗，途中饿得

眼冒金星,走过一块田地,突然踩碎一物滑倒,低头一看,绿皮黄瓤,并有浓郁的甜香扑鼻,捡起食之,香甜可口,从此在金都的土地上开始种植此品种,因之果实味道甘甜、香味诱人,解渴解饿,命名香瓜。1984年,新华乡地膜覆盖种植香瓜,后在全区推广。2000年以来,阿城区相继成立了10多家香瓜种植合作社,如今,在长江路两侧的旅游沿线,香瓜种植已然成为一道靓丽的风景。

生产特点

阿城甜瓜种植基地地势平坦,土地洁净,土质肥沃,为黑黏土、沙壤土,地势低洼,土壤有机质4%~6%,自然肥力较高,特别适合甜瓜生长。阿城气候温和,光照充足,雨量充沛,生态环境良好,森林覆盖率在31%,无霜期136天左右,降水均匀,年降水量600毫米左右,全年平均日照数2 658小时,年活动积温2 700℃以上,符合无公害甜瓜生产基地环境质量要求。

阿城甜瓜产地要求环境条件良好,同时选用优质、抗逆性强、高产的优良品种,一般采用金飞1号等抗病毒、早熟的优良品种。生产过程管理中,严格控制种子来源、种子检疫等多项环节,确保产品质量。

镜泊湖红尾鱼

登记证书编号：AGI01015

地域范围

镜泊湖位于黑龙江省宁安县西南部的牡丹江干流上。镜泊湖红尾鱼学名蒙古红鲌，为淡水鱼鲤科红鲌属，主要分布在距今有上万年历史的世界两大高山堰塞湖之一——镜泊湖，地域保护范围为镜泊湖水域面积12 720公顷，地理坐标为东经128°45′~129°03′，北纬43°45′~44°03′。

品质特色

镜泊湖红尾鱼头部背面平坦，后部显著隆起；头小吻尖，口前位，口裂斜，下颌长于上颌，稍突出；鼻孔下缘与眼上缘几乎同在一水平面上，下咽齿呈钩状；背鳍起点稍后于腹鳍，胸鳍小，不达腹鳍，尾鳍分叉深；背部灰褐色或灰绿色，体侧银白，鳞片后缘有明显的印三角斑块，背鳍较暗，胸鳍及腹鳍浅黄色，尾鳍下叶鲜红色；肉质洁白细嫩清香，味道鲜美，是淡水鱼的佳品。

镜泊湖红尾鱼富含蛋白质营养丰富。每100克鱼肉蛋白质含量不少于19.4克，粗脂肪含量不少于1.5克，不饱和脂肪酸含量不少于75.8%，钙含量不少于40.2毫克，磷含量不少于520毫克，铁含量不少于10.8毫克，锌含量不少于0.44毫克，镁含量不少于27.9毫克。

人文历史

宁安县历史如书，景色如画。境内自然景观与名胜古迹融为一体，交相辉映。世界第二大高山堰塞湖——镜泊湖堪称"塞北一绝"，风景秀丽，气候适宜，是最适合红尾鱼养殖的水域。镜泊湖红尾鱼分布于黑龙江的干流、支流及其附属湖泊中，主要产于镜泊湖，每当开江和封江季节，数量相当多，为宁安县一种重要经济鱼类。因镜泊湖水深且水流平稳，适于红尾鱼生长繁殖，镜泊湖红尾鱼的蕴藏量比较丰富，所以产量一直较高，其产量已占镜泊湖总渔获量的50%左右，成为湖区主要经济鱼类。游览镜泊湖一项重要活动是吃鱼宴，镜泊湖中盛产湖鱼，有鲫鱼、鳜鱼、红尾

鱼、胖头鱼等 70 余种，都是鱼味鲜美、肉质细嫩的上等佳肴。

生产特点

镜泊湖地处牡丹江市南部，周边群山起伏，山高林密，物产丰富。整个镜泊湖地区属低山丘陵地貌，地质结构主要为花岗岩、珍珠岩、玄武岩等。镜泊湖水系包括大小约 30 条河流，它们呈向心式汇入湖中。这些河流多属山溪性质，水流湍急，径流集散速度很大，具有含沙量小、年径流量大、流量季节变化明显、冰期较长等特点。镜泊湖南北长 45 千米，东西最宽处 3 000 米，湖边森林茂密，水域水质清新，非常适宜高品质红尾鱼生产。镜泊湖风景名胜区自然保护区年平均降水量为 500 毫米，6—9 月降水量占 85%，降水年内分配不均，差异较大，日照时数 2 600~2 800 小时，10℃以上有效积温 3 000℃左右，无霜期在 130~140 天，适宜红尾鱼的生长和繁殖。

镜泊湖红尾鱼生活于镜泊湖缓流水域中，栖息在中上层水域，性凶猛，为肉食性鱼类。镜泊湖中有大量红尾鱼所需的天然饵料，能够充分的满足其生长需要，因此不需要投入人工饵料。生产过程的重点在于保护措施，每年 6 月 1 日至 7 月 17 日为休渔期，禁止一切捕捞作业，以保证红尾鱼产卵繁殖。

黑垦二九〇红小豆

登记证书编号：AGI01076

地域范围

黑垦二九〇红小豆农产品地理标志地域保护区位于黑龙江、松花江汇合处的三角洲地带，与俄罗斯一江之隔。其范围包括二九〇农场所辖的13个管理区37个作业站，保护面积40 000公顷，地理坐标为东经131°50′25″~132°26′15″，北纬47°28′30″~47°45′26″。

品质特色

黑垦二九〇红小豆种粒深红色，白脐，皮薄，籽粒饱满，粒形整齐，大小均匀，百粒重15~17克。黑垦二九〇红小豆水分含量低，营养成分高，粗脂肪含量0.56%，粗纤维含量4.71%，粗淀粉含量54.21%，每百克蛋白质不低于20克。

人文历史

二九〇农场位于黑龙江、松花江汇合处的三角洲地带，据考证这里为汉代挹娄人的文化遗存，距今约2 000年左右，被称为蜿蜒河文化；这里还是女真族繁衍生息的地方，发现了金代古遗址，出土包括陶、瓷、金银、玉等文物300多件。该地区自然物产丰富，常见鱼类60多种，广阔的湿地是野禽的安乐王国，常有丹顶鹤、灰鹤、天鹅等珍禽栖息，可谓"棒打狍子瓢舀鱼，野鸡飞进饭锅里"。二九〇农场始建于1955年7月，由中国人民解放军农建二师五团（原部队

番号二九〇团）1 700多名转业官兵经过对松花江北绥东地区荒原探查勘测、垦荒建场，之后城市青年、支边青年也加入到了拓荒的行列中来，经过60年的逐步发展，建成了一座颇具小城镇规模的大型现代化农场。

生产特点

二九〇农场境内地势平坦，属黑松两江冲积平原，无山脉丘陵，地形自西北向东南倾斜。农场土壤以棕色森林土地、草甸土和白浆土类为主，适宜红小豆种植。这里位于中纬度地带，属大陆性寒温带气候，北靠素有"寒极"之称的西伯利亚，温度比较低，年平均温度在1.6℃，农场年无霜期平均在130天左右，年日照时数平均为2 453.3小时左右，有利于红小豆的生长。

黑垦二九〇红小豆种植基地黑土层为20~25厘米，垦前有机质为3.5%，全氮0.23%，全磷0.12%，适耕性较广，属一类、二类土壤，土壤肥沃、有机质丰富、保肥性良好。二九〇农场选用成熟、优质、高产、抗病且适合当地生长的优质品种"龙垦红"种植，并且加强生产过程管理，严格遵守生产相关规定，确保红小豆的产品质量。

兴凯湖大米

登记证书编号：AGI01077

地域范围

兴凯湖大米农产品地理标志地域保护范围涵盖黑龙江省兴凯湖农场、黑龙江省八五六农场、黑龙江省八五七农场、黑龙江省八五八农场、黑龙江省八五一〇农场、黑龙江省庆丰农场，以及密山市所属知一镇、柳毛乡、杨木乡、兴凯湖乡、承紫河乡、白泡子乡、当壁镇、二人班乡、密山镇、连珠山镇、太平乡、和平乡、黑台镇、兴凯镇、裴德镇、富源乡16个乡镇，保护面积416 505公顷，地理坐标为东经131°14′31″~133°30′，北纬44°57′42″~46°00′。

品质特色

兴凯湖大米外观米粒完整均匀，洁白清亮，晶莹剔透。蒸煮后米粒油润有光泽，香味浓郁，入口香甜，香糯爽口有弹性，口感极佳，且冷饭不回生。兴凯湖大米粗蛋白含量大于7%，胶稠度大于78毫米，食味品质大于80分。

人文历史

6 000多年前，满族祖先肃慎人在兴凯湖繁衍生息，渔猎、农耕，创造了光辉灿烂的"新开流石器文化"。兴凯湖作为满族的龙兴之地之一，清初曾被"禁封"200多年。清末解禁后，陆续有垦荒者来到这里。兴凯湖地区水稻种植始于1934年，当年种植面积42公顷。1954年，王震将军率10万名转业官兵在兴凯湖畔亲手点燃第一

把荒火，唤醒了亘古荒原。1955年8月，北京市公安局五处在兴凯湖畔建立了兴凯湖劳改农场，开发种植水稻并建立了水田村。1958年，兴凯湖农场种植水稻848.1公顷，平均单产4 219.5千克/公顷，获黑龙江省高产第二名的荣誉，有了"鱼米之乡"的称号。

经过80多年的发展，兴凯湖地区水稻种植面积已达30万公顷，在有着"北大荒水稻之父"之称的徐一戎老先生创新研究的"寒地水稻旱育稀植三化栽培"技术支撑下，水稻平均单产已达到9 000千克/公顷。兴凯湖大米的加工已形成"公司+基地+农户"的产业化发展模式，产品畅销我国20多个城市，并获"全国消费者信得过产品""全国公认名牌产品""黑龙江省名牌农产品"等多项殊荣。

生产特点

兴凯湖大米生产区域主体属三江平原，北倚完达山，南傍兴凯湖。这里土壤多为草甸白浆土，黑土层厚20厘米以上，土壤肥沃，有机质含量为4.46%~6.23%，有利于水稻种植。境内的大兴凯湖、小兴凯湖，水量充沛，湿地广袤，保证了辖区内水稻种植全部实现湖水自流灌溉。兴凯湖大米产地属于寒温带大陆性季风气候，四季分明，年平均降水量为500~600毫米，年平均日照时数为2 286.3~2 525.4小时，不低于10℃的有效积温为2 500~2 650℃，无霜期一般在120~140天。这种独有的生态气候条件为兴凯湖畔水稻生长提供了适宜的环境，生态极佳，土壤冻融交替作用时间长，昼夜温差利于干物质积累。

兴凯湖大米产地土壤多为草甸白浆土，生态环境良好，远离污染源，全部采用无污染的兴凯湖水灌溉。通常选用空育131、龙粳26、垦鉴稻6号、垦稻12等优质品种。兴凯湖大米生产过程管理中统一优良品种、统一栽培模式、统一投入品管理、统一技术规程、统一收获，有效保障了产品质量。

兰西玉米

登记证书编号：AGI01078

地域范围

兰西县位于黑龙江省省城哈尔滨市略偏西北部，地处松嫩平原南部，小兴安岭余脉拉哈岗沿呼兰河西岸纵贯县境南北。玉米地理标志保护的区域范围包括临江镇、北安乡、兰西镇、榆林镇、康荣乡、红光乡、奋斗乡、远大乡、长岗乡、兰河乡、燎原乡、红星乡、平山镇、星火乡、长江乡15个乡镇，地域保护总面积为166 600公顷，地理坐标为东经125°42′10″~126°38′10″，北纬46°02′05″~46°38′20″。

品质特色

兰西玉米主栽品种果穗整齐，品种熟期适宜，抗菌性强，穗行整齐，籽粒饱满，百粒重高，容重大，籽粒黄色，无杂色，商品品质好。兰西玉米淀粉含量75%以上，粗蛋白含量大于9%，氨基酸总量大于9.5%。

人文历史

兰西县属典型的农业县，处于"寒地黑土特色特产之乡"绥化市的核心地带。种植业以盛产玉米、瓜菜、亚麻而闻名，年粮食总产量90万吨以上。兰西玉米种植有300多年历史。20世纪90年代中期以来，兰西县开发引进优良杂交品种，成为全国商品粮基地县、农业产粮大

县、全国优质专用玉米生产基地。2010年，在兰西旅游区建设了一个相当于29个足球场面积的玉米地迷宫，这个"虎头"图案玉米地迷宫是一处农业观光旅游景观，以现有的乡村道路、河堤为边界，占地面积约24.5公顷，旁边一个自然形成、高约50米的土崖，恰巧提供了从远处观赏迷宫图案的有利视点。

生产特点

兰西县地势呈西北高、东南低倾斜平原地貌，全县耕地土壤均是具有深厚耕层稳定的小团粒结构棕壤土和轻壤土，土质肥沃，非常适宜种植玉米。兰西县内有较大河流2条，沟泡7处，水利工程建设供水能力达到1.32亿立方米，为种植玉米灌溉提供了条件。兰西县属大陆性季风气候，年平均降水量在456.7毫米左右，无霜期最长年份160天，光度强度较小，长日照时间长，年平均日照为2 738小时，适宜玉米的生长。

兰西玉米根据产地生态条件，选用优质、抗逆性强、高产的先玉335等优良品种。生产中按照严格管理，控制种子来源和检疫，执行肥料合理使用准则等，力求生产出高品质的兰西玉米。

桦南白瓜籽

登记证书编号：AGI01079

地域范围

桦南县位于黑龙江省东部，松花江下游南岸，所辖桦南镇、土龙山镇、孟家岗镇、石头河子镇、闫家镇、驼腰子镇、梨树乡、大八浪乡、金沙乡、明义乡6个镇4个乡，全县192个行政村。桦南白瓜籽地域保护范围面积22.8万公顷，地理坐标为东经129°55′~131°16′，北纬45°51′~46°31′。

品质特色

桦南县白瓜籽为椭圆形，大板率为60%~80%，其外观洁白、板大皮薄、仁厚味醇，仁面覆一层绿色薄膜，内仁洁白如玉。口感纯正清新，味道香美。桦南白瓜籽仁氨基酸总量大于34%，蛋白质含量大于33%，粗脂肪含量大于35%；白瓜籽中粗纤维含量大于20%，磷含量大于1 100毫克/千克。

人文历史

桦南县种植白瓜历史悠久，据桦南县志记载，清宣统二年（1910年）人们在垦地上种植倭瓜（白瓜）。1976年，范春在孟家岗乡卡子后村（现富裕村）选育了无权倭瓜（白瓜），1990年11月30日通过黑龙江省科学技术委员会鉴定为"无权倭瓜"。桦南县也被命名为"中国南瓜之乡""中国白瓜籽之乡"。现全县有2个市级白瓜龙头企业，6个白瓜种植专业合作社，10个白瓜籽收购加工经营企业。桦南白瓜获得国家地理标志登记后，品牌知名度和产品附加值明显提升，白瓜籽价格平均高出同类产品0.5元/千克。

生产特点

桦南县土壤肥沃,资源丰富,自然地貌可概括为"五山半水四分田,半分道路和庄园",适宜白瓜种植。桦南县水资源比较丰富,境内河流纵横,泡沼密布,水源无污染、水质好,为白瓜种植提供了重要的水源保障。桦南县地处中高纬度,属中温带大陆性季风气候,四季分明,无霜期120天左右,年平均降水量550毫米,年平均日照时数2 342小时,不少于10℃积温为2 500℃,有利于白瓜籽生长。

桦南白瓜籽产地远离城区、工厂、污染源,生产过程严格按照绿色食品白瓜籽生产技术操作规程要求进行,肥料以农家肥和有机肥为主,病虫害防治以预防为主,有效保障产品质量。

勃利蓝靛果

登记证书编号：AGI01080

地域范围

勃利县地处黑龙江省东部的七台河市。勃利县划定蓝靛果农产品地理标志保护区域包括勃利县11个国有林场，即通天一林场、通天二林场、红旗林场、宏伟林场、红星林场、罗泉林场、河口林场、吉星河林场、福兴林场、长兴林场、东方红林场，面积为5 000公顷，地理坐标位置处于东经130°06′~131°44′，北纬45°16′~46°37′。

品质特色

勃利蓝靛果，又名羊奶子、黑瞎子果、山茄子果，果实为浆果，暗蓝色，有白粉，椭圆或长圆形，长约1~3厘米，单果重0.4~1.5克。果实柔软，果汁为鲜艳的深玫瑰色，口感酸甜，该果中含有花青甙、芸香甙、儿茶酸等活性物质，具有很高的药用价值。勃利蓝靛果富含糖类、有机酸、维生素等，经检测维生素C含量大于65毫克/100克，果糖含量大于1.5%，可溶性固形物含量大于12%，可滴定酸含量小于1%。蓝靛果可鲜食，也可加工成饮料、果酱、果糕和果酒；茎叶和果实可提取天然紫红色素，是天然食品添加剂的重要来源，并且可以入药；植株可作园林绿化

和观赏树种。

人文历史

蓝靛果，属忍冬科忍冬属植物，主产于我国长白山周围、完达山系和老爷岭山系，尤以勃利县蕴藏量最大。勃利蓝靛果含有17种氨基酸，还含有大量的维生素，比大多数水果、蔬菜高数倍。蓝靛果生长环境的冰冻期在半年以上，其产量极低，被世界粮农组织定为世界稀有珍贵野生浆果，具有"第三代水果"之称。从1980年开始，勃利县林业局组织专家进行蓝靛果野生变家种的研究，该项目得到过黑龙江省林业厅资助，现形成了一整套成熟的栽培技术体系。从1982年开始，勃利县开始生产蓝靛果酒，后又增加了果干、果酱、果汁、果糕、咀嚼片等系列产品。

生产特点

勃利县东南西三面环山，西部山区属老爷岭山系，县区大小河流23条，林地面积360万亩，森林覆盖率40.5%，少有污染工业企业，所以大气、水体、土壤、草原、森林和湿地等生态系统均保持良好，适宜蓝靛果的生产。勃利县属寒温带大陆性季风气候，年降水量750毫米，无霜期130天，5—9月光能资源相当于长江中下游地区，其生态环境和水热条件，非常适合蓝靛果的生长。

勃利蓝靛果同其他果树一样，栽植前土壤必须预先熟化，如果是未开垦的生地，会导致产量和品质的降低。栽植前要深翻土壤，消灭杂草，同时施入有机肥，以改善土壤理化性质，增加土壤养分。土壤改良后，应平整土地，然后划定栽植小区和株行距，选用合适的品种栽培，建园时最好同时选择3~4个品种进行栽植，且需要配置授粉树。苗木定植后，加强施肥、整形修剪和更新复壮等一系列生产管理的环节，充分保障产品质量。

泰来绿豆

登记证书编号：AGI01081

地域范围

齐齐哈尔市泰来县位于黑龙江省西南部，地处黑龙江省、吉林省、内蒙古自治区交界处。泰来绿豆地理标志地域保护范围包括克利镇、平洋镇、江桥镇、大兴镇、汤池镇、和平镇、塔子城镇、宁姜乡、胜利乡、泰来镇、二龙涛农场，共10个乡镇和1个农场，地域保护范围面积399 600公顷，地理坐标为东经122°59′~124°00′，北纬46°13′~47°10′。

品质特色

泰来绿豆一般为长椭圆形，百粒重3.5~5.0克，颗粒饱满，色泽明亮、鲜绿。泰来绿豆营养丰富，粗蛋白含量不少于23克/100克，粗脂肪含量低于0.8克/100克，粗纤维含量不少于3.5%，粗淀粉含量不少于40克/100克，钙含量不少于980毫克/千克，铁含量不少于60毫克/千克。

人文历史

泰来县是以农业为主的县，早在1934年以前就有种植绿豆的记载。据《泰来县志》记载，1934年，全县粮食作物以大豆、水稻、高粱为主，杂豆种植以绿豆为辅。1946—1948年，全县粮食等作物

播种面积 80 万亩左右，主要栽培作物有高粱、水稻、谷子、玉米、大豆、花生、绿豆。进入 20 世纪 80 年代后，绿豆生产面积在经济作物中发展较快，因泰来沙土地热量足、养分积累好而远近闻名，目前泰来县绿豆种植面积稳定在 15 万亩左右，年产量 1.5 万吨。

生产特点

黑龙江省泰来县地处黑龙江省第一积温带上限，土壤地貌类型为沙丘、沙带相间的现代地貌，区域内土壤类型为沙壤土，热潮、渗透性好，特别适合绿豆生产。境内有一江五河，有 374 个自然泡泽，地上地下水资源丰富，完全可以满足灌溉用水。泰来县无霜期 145 天，全年活动积温 2 930.6℃，年平均日照 2 908.8 小时，年平均降水量 392.6 毫米，昼夜温差大，有利于干物质积累，这些独特的光照、温度、水分、土壤等自然条件能够生长出高产优质营养的泰来绿豆。

根据生态条件，泰来绿豆选用抗倒伏、分枝发达、生育期短、结荚集中、色泽油绿、煮易烂、无石豆、入口化渣、口感好的绿豆品种，例如大鹦哥绿、小鹦哥绿、绿丰 2 号或绿丰 5 号等。同时，选择耕层深厚、肥力较高、保水保肥及排灌良好沙壤土地块进行耕种，忌与豆科作物及甜菜、葵花等重迎茬。秋整地或春整地，耕深 20~30 厘米，耙细，做到翻耙、起垄、镇压连续作业。生产过程中，注意播种、施肥、田间管理等，确保产品质量。

泰来花生

登记证书编号：AGI01082

地域范围

齐齐哈尔市泰来县位于黑龙江省西南部。泰来花生地理标志地域保护范围包括克利镇、平洋镇、江桥镇、大兴镇、汤池镇、和平镇、塔子城镇、宁姜乡、胜利乡、泰来镇、二龙涛农场共10个乡镇和1个农场，地域保护范围面积399 600公顷，地理坐标为东经122°59′~124°00′，北纬46°13′~47°10′。

品质特色

泰来花生粒形多见三角形、圆柱形，籽粒圆润饱满，果皮光滑，单粒较小，平均径长7毫米左右，高12毫米左右，百仁重50克，平均出米率68%。种皮呈红色、棕红色或深红色，颜色均匀，有光泽。子叶呈白色或乳白色，油而不腻，脆而不硬，润而不黏，香味纯正，余味持久。泰来花生素有"花生极品"之美誉，粗蛋白含量不低于29克/100克、粗脂肪含量不低于45克/100克、粗纤维含量不低于7.5%、锌含量不低于17毫克/千克。

人文历史

泰来县自1970年开始种植花生，由于自然条件、产量、价格、市场等多种因素影响，泰来花生的产量和种植面积在波动中呈

上升趋势。1986年，泰来县花生播种面积7 721亩，总产833吨；到2000年，播种面积达到6.34万余亩，总产7 714吨。2003年，县政府出台了《泰来县2003年花生振兴工程》，使当年花生种植面积大幅增加，播种面积近20万亩；到2011年，花生种植面积基本稳定在40万亩左右，年产量6万余吨。

生产特点

黑龙江省泰来县地处黑龙江省第一积温带上限，土壤地貌类型为沙丘、沙带相间的现代地貌，区域内土壤类型为沙壤土，热潮、渗透性好，特别适合花生生产。境内有一江五河，有374个自然泡泽，地上地下水资源丰富，完全可以满足灌溉用水。泰来县年无霜期145天，全年活动积温2 930.6℃，年平均日照2 908.8小时，年平均降水量392.6毫米，昼夜温差大，有利于干物质积累，这些独特的光照、温度、水分、土壤等自然条件能够生长出高产优质营养的泰来花生。

泰来花生产地应选择地势平坦、疏松、热潮、肥沃的沙壤质耕地，由于花生前茬以选择禾本科作物为宜，所以要避免重迎茬及与烟草、马铃薯、甜菜、豆科作物换茬。留种选择无病虫害、果大仁满、整齐、三粒以上的荚果，以提纯复壮的"四粒红"花生品种为宜。生产中，加强整地、施肥、播种、田间管理等环节，确保产品的品质。

双城玉米

登记证书编号：AGI01083

地域范围

双城区位于黑龙江省哈尔滨市西南部，地处松嫩平原腹地，松花江南岸。双城玉米地理标志地域保护范围主要包括双城境内双城镇、幸福乡、东官镇、周家镇、新兴乡、五家镇、公正乡、农丰镇、永胜乡、临江乡、水泉乡、杏山镇、团结乡、万隆乡、乐群乡、同心乡、希勤乡、韩甸镇、金城乡、兰棱镇、朝阳乡、单城镇、联兴乡、青岭乡共24个乡镇，保护范围面积为219 333公顷，地理坐标为东经125°41′~126°42′，北纬45°08′~45°43′。

品质特色

双城玉米果穗呈柱状或圆锥状，籽粒排列整齐，成熟度好，籽粒为黄色，中齿、饱满、百粒重大、容重高，商品品质优良。双城玉米营养丰富，淀粉和赖氨酸含量高，是优质的粮饲兼用型玉米，籽粒含粗蛋白含量大于9.5%、粗淀粉含量大于70.0%、粗脂肪含量大于3.9%，赖氨酸含量大于0.29%，氨基酸总含量大于9.5%。其粗蛋白含量比一般玉米平均值高1.34%，生产出来的玉米面、玉米碴子、玉米面条等产品，营养丰富，口感好，让人回味。

人文历史

双城市玉米栽培历史较久,据《双城县志》记载,可追溯到1815年。清嘉庆十九年(1814年),清廷谕准吉林将军富俊屯垦,在双城子建城设治,其后两年移垦耕耘,就已有小面积玉米的种植。此后,双城玉米的种植面积逐渐增加,到现在双城玉米年种植面积稳定在280万亩。

双城玉米的历史就是一部光荣的历史和双城经济发展的历史。一位解放战争时期的老兵郎重生回忆,双城玉米做出的干粮——大饼子曾经作为四野战士的口粮,为解放全中国立下了功劳。在双城市的四野前线指挥部纪念馆有一张老照片,伙食房墙上挂着的就有一串老玉米吊子。

生产特点

双城位于松嫩平原腹地,境内地势平坦,土壤类型主要以黑土、黑钙土、草甸土为主,其中黑土面积占58%,土壤比较肥沃,土壤有机质平均为2.74%,非常适合玉米等大田作物种植。双城市地表水和地下水储量丰富,水质良好,可满足农作物的灌溉。双城市居黑龙江省第一积温带,年有效活动积温2 700~2 900℃,年日照时数平均为2 582小时,无霜期125~135天,年降水量410~520毫米,主要集中在7—9月,70%以上的降水在农作物生长期。黑龙江省最高的有效积温和生育期内适宜的降水,非常适合玉米的生长。

双城玉米生产采用机械耕作、播前坐水、种子催芽、配方施肥、增施农肥、赤眼蜂防治玉米螟、密植高产等高效栽培管理模式,并采取"统一整地、统一品种、统一施肥、统一管理、统一收获"生产管理方式,增强了粮食综合生产能力。

中国农产品地理标志

穆棱肉牛

登记证书编号：AGI01084

地域范围

穆棱市位于黑龙江省东南部。穆棱肉牛分布于穆棱市八面通镇、河西镇、福禄乡、马桥河镇、下城镇、兴源镇、穆棱镇、共和乡8个乡镇127个行政村，保护范围面积618 700公顷，地理坐标东经129°45′19″~130°58′07″，北纬43°49′55″~45°07′16″。

品质特色

穆棱肉牛毛色为黄色或黄白花，头较长，面宽，胸部宽深，角较细而向外上方弯曲，尖端稍向上；颈长中等；体躯长，呈圆筒状，肌肉丰满；前躯较后躯发育好，胸深；尻宽平，四肢结实，大腿肌肉发达。成年公牛体重平均为500~700千克，母牛400~600千克。

穆棱肉牛产肉性能良好，产肉率较高，肌纤维细，牛肉横切面大理石花纹分布均匀，肉色为樱桃红色，滋润光亮，肉质细嫩，纹丝紧密，味道鲜美，香味浓厚，品质极佳。穆棱肉牛具有高蛋白、低脂肪的特点，每100克牛肉中蛋白质含量大于22克、粗脂肪含量小于3克，蛋白质含量比其他地区肉牛高1%以上。

人文历史

穆棱市养牛历史悠久，已有百年以上历史，经历

了曲折缓慢的发展历程，牛的数量时增时减，牛的品种参差不齐。20世纪70年代依托本地牧草丰富、环境无污染的独特条件，引入西门塔尔牛对本地黄牛杂交改良加快了肉牛产业发展。1994年以来，穆棱市开始把肉牛产业作为富民强市、调整农业产业结构主导产业，逐步建立健全了防疫、繁改、信息、技术推广、饲草饲料、绿色安全6个体系，使肉牛产业得到跨越式发展。2008年7月，穆棱市成功承办了第三届中国牛业发展大会和全国首届相牛大赛；2009年又被列入"2008—2015年国家优势肉牛区域发展规划""国家现代肉牛技术支撑体系建设示范基地"。

生产特点

穆棱市地处长白山北坡，老爷岭山脉东侧，境内群山连绵，森林茂密，河流纵横，森林覆盖率62.3%，地净田洁，牧草肥沃。穆棱市辖区内主河流为穆棱河，境内水资源丰富，为牧草生长和肉牛生产提供了重要的水源保障。穆棱市属于中纬度北温带大陆性季风气候，冬季较长，夏季较湿热多雨，春秋季风交替，气温变化明显，年平均降水量530毫米，降水集中在6—8月，年无霜期在126天左右，年日照2 613小时，适宜肉牛的生长和繁殖。

穆棱肉牛以西门塔尔牛为父本，当地优良母牛为母本育成，其抗病力强，耐粗饲，增重快。生产管理过程中，加强品种选育、养殖规程、出栏、牛肉品质检测等环节的管理，确保肉牛品质。

他拉哈大米

登记证书编号：AGI01085

地域范围

他拉哈镇位于黑龙江省西南部，地处松嫩平原腹地。他拉哈大米地理标志保护区域包括他拉哈镇下辖的山湾子村、安平村、九家子村、治平村、兴平村、庆平村、康平村、布拉和村、六家子村、永升村，保护面积46 670公顷，地理坐标为东经123°45′~124°42′，北纬45°53′~47°08′。

品质特色

他拉哈大米粒形整齐匀称，呈短圆或椭圆形，粗长饱满，色泽洁白鲜亮，晶莹剔透，蒸煮时饭香四溢，饭粒洁白、油亮，入口滑爽、有弹性，且软硬适中，口感细腻微甜，饭香浓郁，冷饭不回生，口感极佳。他拉哈大米粗蛋白含量大于6%，支链淀粉含量不低于淀粉总量的80%，大米胶稠度大于74毫米，食味品质为84分。

人文历史

辽金时期，已有人在他拉哈镇开荒种田。清康熙二十五年（1686年），在杜尔伯特县境内建有温特河、多耐等驿站，站丁移入。由于驿站均建在靠近嫩江的地段，驿站周围为地势低洼、水源丰富、土质肥沃的江湾地，非常适宜种植水稻，种稻捕鱼成了站丁主要生存方式。光绪年间，"蒙旗地开放"移民实边，人口大量涌入，土地不断开垦，生产方式从以牧业为主向以种植业为主转换。在杜尔伯特县沿嫩江区域，蒙、汉各族农民向驿站站丁学习种稻的经验，水稻种植有了较大规模的发展。他拉哈水稻规模化种植始于1956年，经过60多年的发展，目前他拉哈水稻种植面积已发展到15万亩，

年产优质大米5万吨。他拉哈大米现已成为杜尔伯特蒙古族自治县大米代表品种。

生产特点

他拉哈镇土壤可分成草甸土、冲积土和水稻土三大类，土层深厚，土质疏松、肥沃。土壤平均有机质含量不少于3%，富含硅、锌、铁、硒等微量元素，适宜水稻种植。嫩江水流经他拉哈境内，水面达5.8万亩，沿途无污染，水质清澈、纯净，水温高，是理想的农业生产用水。这里属温带大陆性季风气候，年降水量平均390.3毫米左右，2 830~2 910℃的积温保证率在91%以上，无霜期年均为147~151天，雨热同季，适于水稻生长，昼夜温差大，有利于水稻养分的积累。

他拉哈大米选用经审定推广的、生育期适宜的、抗逆性强的高产品种，主要为松粳系列品种。此外，在生产过程中，必须严格按照《他拉哈镇A级绿色水稻生产技术规程》《他拉哈镇A级绿色大米加工技术规程》操作，确保产品质量。

东宁大米

登记证书编号：AGI01198

地域范围

东宁县位于黑龙江省牡丹江市东南部，为长白山系老爷岭和完达山两山余脉的结合部。东宁大米农产品地理标志地域保护范围包括东宁、三岔口、大肚川、老黑山、道河、绥阳等6个镇51个行政村，地域保护范围面积66 673公顷，地理位置东经130°18′06″~130°19′30″，北纬43°25′15″~44°48′24″。

品质特色

东宁大米米粒细长、整齐均匀，外观晶莹剔透、清澈油亮、有清香味。焖饭时米粒伸展均匀，香气四溢，入口滑爽，质地松软，口感软硬适中，饭凉不回生；煮粥时，汤汁如乳，口感清香，口味纯正。东宁大米粗蛋白含量大于7%，支链淀粉含量大于75%，食味品质大于80分。

人文历史

东宁县依山傍水，气候温和，土地肥沃。据考古发现，东宁在旧石器时代距今1万年前就有人类居住。唐代该地区属渤海国率宾府，府治建州为东宁县城东的大城

子村。宋元明时期这里主要生活着女真族，东宁县绥芬河流域为建州女真的主体部族聚居地，是满族人的龙兴之地之一。居住牡丹江至绥芬河一带的女真人，1491年时已"作大柜盛米，家家有双砧，田地沃饶，犬豕鸡鸭，也多畜矣"，这是东宁种植水稻的最早记录。清朝建立后，实行封禁政策，光绪年间，开放边禁，移民实边，开始有人在东宁县三岔口的平原地带开垦土地。1914年居住在高安村、佛爷沟一带的朝鲜族居民开始种植

水稻，此后，水田面积逐年增加，2016年全县水稻面积稳定在5.4万亩。

生产特点

东宁县地貌呈"九山半水半分田"特征，耕层土壤有机质含量丰富，特别适合水稻种植。东宁县境内有大小河流160余条，自然降水量丰富，年平均降水量530毫米，为水稻生产提供了充足的水源。东宁县属大陆性季风气候气候湿润，四季分明，雨热同季，阳光充足，非常有利于水稻生长，为东宁大米卓优的品质奠定了坚实的基础。

东宁县建立了绿色食品大米种植基地，基地生态环境优良，外界隔离条件好，水源充足，水质良好，排灌分开，渠系配套，土壤有机质含量高，无工业污染源，历年病虫害发生少，地块集中连片、便于实施规模化机械种植。东宁大米通常选用经审定通过并适宜本地栽培的细长粒型粳稻谷进行种植。生产中加强生产过程管理和产后处理，确保东宁大米的产品质量。

宁安虹鳟鱼

登记证书编号：AGI01199

地域范围

宁安虹鳟鱼养殖水域位于黑龙江省东南部张广才岭与老爷岭之间，宁安市城西南方60千米处，西临火山口地下森林公园，主要包括镜泊湖、钻心湖，现钻心湖为虹鳟鱼主要养殖区域。地域保护范围占地面积10 468公顷，地理坐标为东经128°45′52″~129°05′18″，北纬43°45′15″~44°04′23″。

品质特色

宁安虹鳟鱼是一种冷水性经济性鱼类，身体呈长纺锤形，吻圆，鳞小而圆，背部和头部呈苍青色或深灰色，下腹部银白色，体侧、体背和鳍部有分散的黑色小斑点，性成熟个体体侧中部沿侧线有一条类似彩虹的紫红色彩带延伸至尾鳍基部。

宁安虹鳟鱼肉厚而实，肉质鲜嫩，无肌间刺；鱼肉切片，呈橘黄色，色泽鲜艳。宁安虹鳟鱼食用加工无需刮鳞，可做成蒸、烤、清炖、熏、生鱼片等各种美味佳肴。宁安虹鳟鱼粗蛋白含量大于20%，粗脂肪含量小于3%，不饱和脂肪酸占总脂肪酸含量大于70%，每千克钙含量大于550毫克、磷含量大于1 900毫克。

人文历史

1959年，朝鲜金日成主席，赠给周恩来总理5万粒虹鳟鱼发眼卵和6 000尾虹鳟鱼，由黑龙江省水产研究所饲养，试验成功后落户于宁安市，后经潜心经营，不断扩大养殖规模，建成我国最大的虹鳟鱼场——宁安市钻心湖虹鳟鱼养殖场。20多年来，

随着镜泊湖、火山口地下森林的大力发展,以及人们对游乐休闲的需求增大,人们对镜泊湖鱼,特别是冷水虹鳟鱼十分青睐。宁安市钻心湖虹鳟鱼养殖场为了保护和保存我国宝贵的冷水鱼种质资源,扩建虹鳟鱼养殖鱼池的水面,加大养殖业的规模,实施健康养殖,对推动当地水产发展具有重要意义。

生产特点

宁安市华亭虹鳟鱼养殖专业合作社坐落的钻心湖地区,地质结构主要为花岗岩、珍珠岩、玄武岩等。熔岩河沿基底花岗岩山间谷地及古河道铺层,熔岩台地沿古河道开阔地分布。在台地下分布着国内罕见的大型熔岩隧道。这里属于温带季风气候,受海洋性气团和极地大陆气候的双重影响,气候的季节性变化较大,冬季寒冷干燥,夏季高温多雨,全年降水量为600~700毫米,适合虹鳟鱼的生长和繁殖。

宁安市华亭虹鳟鱼养殖专业合作社采取流水高密度饲养法,水色清净透明,色度低于30度,水中悬浮物小于15毫克/升。因为虹鳟鱼善于跳跃,上钩后激烈拼搏,喜栖于清澈无污染的冷水中,以食鱼虾为主,所以在生产及保护过程中,需要加强细节把控,注意水质、氧气、投料等环节的管理,促进产品品质的不断提升。

双城甜瓜

登记证书编号：AGI01281

地域范围

双城甜瓜产区位于双城市西北部，地处松嫩平原南部，分布在水泉乡、公正乡、农丰镇、杏山镇、同心乡、临江乡、万隆乡、韩甸镇、金城乡、兰棱镇、朝阳乡、单城镇、联兴乡、青岭乡、东官镇、周家镇、新兴乡、五家镇、幸福乡、双城镇、希勤乡、团结乡、永胜乡、乐群乡24个乡镇。地域保护面积219 333公顷，地理坐标为东经125°41′~126°42′，北纬45°08′~45°43′。

品质特色

双城甜瓜幼瓜翠绿色，条纹浅绿色。成熟果实卵圆形，单果重500克左右，呈亮白色，微泛黄晕，顶部纯黄白色，根部稍有绿色，深沟10条，果肉白色，厚2厘米，香味浓郁，皮薄肉厚，甜脆可口，瓤干且小，不裂果，耐贮运。双城甜瓜的营养价值极高，每千克甜瓜含维生素C含量大于35毫克，总含糖量大于9.0%，可溶固形物含量大于15.0%。

人文历史

双城市地域是女真族完颜部定居兴邦之地，公元1114年9月，完颜·阿骨打在今双城市韩甸镇对面城村反辽誓师，清嘉庆皇帝称誉双城为"满洲故里"。1915年，清庭移旗屯垦建制双城堡。远在双城堡建120个满族旗营屯之前，关内闯关东的汉人范文承就在现在的三邻村落脚建范家窝棚，垦荒耕种，兴盛时耕地多达600多公顷。当时，双城地域除种植玉米、谷糜、高粱、大豆等粮食

和菜蔬作物之外，普遍种植"两瓜"——西瓜和甜瓜。1925年民国编修的《双城县志》物篇中，就记载"两瓜""双城有名"。当时，范氏后代从南方带回西瓜、甜瓜优良品种进行种植，屯民尝到后感觉味道鲜脆甜美，"两瓜"种植就传播蔓延周围屯落。此后，随着时代的变迁，双城市"两瓜"的种植从未间断过。

生产特点

双城甜瓜种植基地地势平坦，土质肥沃，为黑钙土，耕作层40厘米，适合平原灌溉，土壤pH值为5.5~7.0，有机质含量在2%~4%，富含微量元素，自然肥力高，适合种植甜瓜。该基地气候温和，光照充足，雨量充沛，生态环境良好，无霜期140—146天左右，降水均匀，年降水量500毫米左右，年有效积温2 700℃以上，因产地昼夜温差大，干物质积累多，糖分含量高，形成了双城甜瓜香味浓郁、甜脆可口、口感极佳的独特风味。

双城甜瓜选用黑龙江省登记或国家审定允许在黑龙江省内种植的优质、高产、高抗，生育期所需有效积温比当地常年有效积温少100℃的优良品种，生产过程管理中，严格控制种子来源，确保甜瓜品质。

双城西瓜

登记证书编号：AGI01282

地域范围

双城西瓜产区位于双城市西北部，地处松嫩平原南部，地域保护范围分布在24个乡镇，包括水泉乡、公正乡、农丰镇、杏山镇、同心乡、临江乡、万隆乡、韩甸镇、金城乡、兰棱镇、朝阳乡、单城镇、联兴乡、青岭乡、东官镇、周家镇、新兴乡、五家镇、幸福乡、双城镇、希勤乡、团结乡、永胜乡、乐群乡，地域保护面积219 333公顷，地理坐标为东经125°41′~126°42′，北纬45°08′~45°43′。

品质特色

双城西瓜幼瓜圆形，浅绿色细条带，条带不舒展。中期浅绿色，条带加宽。成熟果实长椭圆形，表皮深绿色带有细网纹，条带纹路颜色加深，形状更加舒展，呈现明显深色花纹，皮厚0.3厘米左右，果型端正丰满，单果重15~20千克左右，果肉红色，甜爽脆沙，质细香甜，不裂果，耐贮运。双城西瓜的营养价值极高，每千克西瓜维生素C含量大于50毫克，总含糖量大于7.0%，可溶固形物含量大于8.5%，糖分含量适中。

人文历史

双城市种西瓜的历史较早，据民国期间《双城县志》记载："西瓜，形如扁蒲而圆，色皮青翠，其味类甜瓜，味甘，脆中有汁，热时加意保存，可留数月，但不能经岁，亦不

变黄色,有久苦目疾者,曝干服之而愈。双城田地宜种西瓜,有月明瓜皮,瓤籽皆白,有绿皮瓤丹色,有白皮黄瓤者。一枚重三四十斤,沙甜如蜜消渴佳品。"新中国成立后,双城市的西瓜栽培几经变革,由最初的单一低产的地方品种,发展到现在的新红宝、庆抗十九、庆发十二和绿冠等多个系列高产杂交品种;每亩产量由初期的500千克增加至现在的平均5 000千克左右,单产提高了10多倍;栽培方式也由过去的直播转变为现在的育苗移栽、全膜覆盖、一年两茬的复套种、保护地栽培等先进栽培技术配套组合的高质、高产、高效栽培模式。

生产特点

双城西瓜种植基地地势平坦,土质肥沃,土壤为黑钙土,耕作层40厘米,适合平原灌溉,土壤pH值为5.5~7.0,有机质含量在2%~4%,富含微量元素,自然肥力高,适合种植西瓜。该基地气候温和,光照充足,雨量充沛,生态环境良好,无霜期140—146天。降水均匀,年降水量500毫米左右,年有效积温2 700℃以上,因产地昼夜温差大,干物质积累多,糖分含量高,形成了双城西瓜的独特风味。

双城西瓜选用黑龙江省登记或国家审定允许在黑龙江省内种植的优质、高产、高抗,生育期所需有效积温比当地常年有效积温少100℃的优良品种,例如绿冠等品种。生产过程管理中,严格控制种子来源,确保西瓜品质。

勃利梅花鹿

登记证书编号：AGI01283

地域范围

勃利梅花鹿产于黑龙江省七台河市勃利县。勃利梅花鹿属东北梅花鹿，分布于9个鹿场，包括吉星河鹿场、河口鹿场、顺天鹿场、吉兴乡长胜梅花鹿养殖场、抢垦乡福利梅花鹿养殖场、小五站镇东方红鹿场、种羊场鹿场、种畜场第一鹿场和种畜场第三鹿场。地域保护范围面积为40公顷，地理坐标位置为东经130°06′~131°44′，北纬45°16′~46°37′。

品质特色

勃利梅花鹿体态中等，毛色黄红色，鹿的全身分布均匀的白斑点，在背部的两侧较集中，公鹿体重120~150千克，母鹿70千克，母鹿一年一胎。公鹿4月末开始生茸，58天茸成熟收获，为二杠排血茸。鲜茸外观黄色，茸毛质地均匀，干品分支典型，结构匀称。茸毛均匀无突起，茸头饱满。每支干茸重100~150克，纵剖面上2/3为乳白色，以下略带血红色。勃利鹿茸氨基酸含量大于50%，蛋白质含量大于25%，灰分小于30%。

勃利梅花鹿肉暗红色，表面有光泽，脂肪少呈白色，肌肉结构紧密，有坚实感，肌纤维韧性强。煮肉的汤汁澄清透明，漂浮的脂肪团少，煮熟的肉具有香味。勃利梅花鹿鹿肉具有高蛋白质、低脂肪的特点，蛋白质含量大于21%，脂肪含量小于3%。

人文历史

在勃利县城东郊20万年前古农耕遗址中曾发现动物遗骨化石，其中有早期

梅花鹿遗骨化石。勃利国营鹿场始建于20世纪60年代，一般是野生放养，70年代开始人工驯化，80年代后养鹿业得到快速发展，涌现出一大批养殖大户。当地梅花鹿养殖企业积极开发深加工产品，现已开发出鹿茸酒、鹿心血胶囊、鹿胎膏、鹿茸软胶囊、鹿鞭软胶囊、鹿胎软胶囊等十几种产品，产品畅销国内及部分东南亚国家。

生产特点

勃利县所在地为三江平原过渡地带的半山区，位于完达山西麓，东南西三面环山，西部山区属老爷岭山系，县内大小河流23条，森林面积近18.5万亩，森林覆盖率为27.69%。勃利县内少有污染工业企业，大气、水体、土壤、草原、森林和湿地等生态系统均保持良好，有利于梅花鹿的养殖。勃利县属寒温带大陆性季风气候，四季分明，年降水量750毫米，无霜期130天，5—9月光能资源相当于长江中下游地区，为梅花鹿提供了良好生活环境。

勃利梅花鹿养殖场多选在地势较高、平坦开阔、有2°~10°坡度的地方，以利于排水；土质以沙质或沙石土为宜。鹿场选址时应留有足够的草场或饲料地，保证精饲料与粗饲料的来源。生产过程中，加强鹿种选择、饲养管理、鹿群配种等环节的把控，确保梅花鹿系列产品的质量。

勃利葡萄

登记证书编号：AGI01386

地域范围

勃利县地处黑龙江省东部，属于七台河市管辖县。勃利县划定葡萄农产品地理标志保护区域包括永恒乡、青山乡、勃利镇、大四站镇、倭垦镇、铁山乡、金河开发区，保护区域面积为2 000公顷，地理坐标位置处于东经130°06′~131°56′，北纬45°16′~46°37′。

品质特色

勃利葡萄果穗整齐，呈圆锥形，单穗最大重1 000克左右；果粒圆形，直径10~15毫米，表面紫黑色覆白色果粉；着粒松紧适中，不易脱粒；果实顶端无残存柱基，基部有果柄痕；果肉细腻，较脆，无核，富糖质，气芳香，味甜，具有"黑甜甜"和"洋姑娘"品种特有的味道，耐贮运。勃利葡萄糖含量大于7%，果糖含量大于8%，维生素C含量大于20毫克/100克，可溶性固形物含量大于17%。

人文历史

勃利县林业资源丰富，新中国成立前就蕴藏着大量的野生葡萄资源。20世纪80年代开始，人工种植葡萄面积逐年增加。1990年，"黑甜甜"品种的培育成功，为勃利县葡萄产业带来新的发展机遇。勃利葡萄致富带头人是勃利县联友葡萄种植专业合作社，该合作社位于县城西郊，是全县首推农业生态旅游示范园区。勃利县以国家葡萄产业技术体系哈尔滨综合试验站为技术依托单位，发展"黑甜甜"葡萄新品种，帮助农民走上致富道路。

生产特点

勃利县位于黑龙江省东部，完达山西麓，东南西三面环山，西部山区属老爷岭山系，县区域内大小河流23条，林地面积360万亩，森林覆盖率40.5%，县内少有污染工业企业，大气、水体、土壤、草原、森林和湿地等生态系统均保持良好，有利于葡萄栽种。勃利县属寒温带大陆性季风气候，年降水量750毫米，无霜期130天，5—9月光能资源相当于长江中下游地区，而且昼夜温差大，有利于葡萄糖分的积累。

勃利葡萄产地选择在地势开阔、避风向阳的平原或缓坡地，相对集中连片。通常选用优质、高产、抗逆性强、熟期适宜的优良品种，以"黑甜甜"为主栽品种。生产过程管理中，合理使用肥料，保持土壤肥力平衡，实行"大棚葡萄双分立体吊绳栽培技术"，确保产品质量。

东宁苹果梨

登记证书编号：AGI01462

地域范围

东宁县位于黑龙江省牡丹江市东南部，是黑龙江省最南部的县份。东宁苹果梨主要种植在200米以下的中山、低山和盆地地带，地理标志保护的区域范围包括东宁镇、三岔口镇、大肚川镇、绥阳镇、老黑山镇、道河镇，地域保护区面积713 900公顷，地理坐标为东经130°19′30″~130°18′06″，北纬43°25′15″~44°48′24″。

品质特色

东宁苹果梨果实扁圆形，果个中等，大小均匀，底色金黄，阳面有红晕，果肉白色、细密无石细胞，质地脆，果心小，肉多，汁液丰富，有微香，酸甜适度，口味纯正。东宁苹果梨含糖量高，耐贮性强，据分析，其水分含量大于84%，可溶性固形物含量大于10%，总酸含量小于0.8%，可溶性糖含量大于8%，100克鲜果维生素C含量大于4毫克。

人文历史

东宁历史悠久，据考证，绥芬河流域两岸4 000年前就有人类活动。唐朝时期东宁属于渤海口，辽时为率宾府统治，清朝时为宁古塔"昂帮章京"所辖，1909年改名为东宁厅，1913年改名为东宁县，是中俄边贸重镇。苹果梨原产于朝鲜，20世纪50年代引入东宁县，经过50多年的栽培，全县面积已发展到6万多亩，年产量6.1万吨，占当地水果总产

量的50%。由于苹果梨在黑龙江省只有东宁县能直立栽培，正常生长、结果，现已成为东宁果树基地的特色品种与代表品种，也是东宁县农村经济发展的四大主导产业之一，多次在全国梨品种评比中获得金奖，深受国内外消费者喜爱。

生产特点

东宁苹果梨产地土壤主要为暗棕壤，广泛分布在中低山和丘陵地带，表层腐殖质积聚，质地良好，土壤多呈酸性，pH值在5.4~6.6，有机质含量3.2%~5.7%，养分含量较高，水热条件较好，通透性良好，利于苹果梨根系生长发育。东宁县水域主要由大绥芬河和瑚布图河等组成，共有大小河流163条，水资源总量达15.9亿立方米，水质清澈、纯净，可保证全县农业生产灌溉水，为苹果梨生产提供了充足的水源，并确保了产品无污染。东宁县属中纬度中温带大陆性季风气候，冬季漫长不冷，夏季短促不热，冬春风大干旱，夏季雨热集中，四季分明，不少于10℃有效积温可达2 868℃，无霜期为130~150天，生长季节日照时数为1 160小时，年均降水量为532.1毫米，雨热同季，利于苹果梨有机物的形成。

东宁县积极推广无公害苹果梨生产技术，实施苹果梨改良方案，推广测土配方施肥、生物肥培肥等施肥措施以及诱心诱杀、树干束物等物理防控病虫害措施，同时，当地从立体经营角度出发，充分利用果园林地空间和环境条件，果树行间套种一些喜湿耐阴和阴生的中药材、行间生草，不仅提高了果农的经济收入，而且改善了果园的生态环境。

林口滑子蘑

登记证书编号：AGI01512

地域范围

林口县位于黑龙江省东南部，牡丹江市东北部，地处张广才岭、老爷岭和完达山脉交接处。林口滑子蘑地理标志保护的区域范围为全县境内，生产区域为奎山乡、林口镇、莲花镇、古城镇、青山镇、三道通镇、刁翎镇、建堂乡、龙爪镇、柳树镇、朱家镇，地域保护区面积668 800公顷，地理坐标为东经129°17′~130°46′，北纬44°38′~45°58′。

品质特色

林口滑子蘑子实体多丛生，菌褶密集直生，菌体实，不易开伞，不易弹射孢子。菌盖半圆形，深褐色或淡黄色，菌盖表面光滑富有蛋清状黏液，菌盖直径1.5~2.5厘米；菌柄粗短，长4~5厘米，直径1.2~1.7厘米。林口滑子蘑口感润滑柔软，有独特香味。林口滑子蘑粗蛋白含量大于17%，粗脂肪含量小于3%，粗纤维含量大于6%，总糖含量大于40%，每100克钙含量大于70毫克、铁含量大于30毫克、磷含量大于500毫克。

人文历史

林口县拥有林地面积43万公顷，活立木总蓄积1 683万立方米，有猴头菇、松茸、人参等可食用或药用生物资源300余种，是发展木材加工产业和林下经济的首选之地。林口县是国家级生态示范区，气候四季鲜明，夏天是避暑休闲胜地，冬季是赏凇滑雪乐园，素有"中国资源富县、八女英雄故里"的美誉。滑

子蘑主要分布于东北三省，林口县已经有近20年的栽培历史，现已成为林口食用菌栽培基地的代表品种，产量高且品质优良，深受国内外消费者喜爱。

生产特点

林口滑子蘑生产地区土壤主要为暗棕壤，广泛分布在中、低山和丘陵地带，表层腐殖质积聚，质地良好，土壤多呈酸性，pH值在4.3~7.4，土壤含有机质36.4克/千克，养分含量较高，水热条件较好，通透性良好，质地疏松，有沙性、易耕，通气透水性好，适宜滑子蘑栽植。林口县水域主要有牡丹江和乌斯浑河等河流95条，水库20余座，还有黑龙江省最大的水电站莲花水电站。县内水量充沛，流向有利，水质清澈、纯净，可保证全县农业生产灌溉水，为食用菌生产提供了充足的水源，并确保了产品无污染。林口县属于中寒温带大陆性季风气候，季风显著，四季分明，年有效积温（大于或等于10℃）为2 000~2 600℃，年均降水量为500~570毫米，年均日照时数为2 300~2 600小时，无霜期为105~135天，昼夜温差大，有利于滑子蘑的生长和养分的积累。

滑子蘑菇棚建在环境清洁干燥，通风良好，水源充足的地方，菇棚搭建以坐北朝南为宜。林口滑子蘑以中早生和中晚生品种为最佳，生产过程中，加强栽培配方与拌料、装袋与灭菌、分装与接种、发菌棚处理、菌丝培养等环节的管理把控，确保产品品质。

杨树小米

登记证书编号：AGI01513

地域范围

杨树小米产区位于黑龙江省哈尔滨市阿城区西北部，地处松嫩平原、松花江上游，主要分布在阿城区杨树镇11个村，包括兰旗村、永康村、共和村、红旗村、富勤村、西发村、民主村、林场村、翻身村、幸福村、民权村，地域保护范围面积3 333.3公顷，地理坐标为东经126°40′~127°40′，北纬45°10′~46°00′。

品质特色

杨树小米米粒饱满，表面有光泽，手感光滑，米粒不开不裂，煮熟的小米饭口感好、饭味足，入口绵甜爽滑，粥浆似黄乳，凉饭不回生，食之可口清香，香味浓郁。杨树小米的营养价值很高，据测定，杨树小米蛋白质含量大于8%，脂肪含量小于3%，胶稠度大于100毫米。

人文历史

杨树乡小米种植历史悠久,据《杨树乡志》地理篇记载,1744—1758 年(即清乾隆九年到乾隆二十三年),满民移居此地,垦荒种地,清道光年间,开始大面积开发耕地,种植谷子,从而种植小米延续至今。杨树镇政府十分重视杨树小米的发展,拿出了相关的扶持政策,加强品牌建设力度,小米产业十分看好,现有 2 个小米加工厂,2 个专业合作社年产量达 1 500 吨。杨树小米在全国各大绿色食品农业博览会上受到消费者的青睐,产品供不应求,远销北京、天津、上海等市。

生产特点

杨树小米种植基地远离市中心,土地洁净,土质肥沃,土壤为黑黏土、沙壤土,地势为岗地,土层深厚,结构良好,有机质含量丰富,自然肥力较高,特别适合小米生长。该地区气候温和,光照充足,生态环境良好,森林覆盖率在 31%,无霜期 130 天左右,降水均匀,年降水量 600 毫米左右,全年平均日照数 2 658 小时,年积温达 3 730℃以上,是生产小米的理想地区。

杨树小米产地要求土壤环境、灌溉水质、大气环境等自然环境条件良好,并且选用优质、抗逆性强、高产的优良品种,如张杂谷 5 号等。生产过程管理中,严格控制种子来源,加强种子检疫,合理使用肥料,确保产品质量。

牡丹江油豆角

登记证书编号：AGI01514

地域范围

牡丹江市位于黑龙江省东南部，张广才岭东麓、老爷岭西麓。牡丹江油豆角地理标志地域保护范围5县（市）4城区，包括宁安市、海林市、穆棱市、东宁县、林口县、爱民区、西安区、东安区、阳明区，保护范围面积为665 600公顷，地理坐标为东经128°02′~131°18′，北纬43°24′~45°59′。

品质特色

牡丹江油豆角外形美观，嫩荚呈扁条形，颜色纯绿，带紫红色花纹。果肉中厚整齐，无筋无柴，子粒饱满，开锅即熟，口感佳，品质好，适于鲜熟食用，熟后颜色翠绿，也适于加工速冻及晒干条。牡丹江油豆角维生素C含量大于70毫克/千克，钙含量大于35毫克/千克，钾含量大于200毫克/千克，磷含量大于50毫克/千克，碳水化合物含量大于4%，粗蛋白含量大于23%，粗脂肪含量小于2%。

人文历史

牡丹江油豆角有较悠久的栽培历史，品质优良，深受国内外消费的喜爱。2008年，牡丹江油豆角成为北京奥运会专供蔬菜。

生产特点

牡丹江市四周环山，中部低平，构成盆地形状，

境内丘陵起伏，河网密布，素有"八山半水分半田"之称。全市土壤分为暗棕壤、火山石质土、白浆土、草甸土、沼泽土、泥炭土、河淤土、水稻土等七大类型，18个亚类型。牡丹江市地表水资源丰富，有大小河流53条，均属牡丹江水系，这些河流夏季蓄水充足，水质优良，可满足油豆角的生产需要。牡丹江市为中纬度寒温带大陆性季风气候，春季短暂、回暖快、风大干旱，夏季温热、多雨而集中，秋季短降温快、霜冻寒潮来得早，冬季寒冷而漫长，不少于10℃年积温2 480~2 650℃，年平均降水量512毫米，生长季日照1 175~1 206小时，无霜期129~138天，有利于油豆角的生长。

  牡丹江油豆角可分棚室和露地两种种植方式，其中以露地种植方式为主，棚室种植方式则多为春季早熟栽培和秋季延后栽培。露地种植品种根据市场需求和居民消费习惯，选择适宜于当地生态条件的品种。棚室春季早熟种植品种常用早熟、优质、高产、抗病性强、商品性好的品种；棚室秋季延后种植品种选择抗病、耐热、结荚密、商品性好的中晚熟蔓生品种。

穆棱黑木耳

登记证书编号：AGI01515

地域范围

穆棱市位于黑龙江省东南部。穆棱黑木耳地域保护范围包括共和乡、穆棱镇、兴源镇、下城子镇、马桥河镇、八面通镇、河西镇、福禄乡8个乡镇127个行政村，保护范围面积618 700公顷，地理坐标东经129°45′19″~130°58′07″，北纬43°49′55″~45°07′16″。

品质特色

穆棱黑木耳色泽纯正,背面少筋脉,形状为碗状或茶叶状。耳质耐水性强,经水浸泡 1 周后,耳质不分解,色泽仍光亮新鲜,耳质肥厚,味道鲜美,香味浓厚,品质极佳。穆棱黑木耳营养丰富,氨基酸总量不低于 8%,粗蛋白质含量不低于 9%,粗脂肪含量少于 2%,粗纤维含量不低于 4%,总糖含量不低于 28%。

人文历史

穆棱黑木耳人工栽培可追溯到 1953 年。20 世纪 80 年代穆棱黑木耳发展到 547 万段(柞树木段),其中共和乡较多,户均千段,年产量 1.9 万千克。多年的发展为黑木耳生产积累了丰富的经验,也打下了深厚的群众基础,黑木耳生产技术达到了地区领先水平。2013 年,穆棱市被中国食用菌协会授予"食用菌产业化建设示范市"称号。

生产特点

穆棱市位于黑龙江省东南部,地处长白山北坡,老爷岭山脉东侧,属低山丘陵地带。河流由东西两侧向中间的穆棱河汇集,形成"两山夹一沟"地势。境内群山连绵,森林茂密,河流纵横,市辖区内主河流为穆棱河,系乌苏里江支流,有常年流水河流 108 条,总形成水量 12.94 亿立方米,水资源丰富,适宜栽培黑木耳。穆棱市属于中纬度北温带大陆性季风气候,气候冷凉、昼夜温差大、空气清新、日照充足。年平均降水量 550 毫米,降水主要集中在 6—8 月,年无霜期在 130 天左右,年日照时数为 2 613 小时,不少于 10℃的有效积温平均 2 495℃,非常有利于黑木耳的生长。

黑木耳产地要选择在水源清洁、充沛,地势开阔、避风向阳的平原或缓坡地,相对集中连片。同时,选用抗逆性强、菌丝生长健壮、耳基生长整齐、色泽黑亮、肉厚、单片的黑木耳品种。生产过程中,合理搭配黑木耳生长所需要的营养、温度、湿度、pH 值、通风、光照六大要素,创造黑木耳稳产质优的生产条件,从而确保产品质量。

穆棱冻蘑

登记证书编号：AGI01516

地域范围

穆棱市位于黑龙江省东南部。穆棱冻蘑地域保护范围包括共和乡、穆棱镇、兴源镇、下城子镇、马桥河镇、八面通镇、河西镇、福禄乡8个乡镇127个行政村，保护范围面积618 700公顷，地理坐标东经129°45′19″~130°58′07″，北纬43°49′55″~45°07′16″。

品质特色

穆棱冻蘑菌盖形状像扇子，直径7~15厘米，黄褐色，菌柄极短而偏生，基部有白色茸毛，肉质肥厚、细嫩、清香，味道极鲜。穆棱冻蘑粗蛋白质与总糖含量高，耐贮性强。粗蛋白质大于12%，总糖含量大于25%，粗纤维含量不少于6%，粗脂肪含量小于2%；钙含量大于290毫克/100克、铁含量不少于22毫克/100克。

人文历史

穆棱冻蘑也称元蘑，人工栽培可追溯到20世纪80年代，通过袋料大地摆放、立体挂袋或墙式摆放等方式栽培。多年的生产发展积累了丰富的经验。2009年，穆棱市马桥河镇新站村被中国食用菌协会授予"小蘑菇新农村建设优秀村"称号。2015年，

穆棱市食用菌生产总量达到16亿袋,穆棱冻蘑产量为6亿袋。

生产特点

穆棱市位于黑龙江省东南部,地处长白山北坡,老爷岭山脉东侧,属低山丘陵地带。河流由东西两侧向中间的穆棱河汇集,形成"两山夹一沟"地势。境内群山连绵,森林茂密,河流纵横,市辖区内主河流为穆棱河,系乌苏里江支流,有常年流水河流108条,总形成水量12.94亿立方米,水资源丰富,适宜栽培冻蘑。穆棱市属于中纬度北温带大陆性季风气候,气候冷凉、昼夜温差大、空气清新、日照充足。年平均降水量550毫米,降水主要集中在6—8月,年无霜期在130天左右,年日照时数为2 613小时,年不少于10℃的有效积温平均2 495℃,非常有利于冻蘑的生长。

穆棱冻蘑产地要选择在水源清洁、充沛,地势开阔、避风向阳的平原或缓坡地,相对集中连片。同时,选用抗逆性强、菌丝生长健壮、耳基生长整齐、黄褐色、菌柄短、肉厚的冻蘑品种。生产过程中,合理搭配冻蘑生长所需要的营养、温度、湿度、pH值、通风、光照六大要素,创造穆棱冻蘑稳产质优的生产条件,从而确保产品质量。

五大连池大米

登记证书编号：AGI01517

地域范围

五大连池大米保护区位于黑龙江省北部，黑河市南部，地处小兴安岭与松嫩平原的过渡地带。五大连池大米地理标志保护范围包括五大连池市龙镇、和平镇、建设乡、太平乡、双泉镇、团结乡、兴隆乡、新发镇和五大连池镇（五大连池风景区），地域保护范围170 667公顷，地理坐标为东经125°42′~127°37′，北纬48°16′~49°12′。

品质特色

五大连池大米晶莹剔透，色泽光亮如玉，米质油润，米饭软滑筋道，香气浓郁。大米中含有天门冬氨酸、苯丙氨酸、丙氨酸等十几种氨基酸，氨基酸总量大于8%，其中谷氨酸含量大于1%，支链淀粉占淀粉含量的70%以上，垩白率小于10%，胶稠度大于70毫米，碱消值7.0级，食味品质大于80分。

人文历史

根据《德都县志》记载，五大连池地区水稻种植最早为1935年，水稻品种主要来自日本、朝鲜。从1985年开始，当地引进水稻大棚旱育秧新技术，试验水稻旱育稀植技术突破高寒水稻禁区获得成功。在此期间，还开发石龙河、双泉河矿泉水资源，试用矿泉水灌溉水稻。五大连

东北地区篇·黑龙江省

池矿泉大米1994年荣获国际农产品储运加工技术设备及产品交流展览会金奖；1995年获第二届中国科技精品博览会金奖；1999年获黑龙江省乡镇企业20年成果优秀产品奖。

生产特点

五大连池大米保护区属小兴安岭与松嫩平原的交接地带，境内多系低山丘陵、漫川漫岗。五大连池矿泉水稻依托五大连池特有的地质资源，土壤保水性、透气性、保肥性好，具有无菌、肥沃的优势，地形又甚为平坦，有利于建设高产稳产矿泉水田。保护区内河流纵横，湖、泡、沟、泉、水库星罗棋布，水资源比较丰富，境内有讷莫尔河及其支流为主的河流水系，其上游还建设了山口水利枢纽，库容近10亿立方米，为发展高纬度水稻提供了灌溉水源。这里属于寒温带大陆性季风候，年有效积温2 200~2 400℃，年无霜期95~115天，年平均降水量400~600毫米，有利于水稻生长。

五大连池大米产地必须为绿色食品生产环境，同时应根据当地积温等生态条件，品种应选择10~11片叶的高产、优质、抗逆性强及分蘖力中上等的偏穗重型中早熟品种，如垦稻19等。在生产过程中，科学使用肥料，合理耕种管理，确保水稻生产安全和优良品质。

五大连池大豆

登记证书编号：AGI01518

地域范围

五大连池大豆保护区位于黑龙江省北部，黑河市南部，包括五大连池市龙镇、和平镇、建设乡、太平乡、双泉镇、团结乡、朝阳乡、兴安乡、莲花山乡、兴隆乡、新发镇和五大连池镇（五大连池风景区）。地域保护范围面积为193 333公顷，地理坐标为东经125°42′~127°37′，南起北纬48°16′~49°12′。

品质特色

五大连池大豆籽粒饱满均匀，光滑圆润，色泽金黄，外观形象和商品质量良好，蛋白质含量40%以上，氨基酸含量大于40%，其中谷氨酸含量大于8%，粗纤维含量大于6%，脂肪含量适中。五大连池大豆加工成的豆浆均匀、乳化效果好，口感黏稠；机械压榨大豆油，色泽金黄透明，营养丰富。

人文历史

五大连池大豆产于黑龙江省五大连池市，五大连池市原名德都县。据《德都县志》记载，民国时期，五大连池大豆播种面积仅次于谷子，伪满时期至新中国成立后，大豆种植面积一直居于首位。五大连池大豆种植水平较高，平均亩产200千克左右，最高年份1974年亩产达到275千克。五大连池市曾被授予"黑龙江省大豆振兴计划示范市"荣誉称号。

生产特点

五大连池大豆保护区属小兴安岭与松嫩平原的交接地带，境内多系低山丘陵、漫川漫岗。境内耕地以黑土、暗棕土、草甸土为主要类型，土壤腐殖质层较厚，有机质含量高，微量元素丰富，土质肥沃，质地疏松，非常适合大豆的生长生产。保护区内河流纵横，湖、泡、沟、泉、库（水库）星罗棋布，水资源比较丰富，流域内没有任何污染源，天然水体水质良好。五大连池市矿泉水资源非常丰富，主要是天然冷矿泉水资源和淡泉水资源，地下水矿物质含量丰富，无工业污染，为优质大豆生产创造了得天独厚的自然条件。这里属于寒温带大陆性季风候。春季干旱少雨、风大、升温快、墒情好，有利于大豆播种；夏季雨热同期，有利于大豆生长；秋季昼夜温差大，有利于大豆干物质积累。

五大连池大豆产地必须为绿色食品生产环境，此外应按当地生态类型和市场需求，因地制宜选择成熟期适宜、优质、抗逆性强且高产的优良品种，种子品种要做到至少3年更换一次。在生产过程中，科学使用肥料，合理耕种管理，确保大豆生产的安全和品质。

牡丹江金红苹果

登记证书编号：AGI01602

地域范围

牡丹江市位于黑龙江省东南部，张广才岭东麓、老爷岭西麓。牡丹江金红苹果地理标志地域保护范围5县（市）4城区，包括宁安市、海林市、穆棱市、东宁县、林口县、爱民区、西安区、东安区、阳明区，地域保护范围面积为665 600公顷，地理坐标为东经128°02′~131°18′，北纬43°24′~45°59′。

品质特色

牡丹江金红苹果果实广椭圆形，底色鲜黄，覆红色霞及断条纹，外观美丽，平均单果重75克，最大果重115克，果肉黄白色，肉质细脆多汁，香味浓，品质上等。牡丹江金红苹果酸甜适中，其水分含量大于80%，可溶性固形物含量大于12%，可滴定酸小于7克/千克，可溶性糖含量大于10%，每千克鲜果维生素C含量大于45毫克。

人文历史

金红苹果是吉林省农业科学院果树研究所于1950年杂交培育，1960年引入牡丹江市，经过50多年的栽培，成为牡丹江果树基地的代表品种，由于品质优良，酸甜适口，深受国内外消费者喜爱。2013年牡丹江金红苹果入选全国名特优新农产品。

生产特点

牡丹江市四周环山，中部低平，构成盆地形状，素有"八山半水半分田"之称。这里地形以山地、丘陵为主，森林覆盖率62.3%，土壤有机质含量较高，通透性良好，养分丰富，有利于优质金红苹果的生长发育。境内河网密布，地表水资源丰富，有大小河流53条，均属牡丹江水系。这些河流夏季蓄水充足，水质优良，开发为灌溉用水，可满足金红苹果的生产需要。牡丹江市为中纬度寒温带大陆性季风气候，春季短暂、回暖快、风大干旱，夏季温热、多雨而集中，秋季短降温快、霜冻寒潮来得早，冬季寒冷而漫长。不少于10℃年积温2 480~2 650℃，年平均降水量512毫米，年均日照时数2 512小时，生长季日照1 175~1 206小时，无霜期129~138天，昼夜温差大，生产的金红苹果色泽艳丽，酸甜适口，风味独特。

牡丹江金红苹果产地要求选择阳光充足、有灌溉条件的中性或微酸性地块，地下水位2米以上。平地建园应选择地势较高，便于排水的地块；山地建园选择坡度5°~10°为宜。丘陵地建园选择背风向阳，冷空气能顺利排除的中上部地段。通常选用龙丰、黄太平、龙冠、k9等优良品种。生产过程中，加强科学使用肥料、合理疏花疏果等环节的管理，确保产品质量。

五大连池面粉

登记证书编号：AGI01603

地域范围

五大连池面粉保护区位于黑龙江省北部，黑河市南部，包括五大连池市龙镇、和平镇、建设乡、太平乡、双泉镇、团结乡、朝阳乡、兴安乡、莲花山乡、兴隆乡、新发镇和五大连池镇（五大连池风景区），地域保护范围618 700公顷，地理坐标为东经125°42′~127°37′，北纬48°16′~49°12′。

品质特色

五大连池小麦采用硬质强筋春小麦品种，在国家级绿色农产品生产基地生产，籽粒红色，光泽鲜亮，饱满均匀。五大连池矿泉面粉色白，面香浓郁。五大连池面粉蛋白质含量大于10%，面粉湿面筋含量大于25%，沉降值大于25毫升，吸水率大于56%，最大拉伸阻力小于200，面团稳定时间小于3分钟。

人文历史

五大连池面粉产于黑龙江省五大连池市（原德都县）。1929 年，小麦播种面积为 5 100 垧。1988—1995 年，德都县小麦主栽品种新克旱 9 号参加省丰收计划达标竞赛，曾连续 11 年获黑龙江省一等奖或二等奖，也曾获黑龙江省农业科技进步一等奖。

生产特点

五大连池面粉保护区属小兴安岭与松嫩平原的交接地带，境内多系低山丘陵、漫川漫岗。境内耕地以黑土、暗棕土、草甸土为主要类型，土壤腐殖质层较厚，有机质含量高，微量元素丰富，土质肥沃，质地疏松，非常适合小麦的生长生产。保护区内河流纵横，湖、泡、沟、泉、水库星罗棋布，流域内没有任何污染源，天然水体水质良好。当地矿泉水资源非常丰富，主要是天然冷矿泉水资源和淡泉水资源，地下水矿物质含量丰富，为优质小麦生产创造了得天独厚的自然条件。这里属于寒温带大陆性季风候，春季干旱少雨、风大、升温快、墒情好，有利于小麦播种；夏季雨热同期，有利于小麦生长；秋季昼夜温差大，有利于小麦干物质积累。

五大连池面粉产地必须为绿色食品生产环境，此外应按当地生态类型和市场需求，因地制宜选择成熟期适宜、优质、抗逆性强且高产的优良品种，如克旱 16、龙幅麦 20、龙麦 16 号、龙麦 30 等优良品种。在生产过程中，科学使用肥料，合理耕种管理，确保五大连池面粉的优良品质。

佳木斯大米

登记证书编号：AGI01604

地域范围

佳木斯市位于我国东北边陲的松花江、黑龙江、乌苏里江汇流而成的三江平原腹地。佳木斯大米地域保护范围包括佳木斯郊区、桦南县、桦川县、汤原县、同江市、富锦市、东风区7个市县区，保护区域面积1 120 000公顷，地理坐标为东经129°29'~135°05'，北纬45°56'~48°28'。

品质特色

佳木斯大米米粒、整齐均匀，外观晶莹剔透，清澈油亮；焖饭时米粒伸展均匀，饭香浓郁，入口滑爽，软硬适中，有弹性，饭凉不回生；煮粥时，汤汁如乳，口感清香。佳木斯大米粗蛋白质含量大于6%，支链淀粉占淀粉总量的比例大于80%，胶稠度大于70毫米，食味品质大于80分，锌含量大于15毫克/千克，硒含量大于0.01毫克/千克。

人文历史

佳木斯大米是中国东北地区具有代表性的谷物特产，产地位于世界上仅有的三块黑土平原之一的三江平原。2015年2月10日，农业部认定佳木斯大米为农产品地理标志。

生产特点

佳木斯市位于三江平原腹地，是国家重要的商品粮基地和农业综合开发试验区，土壤类型主要有草甸土、黑土、白浆土等，土质肥沃，开发晚，污染少，适宜绿色食品及绿色产业发展。佳木斯域内江河纵横，大小湖泊星罗棋布，境内有黑龙江、松花江、乌苏里江三大水系，水资源丰富，为发展现代农业和振兴工业提供了有利条件。佳木斯市气候属于中温带大陆性气候，四季分明，夏季温湿多雨，降水集中，秋季降温急剧，温差大。历年平均无霜期为128天，平均降水量为535.3毫米，平均日照时数2 525小时，年有效积温2 500℃左右。这里属北方长日照区域，气候温暖，热量充足，雨量充沛，独特的光、热条件，为水稻生长提供了良好的健康发育环境，造就了品质优良的佳木斯大米。

佳木斯大米产地黑土层厚20厘米以上，气候适宜，环境良好，远离污染源，全部采用无污染的江河及地下水灌溉，通常选用抗逆性强的中晚熟的优质品种。生产过程管理中，做到统一优良品种、统一栽培模式、统一投入品管理、统一技术规程、统一收获，充分确保大米的产品质量。

萝北大米

登记证书编号：AGI01672

地域范围

萝北县隶属黑龙江省鹤岗市，位于黑龙江省东北部，小兴安岭南麓与三江平原交汇处。萝北大米保护区域包括团结镇、名山镇、肇兴镇、凤翔镇、东明乡5个乡镇，保护范围面积56 770公顷，地理坐标为东经130°01′~131°34′，北纬47°12′~48°21′。

品质特色

萝北大米颗粒短圆饱满，整齐均匀，质地坚硬，色泽清白透明，蒸煮米饭油亮，黏性适中，松软可口，饭香浓郁，饭凉不回生。萝北大米粗蛋白含量大于5%，直链淀粉含量大于17%，胶稠度大于75毫米，碱消值7级，食味品质大于80分，锌含量大于12毫克/千克。

人文历史

水稻在萝北县栽培历史悠久,据《萝北县志》记载:"民国五年(1916年)大量开发黑龙江沿岸、都鲁河和梧桐河平原,开始种植大豆、小麦、玉米和水稻,1915年前后,从俄境搬迁到萝北的80多名朝鲜族人,在鸭蛋河和都鲁河两地,开荒种水稻,获得丰收。1926年萝北县知事程汝霖大力提倡种水稻,并亲自在鸭蛋河种植200垧;在他的带动下,

孟谒言在梧桐河流域种100垧。程汝霖在都鲁河流域种120垧,王自禹在大马哈河种90垧。邱耀亭在十里河种40垧,徐子安在孤站种80垧,均获得较好的收成。"可见,萝北地区种植水稻已经有100多年的历史。

生产特点

萝北县土地资源丰富,地势低平,土壤类型主要有黑土、沼泽土、泥炭土、水稻土等,土质肥沃,有机质含量平均达5.2%,是全国平均水平的6倍。因为这里空气质量良好,开发晚,污染少,适宜绿色食品及绿色产业发展。萝北县境内有大小河流55条,分属黑龙江、松花江两大水系。此外沼泽湖泊甚多,有大莲花泡、小莲花泡、水城子、龙爪泡、黑鱼泡等59个,充足的水资源为发展现代农业提供了有利条件。萝北县气候属寒温带大陆性季风气候,日照充足,雨热同季,降水适度,无霜期短。年无霜期平均133天,年日照平均为2 627.8小时,降水量年平均579毫米,多集中在7—9月,这些光热条件为水稻生长提供了良好的健康发育环境,造就了品质优良的萝北大米。

萝北大米产地应选择土壤肥沃、耕性良好的土壤,同时,选用高产、优质、抗逆性强的优良品种,如龙粳29、龙粳39、绥粳4等。生产过程中,注意施肥、除草、防虫灭病等环节的把控,不断提升产品质量。

延寿粘玉米

登记证书编号：AGI01673

地域范围

　　延寿县位于黑龙江省东南部，张广才岭西麓，松花江南岸的蚂蜒河中游。延寿粘玉米地理标志区域包括延寿镇、六团镇、中和镇、加信镇、安山乡、寿山乡、玉河乡、延河镇、青川乡9个乡镇，保护范围面积314 955公顷，地理坐标为东经127°54′20″~129°04′30″，北纬45°10′10″~45°45′25″。

品质特色

　　延寿粘玉米穗性粒型一致，籽粒饱满，排列整齐紧凑，具有乳熟时应有的色泽，籽粒柔嫩，皮薄，包叶包被完整，新鲜嫩绿。延寿黏玉米棒大，粒子厚，黏性高，黏甜适口。延寿粘玉米粗蛋白含量大于10%，粗脂肪含量小于6%，支链淀粉占淀粉含量的90%以上，维生素B_2含量大于0.05毫克/100克，钙含量大于12毫克/100克，镁含量大于70毫克/100克。

人文历史

　　延寿县种植粘玉米已有100多年的历史，20世纪80年代以前主要栽培传统农家品种，由于栽培方式落后，产量较低。进入20世纪90年代，开始推广高产优质杂交品种，推广先进的栽培技术，产量和品质都有了极大的提高，种植规模也逐年扩大，目前，栽培面积已达5万多亩。新中国成立前，由于生活水平低，用粘玉米面做出的豆包、黏饼是人们过年过节的最好食品，围绕着粘玉米流传着许多饮食文化和民间故事，"豆包屯"就是由粘玉米食品衍生来的屯名。随着市场的开发和市场需求，现粘玉米的加工产品有保鲜粘玉米、真空粘玉米等系列。

生产特点

延寿粘玉米生产地域地势平坦，地净田洁，土质肥沃，土壤为黑黏土、沙壤土，地势低洼，土壤有机质含量3%~6%，自然肥力较高，特别适合黏玉米生长。境内有蚂蜒河、亮珠河两大水系，中型水库2座，小型水库25座，万亩以上灌区10处，为粘玉米种植提供了重要的水源。延寿县属中温带大陆性季风气候，气候温和，光照充足，雨量充沛，生态环境良好，年平均降水量为570.9毫米，年平均日照时数为2 490.1小时，这里的气候特点是典型的水旱兼作农业气候区，有利于粘玉米的生产种植。

延寿粘玉米产地选用黑龙江省登记或国家审定允许在黑龙江省第三积温带种植的优质、抗逆性强、高产的优良品种，如垦黏2号等。生产过程管理中，严格控制种子来源，严格执行肥料合理使用准则等，最后一次追施有机肥在收获前30天进行，确保优质粘玉米的生产。

五大连池鸭蛋

登记证书编号：AGI01674

地域范围

五大连池鸭蛋保护区位于黑龙江省北部，黑河市南部，包括五大连池市龙镇、和平镇、建设乡、太平乡、双泉镇、团结镇、朝阳乡、兴安乡、莲花山乡、兴隆乡、新发镇。地域保护范围193 333公顷，地理坐标为东经125°42′~127°37′，北纬48°16′~49°12′。

品质特色

五大连池鸭蛋外观圆润光滑，个头均匀，蛋黄大、蛋清密度高、口感好。切开后蛋清透明，蛋心呈浅红色。五大连池鸭蛋品质优良，含有人体必需的微量元素，鸭蛋粗脂肪含量小于14%，粗蛋白含量大于12%，灰分少于1%，钙含量大于120毫克/千克，锌含量大于10毫克/千克，磷含量大于280毫克/千克，硒含量大于0.02毫克/千克。

人文历史

五大连池鸭蛋产于黑龙江省五大连池市（五大连池市原名德都县）。五大连池市矿泉鸭养殖有着多年的传统和历史，多年的传统养殖积累了丰富的养殖经验。据《德都县志》记载，20世纪80年代，当地以饲养本地鸭为主，本地鸭耐寒、耐粗饲，但成熟慢，产蛋量少，一只鸭年产蛋仅100枚左右。2000年，五大连池市畜牧局与财源办在团结乡兴建了"牧源种鸭场"，全市范围内推广金定鸭与本地鸭杂交品种，获得了可观的经济效益。

生产特点

五大连池鸭蛋保护区属小兴安岭与松嫩平原的交接地带，境内多系低山丘陵、漫川漫岗。境内耕地以黑土、暗棕土、草甸土为主要类型，土壤腐殖质层较厚，有机质含量高，微量元素丰富，土质肥沃，质地疏松。保护区内河流纵横，湖、泡、沟、泉、水库星罗棋布，水资源比较丰富，流域内没有任何污染源，天然水体水质良好。保护区内矿泉水资源非常丰富，主要是天然冷矿泉水资源和淡泉水资源，地下水矿物质含量丰富，无工业污染，为优质鸭蛋生产创造了得天独厚的自然条件。

五大连池鸭蛋保护区按当地生态类型和市场需求，因地制宜选择生产性能好、抗病能力强、产蛋周期长、采食性广的本地麻鸭、金定鸭等优良品种。生产过程管理中，对饲料、兽用添加剂、兽药的使用进行严格质量规范，杜绝有毒有害投入品及物品的使用，确保鸭蛋生产安全，同时在生产中及时进行质量检查，对养殖户的养殖方式进行规范，充分确保鸭蛋的天然无公害品质。

双城菇娘

登记证书编号：AGI01744

地域范围

双城菇娘地理标志保护的区域范围为黑龙江省双城市境内，生产区域分布在24个乡镇，包括水泉乡、公正乡、农丰镇、杏山镇、同心乡、临江乡、万隆乡、韩甸镇、金城乡、兰棱镇、朝阳乡、单城镇、联兴乡、青岭乡、东官镇、周家镇、新兴乡、五家镇、幸福乡、双城镇、希勤乡、团结乡、永胜乡、乐群乡，地域保护面积224 996.4公顷，地理坐标东经125°41′~126°42′，北纬45°08′~45°43′。

品质特色

双城菇娘果实卵圆形，单果重6克左右，果实金黄色，圆形，汁多，甜度高，口感好，品质佳，耐贮耐运。双城菇娘的营养价值极高，蛋白质含量大于0.5%，可滴定酸含量小于1%，可溶性糖含量大于9%，可溶性固形物含量大于10%，维生素C含量大于500毫克/千克，维生素E含量大于10毫克/千克，锌含量大于3毫克/千克。

人文历史

双城市有满族、朝鲜族、回族、蒙古族、达斡尔族、锡伯族等15个少数民族，其中以满族人口最多。双城自开垦以来，地灵人杰，人才辈出。因这里有金代达禾、布达两座古城，所以俗称双城子。双城菇娘原产地，具体位置就在双城市。从20世纪50年代初，当地人开始种植菇娘，经过60多年的栽培，现在全市面积已发展到了15 000亩，年产量15 000吨。菇娘现已成为双城市乃至

黑龙江省果蔬生产的代表品种。

生产特点

双城市位于松嫩平原腹地，境内地势平坦，土壤类型主要以黑土、黑钙土、草甸土为主，其中黑土面积占58%，土壤比较肥沃，土壤有机质平均为2.74%，适宜菇娘的栽培。双城市居黑龙江省第一积温带，年有效活动积温2 700~2 900℃，年日照时数平均为2 582小时，无霜期125~135天，年降水量410~520毫米，主要集中在7—9月，70%以上的降水在农作物生长期。黑龙江省全省最高的有效积温和生育期内适宜的降水，土壤富含微量元素，自然肥力高，有利于菇娘的生长。

双城菇娘产地必须为无公害食品蔬菜产地环境，同时应选用黑龙江省登记或国家审定允许在黑龙江省种植的优质、高产、高抗，并且生育期所需有效积温比当地常年有效积温少100℃的优良品种，如铁把青等。生产过程管理中，严格控制种子来源，注意肥料使用的把控，及时收获并进行产后处理，确保产品品质。

萝北黑木耳

登记证书编号：AGI01745

地域范围

萝北县隶属黑龙江省鹤岗市，位于黑龙江省东北部、小兴安岭南麓与三江平原交汇处。萝北黑木耳地域保护范围包括团结镇、凤翔镇、肇兴镇、名山镇、云山镇、鹤北镇、东明乡、太平沟乡8个乡镇63个行政村，以及县林业局下辖金满屯林场、太平沟林场、大马河林场、凤翔林场、云山林场、鱼米河林场、二十里河林场，保护面积175 522公顷，地理坐标为东经130°01′~131°34′，北纬47°12′~48°21′。

品质特色

萝北黑木耳色泽纯正，背面少筋脉，形状为碗状或茶叶状。耳质耐水性强，经水浸泡1周后，耳质不分解，色泽仍光亮新鲜，耳质肥厚，味道鲜美，香味浓厚，品质极佳。萝北黑木耳营养丰富，粗蛋白质含量大于10%，粗脂肪含量少于2%，粗纤维含量大于4%，总糖含量大于55%，钙含量大于290毫克/100克，铁含量大于60毫克/100克。

人文历史

萝北县黑木耳人工栽培历史悠久，至今已经有30多年栽培历史。据《萝北县志》记载，"黑木耳培育，一段为2米长，每段可产木耳2~3两[①]，可连采2~3年，每段净盈利2元左右。养木耳经济效益高，

---

① 1两=50克，全书同

销售快,山区乡、村农户养木耳户不断增加,1985年全县有木耳段160万段。其中环山乡就有80万段。环山乡养木耳户占农业总户数的97%,木耳收入占全乡人均收入的50%,这个乡成了远近闻名的木耳乡,1985年该乡上交木耳5万千克,创造价值130万余元。"

生产特点

萝北县位于小兴安岭林带,有丰富的森林资源,林地面积106 233公顷,活立木蓄积量10 149 942立方米。这里生态环境优越,资源极其丰富,开发晚,污染少,适宜绿色食品及绿色产业发展。萝北县所处的三江平原是世界上仅存的三大黑土平原之一,地势低平,平均海拔100米左右,土质肥沃,土壤有机质含量平均达5.2%,有利于黑木耳的生长,所以生态多样、系统稳定、环境优美的萝北县是黑木耳栽培的理想地区。

萝北黑木耳产地应选择在水源清洁、充沛,地势开阔、避风向阳的平原或缓坡地,相对集中连片,选用抗逆性强、菌丝生长健壮、耳基生长整齐、色泽黑亮、肉厚、单片的黑木耳品种。在生产过程中,加强菌包制作、催芽、挂袋、浇水、采摘、晾晒、包装、贮存等环节的管理,确保产品品质。

长林岛龙垦杏

登记证书编号：AGI01746

地域范围

长林岛位于黑龙江省东部。长林岛龙垦杏农产品地理标志地域保护范围包括五九七农场第六管理区的园艺场作业站、原种场作业站及鹿场居民组，保护面积137公顷，地理位置东经131°57′~132°45′，北纬46°23′~47°47′。

品质特色

长林岛龙垦杏平均果重40克左右，最大果重75克，果面底色黄，彩色鲜红，缝合线浅，片肉对称。果肉橘黄色，肉细，多汁，香味浓，酸甜适口，果皮薄，可食率大于90%。离核，单核鲜重近2克，果核可食用，品质上等，风味浓厚。长林岛龙垦杏营养丰富，其中可溶性固形物含量大于12%，可溶性糖含量大于5%，可滴定酸含量大于15克/千克，维生素C含量大于60毫克/千克，钾含量大于380毫克/100克，铁含量大于0.5毫克/100克。

人文历史

五九七农场建场初期，场部山区15万亩林地，满山遍野生长着野山杏、野山楂、野葡萄、山丁子等杂果，没有味美香甜的水果供农场职工食用。经过多年的研发与培育，1985年7月，黑龙江农垦总局邀请黑龙江省园艺专家、教授和学者来到农场，对其栽培的杏树进行鉴定，于1985年、1987年分别通过技术鉴定，由黑龙江省农作物品种审定委员会审定命名为龙垦杏1号、龙垦杏2号。龙垦杏1号、龙垦杏2号于1986年被黑龙江农垦总局授予科技成果一等奖，被黑龙江省授予科技成果三等奖，这两个品种是当时黑龙江省果型最大、品质最优、外观最美、成熟最早的优质杏品种，龙垦杏2号杏被誉为"黑龙江省杏中之王"。长林岛龙垦杏品种不仅品质极佳，而且在早、中、晚熟期搭配上，填补了黑龙江省及我国寒地杏果生产的空白。

生产特点

长林岛万亩果树基地位于山间盆地性质的陷落区，四面环山，山区海拔高度为200~450米。土质为棕壤土，土层水分干燥，黑土层大约在18厘米，有机质含量4.14%，比较适合果树的生长。境内有黑瞎沟水库及西南部为完达山余脉，中部有大孤山、头道山、二道山、三道山等5座山冈环绕，南高北低，局部微地形复杂，这里水质清洁，适宜生产优质的龙垦杏产品。长林岛龙垦杏生产区属中温带半湿润大陆性季风气候，无霜期134天，年平均有效积温2 625℃，日照1 058小时，年平均降水量496毫米，昼夜温差大，利于农作物碳水化合物和蛋白质的合成，为龙垦杏的生长发育提供了极其有利的条件。

长林岛龙垦杏种植基地选择在山坡地，山区小气候高温多雨，棕壤土通透力强，全部采用"农家肥"，同时，选用无检疫性病虫害、无病毒的砧木，主栽品种一致纯度99%以上；嫁接枝芽选择抗逆性强、抗病、优质、高产、商品性好的龙垦杏果枝芽进行嫁接，相同的接穗品种采用相同的砧木。生产过程管理时，定期对龙垦杏基地进行抽检，充分确保产品质量。

香磨山鲢鱼

登记证书编号：AGI01747

地域范围

香磨山水库位于黑龙江省中南部，松花江中游北岸，木兰县东兴镇境内，设计总库容9 700万立方米，是一座以防洪、灌溉、养鱼、发电、旅游为一体的综合性国家级中型水库。香磨山鲢鱼生长水面积1 026公顷，地理坐标为东经127°56′36″~127°59′16″，北纬46°22′17″~46°24′37″。

品质特色

香磨山鲢鱼体态丰满匀称，体形侧扁、稍高，头较大，约为体长的1/4，鳞片细小，腹部近白色，无异味，口感甘而有质感，腥味淡而鲜味浓，肉质细嫩，商品鱼每尾平均重达2~3千克，色泽纯正，肉质白皙细腻、有嚼劲，味道鲜美。香磨山鲢鱼营养价值高，富含蛋白质和多种微量元素。每100克鱼肉蛋白质含量大于15克，粗脂肪含量少于5%，钙含量大于180毫克，磷含量大于200毫克，铁含量大于9毫

克，镁含量大于100毫克，锌含量大于6毫克。

人文历史

香磨山的养鱼业始于建库后的1971年，随着渔业生产的发展，香磨山鲢鱼在当地和附近地区知名度不断提高，产品远销吉林省、内蒙古自治区等，木兰县人把香磨山鲢鱼叫"水库鱼"。《黑龙江省年鉴》《哈尔滨市志》《水利志》《木兰县志》等文史资料都对香磨山水库建设和渔业发展有记载。

生产特点

香磨山水库区域水资源丰富，天然水和可利用水资源储量充足，水域面积1 026公顷，平均水深4.5米，含地内泉水和水库水的来源。水库上游有木兰达河、姑子庵河、石门子河、刘忠沟河4条河流，周边植被良好，无工业污染，水质良好。坝上冲击下来的山水含有机物质多，生物量多，属于肥水型水库，非常适宜鲢鱼生长。香磨山区域属中温带大陆性季风气候，气候具有冬寒、春旱、夏雨多、秋霜早的特点，年降水量656.37毫米，无霜期105~117天，有利于鲢鱼的生长和繁殖。

香磨山鲢鱼鱼种放养前须经检验、检疫，选择品质纯正、健康无病、规格整齐的鱼苗进行放养。生产过程管理中，香磨山鲢鱼生产要严格按照《木兰县无公害水产品生产操作规程》操作，采用大水面自然增殖的养殖方式。养殖过程中，注意鱼种放养、放苗方法、饲料搭配、水质管理、鱼病防治、日常管理等环节的把控，确保鲢鱼的品质。